석가모니의 가르침

석가모니의 가르침

초판 1쇄 인쇄·2025년 1월 20일
초판 1쇄 발행·2025년 1월 25일

엮은이 최준권(실상연구원장)

펴낸곳·*지성의샘*
등록번호·2011. 6. 8. 제301-2011-098호

서울시 중구 을지로 14길 16-11(2층)
편집부·(02) 2285-0711
영업부·(02) 2285-2734
팩 스·(02) 338-2722
이메일·gonggamsa@hanmail.net

ⓒ 2025. 최준권, Printed in Korea

값 16,000원
ISBN 979-11-6391-082-4

*파본 및 잘못된 책은 서점에서 교환해 드립니다.

석가모니의 가르침

최 준 권 엮음

실상연구원

| 머리말 |

　부처님의 말씀으로 엮은 이 책은 부처님 곁에서 시중들던 아난다의 시각으로 옮겨보았다. 3천 년 전 하늘의 가장 높은 곳인 극락에서 머무시던 부처님의 영혼은 세상에 오실 때 인간의 몸을 받아 인도의 카필라바스투 나라의 왕자로 태어났다. 그러나 왕자의 생활에 만족하지 못하고 출가하여 깨달음을 이루었다. 인도에서 당시 여러 수행자는 모두 집을 나와 구걸하여 살았기에 당연히 음식을 얻어먹고 살며 고맙다고 인사도 없이 떠났다고 한다. 나는 한국에서 부처님이 가신지 3천 년이 지난 시기에 사람들에게 태어나서 온갖 조롱을 받아 가면서 수년 동안을 탁발 수행했었다. 왕자의 교육을 받았던 부처님이셨지만 평상시의 언어에 익숙한 중생들을 위하여 노력하시는 모습을 말씀 속에서 보이셨다. 그래서 당시의 기억을 떠올려 쉬운 말로 옮겨보려 애썼다. 이 책을 읽어서 독자들은 많은 이해와 깨달음이 있었으면 하는 바이다.

엮은이 **최 준 권**

| 차례 |

머리말 • 최준권 _ 5

제1부 석가모니의 일생 _ 7

제2부 여래는 누구인가? _ 53

제3부 수행과 공덕 _ 109

제4부 석가모니의 가르침 _ 165

제1부
석가모니의 일생

석가모니의 일생

　석가모니 부처님의 제자인 나 아난다는 곁에서 세상을 떠날 때까지 부처님을 모시며 받들었다. 기억력이 좋았기에 부처님의 말씀과 삶을 후대에 알리기 위하여 내가 보았었고 들었던 이야기를 남긴다. 지혜와 통찰력을 갖추신 분이며 완전한 깨달음을 이루신 여래께서 어디서 태어났으며 어떻게 왜 출가를 선택하셨는지 그분의 출가와 깨달음과 열반의 이야기이다.
　사카족은 3천 년 전에 중앙아시아 북부에서 파미르고원에 걸친 광대한 지역을 유목하던 유럽어 민족이었다. 고타마의 성을 가진 사카족의 숫도다나왕은 카필라바스투 국가를 통치하고 있었다. 그에게는 마야 왕비가 있었는데 어느 날 꿈에 흰 코끼리가 몸속으로 들어오는 꿈을 꾸고 태자를 잉태하였다고 한다. 왕비는 해산달이 되어 친정으로 길을 떠났으며 룸비니 동산에 도착하여 휴식을 취하였다. 왕비는 나뭇가지를 잡기 위하여 팔을 뻗치는 순간 산기를 느꼈다. 수행원들은 곧 왕비 주위에 포장을 쳤고 아무런 고통 없이 아기를 낳았다. 부왕은 아기의 이름을 자기 자신의 일을 성취하라는 뜻을 가진 싯다르타라고 지었다.

나는 이렇게 들었으나 내가 완전히 이해하지 못하는데도 들은 이야기를 그대로 전한다. 언제나 청정한 마음으로 고요함 속에 사는 하늘의 신들이 경건한 마음으로 제석천을 찬양하는 것을 아시타 선인이 꿈에서 보았다고 한다. 기뻐서 춤추는 신들을 보고 선인이 물었다.

"신들이 무리를 지어 기쁨이 넘친 얼굴을 하는 것은 무슨 까닭이며 왜 당신들은 옷을 흔들고 있습니까? 비록 아수라와 싸워 이겼다고 해도 이처럼 기뻐할 수 없을 터인데 무슨 희귀한 일을 보았기에 기뻐합니까? 그대들은 소리치고 노래하며 악기를 연주하고 손뼉을 치며 춤을 추었습니다. 나는 수미산 꼭대기에 사는 그대들에게 묻습니다. 저의 궁금증을 어서 풀어주십시오."

"이곳 하늘의 가장 높은 곳인 제석천에서 머물던 비할 데 없이 훌륭한 보살이 중생의 이익과 안락을 위해 사카족의 마을인 룸비니에서 인간의 세계에 태어났습니다. 그리하여 우리는 만족하며 기뻐 어쩔 줄을 모르고 있습니다. 살아있는 생명 있는 자 중에서 가장 뛰어나고 고귀한 높은 자는 최상의 깨달음을 이루어 여래가 될 것입니다. 그리고 선인들이 모이는 이름난 숲속에서 법륜을 굴릴 것입니다."

아시타 선인은 신들의 말을 그의 예지로 듣게 되었다. 급히 숫도다나왕의 궁전 가까이 가서 사카족에게 왕자는 어디 있는지 뵙고 싶다고 말했다. 이에 사카족들은 빛나는 존귀한 얼굴을 가진 어린아이를 아시타 선인에게 보였다. 선인은 환희에 넘쳐 어린아이를 보고 기뻐서 가슴에 안았다. 관상과 베다에 정통한 그는 사카족의 어린아이를 껴안았다. 그 독특한 용모를 살펴보더니 인간 중에서 가장 높으신 자라고 하며 기쁨을 참지 못하여 소리를 질렀다. 그러더니 선인은 자기의 얼마 남지 않은 앞날을 생각하고 말없이 눈물을 흘렸다. 사카족들은 선인이 두려워하자 물어보았다.
"우리 왕자에게 무슨 장애라도 있습니까?"
"나는 왕자에게 불길한 상이 있다고 보지 않으며 상서롭지 못한 일은 없습니다. 왕자는 범상치 않으니 주의해서 잘 기르십시오. 왕자는 깨달음을 이루어 여래에 이를 것이며 청정한 삶으로 많은 사람에게 이익을 주고 불쌍히 여겨 법륜을 굴리게 될 것입니다. 그의 깨끗한 행은 널리 세상에 퍼질 것이나 이 세상에서 내 여생은 얼마 남지 않았으며 죽음이 곧 찾아올 것입니다. 나는 이 비할 데 없는 큰 스승의 가르침을 들을 수 없을 것이 괴로워서 슬퍼하는 것입니다."
순결한 수행자 아시타 선인은 사카족들을 크게 기쁘게 하고 궁으로부터 떠났다. 그리고 그는 자기의 조카 나아라카를 불러 비할 데 없는 큰 스승의 설법에 따르도록 말했다.
"만일 네가 나중에 눈 뜬 자가 깨달음을 펴고 진리의 길을 간다는 말을 듣게 되면 그때 그곳으로 가서 그분의 가르침을 따라 스승에게 깨끗한 행을 닦아라."

아쉽게도 마야 왕비는 싯다르타를 낳고 출산 7일 만에 세상을 떠나게 되었고 이모인 고타미가 기르게 되었다. 싯다르타는 자라서 온순한 야소다라를 태자비로 맞이하였다. 인도에서는 일족의 후계가 없으면 출가할 수 없었는데 아들을 낳으니 라훌라라고 이름을 지었다.
싯다르타는 어느 날 성 밖으로 나들이를 가게 되었다. 보통 사람과는 너무나 다른 모습을 한 노인의 모습을 보았다. 하얀 머리에 지팡이를 짚고 허리가 굽은 것을 보고 어쩌다가 그렇게 된 것인지 궁금했다.
"이 사람은 어려서는 젖을 먹고 기어 다니고 잘생긴 청년이었으나 늙음에 도달하였다. 세월은 아름다움을 빼앗고 쾌락의 즐거움을 파괴하고 힘을 못 쓰고 슬픔을 가져오고 기억력을 앗아간다. 망가지고 쇠락하게 되는 늙음이 세월이 흐르면 나에게도 일어날 것이다."

싯다르타는 노인의 모습을 응시하다가 고개를 돌려 기뻐하고 있는 사람들을 바라보았다.

"늙음은 무차별하게 기억과 아름다움과 힘을 파괴하는데 사람들은 눈으로 직접 이러한 현상을 보고서도 괴로워하지 않는다."

다음에는 병들어 고통스러워하는 사람을 보았다. 저런 고통이 저 사람에게만 있는 것인지 모든 사람에게 닥치는 것인지 의문을 품으며 다시 왕궁으로 돌아왔다.

어느 날 다시 성 밖에 나갔을 때 이번에는 들것에 실려 가는 죽은 사람을 보았다. 저 사람은 지성과 감각이 없으며 숨이 떠나 영원히 잠들었고 의식이 없으며 마치 지푸라기나 나무토막 같다. 애써서 그를 기르고 보살펴 준 사랑하는 모든 사람으로부터 버려졌다.

"이것이 세상에 존재하는 모든 인류의 마지막 길이다. 천민이거나 평민이거나 귀족이거나 모든 사람이 무너지는 죽음은 피할 수 없다. 그런데도 사람들의 마음은 참으로 무디어서 죽음의 길에 있으면서도 태평하다."

싯다르타는 세상이 무상하다는 것을 깨닫고는 재촉하여 수레를 돌려 왕궁으로 돌아왔다.

"내가 감각적 쾌락의 대상들을 경멸하는 게 아니다. 세상의 자연적인 현상이나 이 세상이 덧없음을 생각하면 나의 마음은 그 속에서 즐겁지 않다. 만일 늙음과 병듦과 죽음이 없다면 나도 감각적 쾌락의 대상을 즐길 것이다. 만일 여인의 아름다움이 변하지 않는다면 내 마음은 열정에 집착할 것이다. 그러나 그들의 아름다움이 늙음으로 시들 때 수용하기가 어렵다. 사람들은 죽음의 길로 가고 있는 존재들을 보고 있으면서도 감각적 쾌락의 대상에 집착한다. 그러하기에 나는 만족이나 평화나 기쁨을 얻지 못한다."

이같이 욕망의 집착을 끊게 하는 단호한 방법이 무엇인지 생각해 보았다. 어느 날 다시 궁성 밖으로 나갔다. 농부의 쟁기에 파헤쳐져 죽어있는 벌레들과 햇볕에 그을린 농부의 얼굴과 무거운 짐을 나르는 피로에 지쳐 헐떡이는 소를 보았다. 왕자는 연민의 정이 가슴에 가득 차서 말에서 내려 슬픔을 새기면서 천천히 걸었다. 왕자는 홀로 고요한 나무 밑으로 갔다. 아름다운 숲에 앉아 생명의 생성과 소멸의 모습을 관찰하면서 마음을 고요하게 가라앉혔다. 존재하는 것들은 비참하고 어쩔 수 없이 병들고 늙고 죽어 가는데도 보지 못하고 눈이 멀었다고 관찰하였다. 인생의 질병과 늙음과 죽음을 바로 보았을 때 의혹이 사라져버렸다. 안개 속을 걷는 듯한 나태함도 사라졌으나 기뻐하지도 슬퍼하지도 않았다. 욕망에서 점차 벗어나게 되고 증오도 벗어났으며 다른 이를 낮추어보지도 않았다. 어느 날 왕자는 왕궁 밖에 나갔다가 가사를 입은 수행자를 보았다. 왕자는 자신도 모르게 수행자에게 출가한 사문의 삶은 어떤지 물었다.

"출가한 사문은 삶과 죽음에서 벗어나고자 하는 것입니다. 수행자는 이 세상의 모든 것들이 마침내 무너지고 마는데 누구에게나 똑같이 닥쳐오며 욕망을 소멸한 해탈을 구하며 늙고 죽음이 없는 경지를 구합니다."

왕자는 환희에 차서 왕궁으로 돌아와 드디어 출가를 결심하게 되었다. 부왕에게 출가를 허락해 주시기를 간청하였으나 완강하게 반대했다.

"목숨이 죽지 않고 질병으로 건강을 해치지 않고 늙음이 나의 젊음을 무너뜨리지 않으며 불행이 나의 행복을 앗아가지 않는다면 나는 출가하지 않을 것입니다."

부왕은 그런 당치도 않은 생각일랑 버리고 너의 소망은 말도 되지 않는 터무니 없는 이야기라고 했다.

"나의 소망이 이루어지지 않는다면 욕망의 불타는 집을 떠나려는 나를 붙잡는 것은 합당치 않습니다. 서로 이별한다는 것은 슬픈 일이나 가르침을 위하여 떠나려고 하니 다른 헤어짐보다 훨씬 더 나을 것입니다. 나의 목표를 이루지 않고는 만족은 없으니 떠나겠습니다."

그래도 부왕은 만류하면서 어떻게 왕자의 마음을 사로잡을 만한 것이 있을지 궁리하여 왕자를 즐겁게 하려고 애썼다. 아름다운 여인들의 가무와 최고급 향락도 왕자에게는 관심이 없었다. 호화로운 잔치가 끝난 후 밤에 왕자는 여기저기 쓰러져 자는 궁녀들의 모습을 보았다. 그렇게 아름답게 보이던 모습은 간 곳이 없고 마치 다른 여인들 같았다. 진짜 모습이 이같이 추하고 불완전한데 다만 옷치장과 장식한 모습에 속아서 남자들은 여인과 즐기기 위하여 욕망에 떨어진다. 왕자는 그날 밤에 떠나기로 작정하였다. 왕자는 사랑하는 사람과 부귀영화를 뒤로하고 궁성을 빠져나와서 다짐했다.

"생사를 벗어난 진리의 언덕에 다다름이 없이는 카필라성으로 돌아오지 않을 것이다."

왕자는 드디어 바카와 선인이 고행하는 수행처를 보았다. 왕자는 마부에게 고마움을 표시하며 몸에 걸친 모든 보석을 주면서 왕궁으로 돌아가라고 말했다. 그리고 옷을 바꿔 입었고 왕자의 신분에서 수행자 고타마 싯다르타가 되었다. 바카와 선인의 수행 목표는 고행으로 안락을 얻는 것이며 결과는 천상에 태어나는 것이라고 하였다. 그곳에는 고행자들로 분주하고 목욕예식을 행하고 희생제를 위하여 불을 붙이고 있었다. 수행자로서 싯다르타는 여러 가지 종류의 고행을 보면서 며칠 밤을 머문 후 그곳을 떠났다.

"그대들의 가르침은 하늘에 나기 위한 것이나 나의 열망은 다시 태어나지 않는 것이므로 떠나려고 합니다."

그들은 칼라마 선인을 찾아가라고 했다. 부왕은 대신을 보내어 왕자를 설득해 데려오도록 하였으나 왕자는 단호하게 말하였다.

"이미 번뇌로 가득한 집에서 나왔는데 어찌 다시 돌아가겠소. 태양이 땅에 떨어지고 히말라야산맥이 무너진다 해도 깨달음이 없이는 왕궁으로 돌아가지 않겠소."

싯다르타 수행자는 평온함을 즐기고 있는 칼라마 선인을 찾아갔다.

"그대는 애정의 얽매임을 끊고 왕위도 버리고 출가하신 것을 알고 있습니다. 왕이 늙어서 왕위를 자식에게 물려주고 숲으로 출가한 것은 놀랄 일이 아닙니다. 그러나 감각적 쾌락에 빠져들 젊은 나이에 왕궁의 호화로운 삶을 즐기지 않고 떠나온 그대는 참으로 놀랍습니다. 그대는 이 높은 가르침을 이해하기에 적합한 그릇입니다. 지혜의 배를 타고 고해를 건너십시오. 그대의 깊고 확고한 불굴의 의지 때문에 그대를 시험하지 않겠소."

싯다르타는 선인에게 생로병사의 괴로움에서 벗어나는 길을 가르쳐 줄 것을 당부하였다.

"윤회의 원인과 소멸은 무지와 업과 욕망이 원인입니다. 이 원인에서 헤어나지 못하는 한 윤회에서 벗어날 수 없습니다. 사람들은 착각과 혼동을 잘못된 분별심과 집착 때문에 윤회에 헤맵니다. 생사의 흐름은 과거의 원인으로 반복되니 원인이 없으면 결과도 없습니다. 바른 견해를 가진 사람은 깨닫는 것과 깨닫지 못하는 것과 드러난 것과 드러나지 않은 것을 바르게 구별한다면 윤회에서 벗어나 궁극의 경지를 얻을 것입니다."

선인의 가르침을 듣고 싯다르타는 계속 깨달음에 대하여 질문했다.

"깨달음의 궁극에 이르는 길을 말씀해 주십시오."

칼라마 선인은 조금 더 확실히 하기 위하여 경전에 따라서 간단하게 설명하였다.

"가족을 떠나 수행자가 되어 모든 행동을 바르게 하며 어디에서나 어떤 것에도 만족하고 좋고 나쁜 것에 애착하지 말며 신성한 경전에 통달하고 한적한 곳에서 수행하십시오. 욕망에서 오는 해악을 깊이 깨닫고 욕망을 떠나면 행복이 옵니다. 감각 기관을 절제함에 따라 마음이 고요해지면 애착을 일으키는 근본인 나쁜 성향과 욕망에서 벗어납니다. 첫 번째 선정에 들어가게 되지만 아직 사유의 작용은 남아 있습니다. 어리석은 사람은 자신이 전에는 느껴보지 못한 행복감에 도취 됩니다. 이러한 만족감에 빠져서 진리의 세계에 도달합니다. 지혜로운 사람은 더욱 열심히 정진하여 생각이라는 것은 마음을 들뜨게 하는 원인임을 알아서 생각을 끊습니다. 기쁨과 행복의 성향이 아직 남은 두 번째 선정에 들어갑니다. 그러나 여기에 더 높은 것을 추구하지 않는 사람은 기쁨에 빠져서 신들 가운데 찬란한 곳에 도달합니다. 그러나 기쁨과 행복을 초월한 사람은 선정에 도달합니다. 기쁨으로 들뜨지는 않으나 행복으로 가득 차 있습니다. 더 높은 것을 추구하지 않고 행복감에 도취 되어 있는 사람은 슈바크리트스나 신과 같은 행복을 얻습니다. 이런 행복을 발견하더라도 집착하지 않고 치우친 마음이 없을 때 행복도 고통도 초월한 선정에 들어갑니다. 어떤 사람은 이 단계에서 행복도 고통도 초월하고 마음의 작용도 없기에 해탈을 얻었다고 생각합니다. 그러나 최상의 경지를 아는 사람들은 오랜 세월에 걸쳐서 말하기를 이 단계의 결실은 아직 아니라고 말합니다. 지혜로운 이는 여기에 머물지 않고 몸으로 인하여 일어나는 허물을 보고 이것을 소멸하기 위한 더 높은 지혜의 단계에 오릅니다. 이렇게 선정을 넘어서서 더 높은 것을 추구하는 지혜로운 사람은 눈에 보이는 겉모양의 집착에서 벗어나고 자아(自我)의 영원함을 발견합니다. 새가 새장에서 벗어나듯이 그의 육체에서 벗어나는 것을 해탈이라 합니다. 이것이 바로 지혜로운 이가 말하는 궁극적인 해탈이며 영원한 생명을 얻는 으뜸가는 완전함입니다."

싯다르타는 한동안 선인의 가르침을 수행한 후 가르침에서 만족할 수 없었고 의심이 일었다. 선인은 자아는 영원하다고 말했는데 무지와 업과 욕망을 버려서 윤회에서 벗어나는 길이면 자아는 영원한 것은 없기에 버려야 한다. 그래서 싯다르타는 선인의 가르침도 한계가 있음을 깨닫고 스승을 하직하고 조금 더 훌륭한 가르침을 배우기 위하여 다른 스승을 찾아 길을 떠났다.

싯다르타는 더 높은 가르침을 찾아서 라마푸트라 선인을 찾아갔으나 선인도 자아는 영원하다는 믿음을 가지고 있었기 때문에 그의 교리를 받아들이기 어려웠다.

"의식이 있다거나 없다거나 하는 것은 완전치 못한 상태이며 아무것도 없는 것도 초월해야 한다. 의식이 있음도 의식이 없음도 아니고 모두 아는 것도 아니고 알지 못하는 것도 아닌 매우 미묘한 상태이다."

싯다르타는 라마푸트라 선인의 가르침도 윤회에서 벗어나 해탈을 얻을 수 없다고 생각되어 더 훌륭한 경지를 얻어야겠다고 선인을 떠나게 되었다.

나는 부처님의 출가하신 일을 두고 보고 들은 그대로를 비구들에게 이야기했다. 부처님의 출가는 세속의 삶은 답답하고 번잡스러운

데 출가는 드넓은 곳에서 사는 것이라고 알고 출가하셨다고 한다. 출가 후 바람직하지 않은 생각과 말과 행동을 모두 버리고 청정한 삶을 살았다고 했다. 훌륭한 분의 특징을 가진 분은 마가다국에 탁발하러 가셨는데 빔비사라왕은 궁전에 서서 훌륭한 특징을 갖춘 비구가 걸어가는 것을 보고 신하에게 말하였다.

"저 사람은 미남에 체격도 좋고 안색도 아름답다. 품위 있는 걸음걸이로 앞만 보고 눈을 아래로 뜨고 마음을 집중하고 걷는다. 그는 천한 출신이 아닌 것 같으니 저 사람이 어디로 가는지 쫓아가 보아라."

그래서 왕의 신하들은 그 비구가 어디로 가는지 알기 위해 뒤따랐다. 그는 감각과 오관을 절제하고 깨어있는 마음으로 마음을 집중하고 탁발하여 잠깐만에 발우를 채웠다. 탁발을 끝낸 후 그는 산으로 향하였다. 그가 산에 머무는 것을 알고서 신하들은 왕에게 보고하러 돌아가서 말하였다.

"대왕이시여! 수행자는 산 동편에 있는 동굴에 마치 사자처럼 앉아 있습니다."

신하의 말을 듣고 빔비사라왕은 서둘러 산으로 갔고 수레가 갈 수 있는 곳까지 가서는 내려서 수행자가 있는 곳까지 걸어갔다. 왕은 정중하게 인사를 한 후 자리에 앉아 이렇게 말하였다.

"그대는 젊고 인생의 한창때이고 미남이며 체격도 좋습니다. 그대의 훌륭한 태도로 보아 훌륭한 가문의 사람인 것 같으니 사용할 재물을 드리겠소. 그대의 가문을 알고 싶으니 말하여 주겠소?"

"대왕이여! 히말라야에서 멀지 않은 곳에 한 나라가 있습니다. 사람들은 부유하고 용감하며 그들은 태양족의 후예로서 사카라는 성을 가지고 있습니다. 이런 가문에서 나는 쾌락에 대한 욕망을 뒤로 하고 출가했습니다. 나는 쾌락의 비참함을 보았으나 출가에서 평화로움을 보았기에 정진하려고 합니다."

　나는 부처님이 고행의 과정을 사리푸트라에게 말씀하시는 것을 이렇게 들었다.
　"나는 청정한 삶을 위하여 극단적인 거친 상황에서 격리된 곳에서 신중하게 고행하였다. 나의 고행은 식사 초대에 가지 않았고 가져온 음식도 받지 않았다. 나는 하루에 한 끼만 먹고 며칠에 한 번만 먹기도 했다. 나무 열매나 풀잎을 먹었고 나무껍질로 만든 옷이나 헌 옷을 기워입기도 했다. 나의 수행은 나무 조각들이 떨어지듯이 세월이 흐름에 따라 내 몸에도 먼지와 때가 쌓여서 떨어졌다. 그러나 사리푸트라여! 나에게 이 먼지를 털어 내야겠다는 생각이 들지 않았다. 나는 앞으로 갈 때도 뒤로 갈 때도 항상 신중한 수행으로 마음을 집중하였다. 나는 물속에 있는 생물이나 땅 위의 틈새에 있는 작은 생물이라도 다치지 않기를 바라면서 자비심으로 수행하였다. 나의 격리된 수행은 숲속에 들어가 그곳에 머물렀을 때 목동이나 양치기와 나무꾼이 오면 다른 곳으로 옮겼다. 나는 욕망을 버리지 못한 사람이 그 숲에 들어가면 머리털이 곤두선다는 두려움을 일으키는 울창한 숲으로 들어갔다. 밤에는 춥고 낮에는 타는 듯 덥고 두려움을 일으키는 숲에 홀로 있었다. 나는 모닥불도 없이 헐벗은 채 의식의 눈을 뜨기 위하여 의문을 추구하였다.
　사리푸트라여! 나는 죽은 사람의 뼈를 베개 삼아 묘지 옆에서 잠을 자기도 했다. 소치는 아이들이 와서 나에게 침을 뱉고 오줌을 누고 흙을 던지고 내 귀에다 나뭇가지를 쑤셔 넣기도 했다. 그러나 나의 마음은 좋고 싫고를 떠난 평정에 머물렀기에 미워하는 악한 마음이 일어나지 않았다. 나는 하루에 한 개의 열매를 먹었던 것을 기억하는데 나의 몸은 극도로 쇠약해지기 시작했다. 너무 적게 먹었기에 나의 팔과 다리는 포도 줄기나 대나무 줄기의 마디처럼 되었다. 나의 엉덩이는 낙타의 발굽처럼 되었고 나의 갈비뼈는 마치 오래된 지붕 없는 헛간의 무너질 것 같은 서까래처럼 튀어나왔다. 내 눈의 광채는 푹 꺼져서 마치 깊은 우물에 멀리 가라앉은 물빛과 같았다. 내 머리 가죽은 말라서 주름졌으며 나의 뱃가죽은 등에 붙었다. 그래서 내가 뱃가죽을 만지면 등뼈가 만져졌고 등뼈를 만지면 뱃가죽이 만져졌다.

사리푸트라여! 이같이 실천하고 수행하고 극도의 고행을 하였으나 고행으로는 더 이상의 상태에 도달하지 못하였다. 그래도 나는 탁월한 지혜와 통찰력을 얻으려고 노력했다. 지혜를 성취해야 수행하는 사람을 해탈로 이끌고 괴로움이 완전한 소멸로 이끌기 때문이었다."

어느 때 부처님이 기원정사에 계실 때 제자들에게 말씀하셨다.
"내가 깨달음을 얻기 전 아직 온전히 깨닫지 못한 보살일 때 나 역시 생로병사와 슬픔과 번뇌에 묶여 있으면서 똑같은 생로병사와 슬픔과 번뇌에 묶임을 구하였다. 그러나 나에게 왜 생로병사에 묶여 있으면서 똑같은 생로병사에 묶임을 구하는지 의심이 일어났다. 비록 나는 지금은 묶여 있지만 재난을 알고 있기에 속박에서 벗어나 최상의 완전함을 이루어 열반의 경지를 구해야겠다는 생각이 들었다. 나는 젊음의 축복이 주어진 인생의 한창때에 아들의 출가를 원치 않는 부모님은 눈물을 흘리며 울었지만 나는 수염과 머리를 깎고 노란 가사를 입고 출가하였다. 출가하여 나는 바람직한 것이 무엇인지 숭고한 평화의 최상의 경지를 찾았다. 칼라마 선인에게 가르침과 계율에서 청정한 삶을 살기를 원한다고 말했다. 이 가르침은 지혜로운 사람이라면 자신의 지혜로 스스로 깨달아 오래지 않아 스승의 경지에 도달할 수 있는 가르침이다. 그래서 나는 아주 빠르게 가르침을 성취하였다. 단지 암송이나 반복함의 가르침에 관하여 말하면 나는 지혜로 확신 있게 말할 수 있게 되었다. 장로들에게 알고 본다고 선언하였고 사람들도 그렇게 인정하였다. 그런데 칼라마는 지혜로서 스스로 깨달아 가르침을 성취하였다고 생각하였다. 그래서 분명히 그는 가르침을 알고 보기에 어떤 면에서 지혜로서 스스로 깨달아 가르침을 성취하였다고 단언하는지 물어보았다. 선인은 아무것도 없는 경지에 대하여 말했다.

나는 생각하기를 선인만이 지혜가 있는 것이 아니라 나도 지혜가 있으니 선인이 단언하는 같은 경지를 얻도록 노력해 보면 어떨지 생각하고 열심히 수행하였다. 나는 오래지 않아 매우 빨리 지혜로 스스로 깨달아 가르침을 성취하였다. 나는 다시 칼라마에게 가서 물었다. 선인께서 지혜로 스스로 깨달아 가르침을 성취하였다고 단언한 것이 이런 상태라면 나도 지혜로 깨달아 가르침을 성취하였다고 했더니 칼라마는 내게 말했다.

'벗이여! 청정한 삶에서 존자와 같은 동료가 있다는 것이 우리에게는 커다란 유익함이오. 내가 지혜로 스스로 깨달은 경지를 그대도 똑같이 깨달았소. 내가 성취한 가르침을 그대가 성취하였고 그대가 성취한 가르침을 내가 성취하였소. 그대가 아는 가르침을 내가 알고 내가 아는 가르침을 그대가 알게 되었소. 그러니 벗이여 나와 함께 이 공동체를 이끌어가면 어떻겠소?'

이같이 스승인 칼라마는 제자인 나를 대등한 지위에서 최고의 존경을 표하였다. 그러나 나는 이 가르침은 깨어있음과 욕망의 소멸이나 평화를 얻을 수 없다는 것을 알았다. 깨달음의 지혜로 이끌지 못하고 오직 아무것도 없는 경지에 머문다고 생각되었다. 그래서 그 가르침에 만족할 수 없었기에 그곳을 떠났다. 나는 계속 바람직한 것을 찾아서 숭고한 평화의 최상의 경지를 찾으면서 라마푸트라에게 청정한 삶을 살기를 원한다고 말했다.

'나의 가르침은 지혜로운 사람이라면 자신의 지혜로 스스로 깨달아 오래지 않아 스승의 경지에 도달할 수 있는 가르침이어서 나는 아주 빠르게 가르침을 성취하였다.'

그런데 라마푸트라는 지혜로서 스스로 깨달아 가르침을 성취하였다고 단지 믿음만으로 말한 것이 아니다. 분명히 그는 가르침을 알고 보기에 나는 어떤 면에서 지혜로서 스스로 깨달아 가르침을 성취하였다고 단언하는지 물어보았다. 이에 라마푸트라는 지각이 있는 것도 아니고 없는 것도 아닌 경지에 대하여 말하여 주었다. 그의 가르침에도 만족할 수 없었기에 나는 그곳을 떠났다. 나는 계속 무엇이 바람직한지 숭고한 평화의 최상의 경지를 찾으면서 마가다국을 떠돌아다니면서 수행했다. 마침내 세나니 마을에 도착하여 마음에 드는 적합한 곳을 발견하였다. 그곳은 훌륭한 숲이 있고 쾌적하고 완만한 강둑이 있는 맑은 물이 흘러가는 강이 있다. 가까이에 탁발할 수 있는 곳이 있는 훌륭한 곳이었다. 나는 이곳이야말로 정진하기에 합당한 곳이라 생각했다. 그래서 나는 생로병사와 슬픔과 번뇌에 묶여 있으나 재난을 알기에 그 묶임에서 벗어나고자 했다. 나는 속박에서 벗어나 번뇌 없는 열반을 성취하였다. 나의 마음은 움직일 수 없이 견고하였고 이제 남은 일은 최상의 깨달음을 얻어 해탈을 이루면 나의 마지막 탄생이며 다시 태어나는 일은 없을 것이라는 지혜와 통찰력이 생겼다."

싯다르타는 인적이 드문 곳에서 고행하고 있는 다섯 수행자를 만났다. 싯다르타는 단식수행에 의한 어려운 고행이 생사윤회에서 벗어나 해탈을 얻는 길이라고 생각하였다. 그래서 지극히 평온한 마음을 염원하면서 고행을 시작하여 어느덧 6년이란 세월이 흘러갔다. 그의 몸은 단식과 고행으로 비록 야위었으나 정신의 힘은 더욱 강해졌다. 그의 육신은 비록 뼈와 가죽만 남았으나 그는 마치 줄어들지 않는 깊은 바닷속 물과 같은 고요함에 들었다. 그러나 고행에 대한 회의심이 일기 시작하였다. 극도의 고행과 단식은 해탈에 이르게 하는 바른길이 아니라는 사실을 깨달았다. 그의 몸은 목마름과 굶주림으로 지쳤으며 쇠약한 육신으로 해탈을 얻는 건 불가능하다. 정신은 맑고 선명하지 않았고 육신과의 균형을 잃어버렸다. 조화롭지 않은 마음으로 행복하지 않은 사람이 해탈을 얻을 수 없다고 보았다.

싯다르타는 사유에 빠져 지난날을 되돌아보았다. 완전한 행복은 다섯 감각 기관이 항상 편안할 때 얻어진다. 깊은 삼매는 잘 균형 잡힌 평온한 마음에서 얻어진다. 깊은 삼매로부터 최상의 평화를 얻었다. 그래서 강으로 가서 목욕하여 몸과 마음을 맑게 하였다. 그때 난다는 환희심에 가득 차서 싯다르타에게 우유죽을 공양하였다. 음식을 먹고 육신의 힘을 얻어 몸과 마음이 평안에 머물게 되었다. 다섯 명의 고행자들은 싯다르타가 고행을 포기하고 음식을 먹는 것을 보며 실망하고 떠나갔다. 싯다르타는 음식을 먹어 육신의 기운을 회복하고 마음도 맑아져 깨달음의 결심을 굳히고 나무숲이 울창한 숲속의 보리수나무 아래 앉았다.

스스로 깨달음의 서원을 말하며 깨달음의 목표를 이룸이 없이는 이 자리에서 일어나지 않겠다고 결심하였다. 그는 단호한 결단력과 고요한 선정으로 과거에 남았던 온갖 업과 현세에 부모의 정실로 태어나면서 묻혔던 업의 유혹에도 전혀 동하지 않았다. 어느 날 강가에서 평안을 얻기 위해 힘써 노력하며 고요함에 잠겼다. 선정에 들었을 때 자기 내면의 의식 속에 악마가 위로의 말을 던지며 다가와 속삭이며 말했다.

"당신은 몸이 메마르고 안색도 나쁘니 죽음이 가까웠습니다. 당신이 죽지 않고 살아날 수 있는 희망은 천에 하나나 될까 말까 하니 살아야 합니다. 생명이 존재해야 여러 가지 착한 일도 할 수 있지 않습니까? 그대가 베다를 배우는 자로서 깨끗하게 행동하며 성화에 공물을 바쳐야만 많은 공덕을 쌓을 수 있습니다. 그렇게 고행에 힘쓴다 해서 무슨 소용이 있겠습니까? 당신이 가는 길은 가기가 힘들고 행하기도 힘들어 도달하기도 어렵습니다."

"게으르고 악한 자여! 너는 속세의 훌륭한 일을 위해 여기 왔지만 나는 속세의 훌륭한 사업을 티끌만큼도 필요로 하지 않는다. 너는 그런 사업을 하여 공덕을 세우려는 자들에게 가서 말하라. 나에게는 믿음이 있고 노력이 있으며 또한 지혜가 있다. 이처럼 힘써 노력하는 나에게 생명에 대한 것을 묻지 말라. 힘써 노력하기 때문에 일어나는 이 바람은 능히 강물도 메마르게 할 것이다. 그러니 오로지 마음을 다해 수도에 힘쓰고 있는 내 몸의 피가 어찌 마르지 않겠는가. 몸의 피가 메말라버리면 쓸개나 담도 마른다. 살이 빠지면 마음은 점점 맑아지며 내 생각과 지혜와 통일된 마음은 더욱 편안하게 한다. 나는 이렇게 편안히 살며 큰 고통을 달게 받고 있기에 내 마음은 갖가지 욕망에 사로잡히는 일이 없다. 이 몸과 마음의 깨끗함을 보라! 너의 군대는 욕망이고 혐오이며 굶주림과 목마름이고 애착이다. 그리고 권태와 잠이며 공포이고 의혹이며 허영과 고집이다. 그릇된 수단으로 얻은 이득과 명성과 존경과 영예와 자기를 추켜세우고 남을 경멸하는 것이다. 이것들이 너의 병력이고 검은 악마의 공격군이다. 용기가 없는 자는 이를 물리칠 수 없으나 용기가 있는 자는 물리치고 즐거움을 얻게 된다. 그러니 나는 적에게 항복하지 않을 것이며 세상의 즐거운 욕망의 삶을 좋아하지 않는다. 패배하고 살아가느니보다 차라리 싸워서 죽는 편이 낫다. 어떤 수행자들은 너의 군대에 멸하여 자취를 감추고 보이지 않는다. 그리고 덕 있는 자가 갈 길도 알지 못하고 있다. 군대가 사방을 에워싸고 있으나 너는 결코 나를 이곳에서 물러서게 하지 못하리라. 신들도 세상 사람들도 너의 군대를 무찌를 수 없지만 나는 너의 군대를 지혜로써 마치 아직 불에 굽지 않은 흙 사발을 돌로 깨듯이 격파하리라! 그리고 깊이 느끼는 바를 옳게 잡아 굳건한 신념으로 널리 이 나라 저 나라로 제자들을 인도하며 두루 돌아다닐 것이다. 그들은 내 가르침을 실제로 행하며 게을리하지 않고 노력하고 있다. 그곳에 가면 근심도 욕망도 없는 경지에 도달하게 되리라."

그때 말씀을 듣고 있던 악마는 근심에 잠긴 채 말했다.

"나는 칠 년 동안이나 그대 가는 곳마다 뒤를 한 발 한발 따라다녔다. 그러나 정신을 똑바로 차리고 있는 이에게는 뛰어들 틈이 없었다. 마치 까마귀가 반질반질한 바위를 보고 저것은 얼마나 연하고 맛이 좋을까 하고 그 주위를 빙빙 도는 것 같았다. 그곳에서 맛있는 것을 얻을 수 없어서 날아가 버린 까마귀처럼 나는 지쳐서 고타마에게서 떠나겠다."

악마의 옆구리에서 비파가 떨어지자 기운 없이 자리에서 사라지고 말았다. 싯다르타는 깊은 선정에 들어 윤회를 헤매는 중생들을 생각하니 마음속에서 큰 자비심이 솟아올랐다. 청정한 혜안으로 세상의 실상을 꿰뚫어 보았다. 모든 존재하는 것들은 태어나서 늙고 병들어 죽고 끊임없는 윤회를 헤매고 있으니 다만 괴로울 뿐이다. 사람의 시각으로는 욕망과 착각의 어두움에 가려져 있어 앞을 보지 못하기에 윤회에서 벗어나는 길을 알지 못한다. 이같이 생각한 후 세상의 실상을 자세하게 관조(觀照)하였다.

'늙음과 죽음은 어디에서 오는가?'

그는 진리를 온전히 꿰뚫어 사유한 후에 그것은 태어남이 있기 때문이라고 이해하였다.

'그러면 태어남은 어디서 오는가?'

업의 결과가 존재하기 때문이며 원인이 없이 이루어진 결과는 없다. 인과의 법이 있는 그대로 보였다.

'존재는 어디서 오는가?' 집착에서 온다.
'집착은 어디서 오는가?' 애욕에서 온다.
'애욕은 어디서 오는가?' 느낌에서 온다.
'느낌은 어디서 오는가?' 접촉에서 온다.
'접촉은 어디서 오는가?' 감각 기관에서 온다.
'감각 기관은 어디서 오는가?' 이름과 모양에서 온다.
'이름과 모양은 어디서 오는가?' 의식 작용에서 온다.
'의식 작용은 어디서 오는가?' 업의 작용에서 온다.
'업의 작용은 어디서 오는가?' 어리석음에서 온다.

어리석음은 모든 현상의 원인이 되는 것이어서 진리를 거꾸로 관찰하였다. 지혜롭지 못한 어리석음에서 업이 생긴다. 업에서 의식이 생기며 의식에서 이름과 모양이 생기며 이름과 모양에서 감각 기관이 생기며 감각 기관에서 접촉이 생기며 접촉에서 느낌이 생기며 느낌에서 애욕이 생긴다. 애욕에서 집착이 생기며 집착에서 존재가 생기며 존재에서 태어남이 생기며 태어남에서 늙고 죽음이 생긴다. 그러면 어떻게 모든 것이 소멸하는지를 관찰하였다.

태어남이 없으면 늙음과 죽음이 없다. 존재가 없으면 태어남이 없다. 집착이 없으면 존재가 없다. 애욕이 없으면 집착이 없다. 느낌이 없으면 애욕이 없다. 접촉이 없으면 느낌이 없다. 감각 기관이 없으면 접촉이 없다. 이름과 모양이 없으면 감각 기관이 없다. 의식 작용이 없으면 이름과 모양이 없다. 업이 없으면 의식 작용이 없다. 어리석음이 없으면 업이 없다. 어리석음은 모든 존재의 근원이 된다는 사실을 보았다.

싯다르타는 이같이 최상의 지혜와 통찰력으로 세상의 실상을 관조하였다. 그는 알아야 할 것을 마땅히 알았고 세상의 이치를 깨달았으며 여래로서 우뚝 섰다. 그는 어디에서도 영원한 자아(自我)를 발견할 수 없었으니 누구나 자기를 바꾸면 스스로 깨달을 수 있다. 그리고 성자가 열망해온 목표에 신속히 도달하게 된 바른 삶의 길을 보았다. 최상의 통찰력으로 그의 마음은 고요함과 평온함으로 가득 찼다.

존재하는 모든 것들은 모두 서로의 인연이 되어 생기고 인연에 의하여 사라지고 저절로 사라지지 않는 것을 깨달았다. 이같이 존재의 모습이 확연히 드러나서 영원하고 고정된 실체가 없는 무아이기에 무상하게 인연에 의하여 존재하다가 사라지는 것을 관조하였다. 모든 것은 인연에 의하여 생겼다가 잠깐 존재하다가 인연이 다하면 사라지는 연기의 실상을 깨달았다. 우주 만상은 고요에 잠겨 있고 먼동이 틀 무렵 완전한 깨달음을 성취하였다. 드디어 싯다르타 수행자는 이같이 연기의 실상을 깨달은 여래가 되셨다.

자비심으로 가득 차서 깨달은 자의 눈으로 중생의 평화와 행복을 위하여 세상을 바라보았다. 깨달음을 얻은 지 얼마 되지 않았을 때 나무 아래에서 해탈(解脫)의 기쁨을 누리면서 삼매(三昧)에 잠겨 있었다. 그때 두 상인이 큰길을 가다가 아름다움에 빛나는 깨달은 분의 모습을 보고 보리죽과 꿀을 가지고 인사한 후 공손하게 말하였다.

"깨달은 분이시여! 여기 보리죽과 꿀을 받아 주십시오. 이 공양의 공덕으로 저희에게 오랫동안 행복과 축복이 있을 것입니다."

두 상인 타뿟사와 발리카는 최초로 귀의한 재가 신도가 되었다.

나는 이렇게 들었다. 어느 때 깨달음을 얻은 직후에 여래께서는 강가의 보리수나무 아래에 홀로 고요함에 잠겨 있을 때였다.

"나의 깨달은 가르침은 심원하고 보기 어렵고 이해하기 어렵고 평온하고 숭고하고 생각의 범위를 초월하며 미묘하여 지혜로운 사람이나 알 수 있다. 그런데 지금 사람들은 감각적 쾌락에 빠져 즐거워하고 기뻐한다. 이렇게 감각적 쾌락에 빠진 사람은 모든 것은 원인에 의하여 일어난다는 연기의 가르침을 보기 어렵다. 인간의 모든 행위가 애욕으로 생기는데 애착을 부수고 욕망을 버림으로 번뇌의 소멸이 가능하기에 열반의 진리를 알기 어렵다. 내가 만일 이 진리를 가르친다 해도 사람들이 알아듣지 못한다면 내 몸만 피로하고 괴로운 일이다. 그때 나는 예전에 말한 적도 없고 전에 들어보지도 못한 게송이 내 마음에 떠올랐다.

'참으로 힘들게 성취한 진리를 왜 사람들에게 알려야만 하는가? 욕망과 증오에 젖어 있는 사람들에게 진리는 이해하기 쉽지 않다. 흐름을 거슬러 가는 업이 많은 사람에게 진리는 알기 힘들다. 어둠에 가려있고 욕망에 불타는 사람들은 결코 보지 못할 것이다.'

이같이 숙고하고 진리를 설하지 않기로 마음을 기울였을 때 하늘에서는 나의 마음을 알아차렸다. 온전히 깨달으신 여래께서 가르침을 설하지 않으려 하고 세상을 버리려 한다고 하면서 놀라움을 금치 못했다. 하늘에서 나의 가슴 깊은 곳을 통하여 전언이 들려왔으며 감동이 전해 왔다.

'중생이 무지로 인하여 바른길을 가지 못하니 외롭더라도 깨달으신 여래께서는 부디 가르침을 설하소서! 더러움에 물들지 않은 사람도 있으니 그들을 깨우쳐서 진리를 듣게 하소서! 그들이 깨닫지 못하여 버려졌으니 가르침을 듣는다면 이해하는 사람도 있을 것입니다.'

게송이 마음속으로 들려왔다.

'번뇌에 물든 사람들이 궁리해낸 오염된 가르침이 예전에 마가다에 나타났으나 이제 청정한 분이 성취한 진리를 그들이 듣게 하자! 마치 산꼭대기에 서 있는 사람이 온 주변의 사람을 다 보듯이 우주적 눈을 가지신 지혜로우신 분께서 진리의 전당에 오르십시오!'

그래서 나는 하늘의 신들이 요청한 것을 이해하고 중생을 향한 자비심과 깨달은 자의 눈으로 세상을 바라보았다. 세상에는 더러움에 덜 물든 사람과 많이 물든 사람 그리고 훌륭한 성품의 사람과 나쁜 성품의 사람이 있다. 가르치기 어려운 사람과 쉬운 사람이 있으며 잘못에 대한 두려움을 가지고 사는 사람들이 있었다. 나는 게송으로 대답하였다.

'그들에게 불사의 문은 열렸다. 귀 있는 자는 잘못된 믿음에서 벗어나라! 성가시다는 생각으로 숭고하고 빼어난 가르침을 나는 가르치지 않으려 하였네.'

이같이 나는 가르침을 설하기로 결심하고 생각하였다. 누구에게 제일 먼저 가르침을 설한 것인가? 누가 빠르게 이 가르침을 이해할 것인가? 칼라마는 박식하고 경험이 풍부하고 지혜롭고 오랜 세월 동안 마음의 눈에 먼지가 적은 사람이다. 그러니 그에게 제일 먼저 이 가르침을 설하면 어떨까? 그는 가르침을 금방 이해할 것이라는 생각이 들었으나 그가 이미 죽었음을 알았다. 그래서 나는 다시 라마푸트라를 떠올렸으나 그도 역시 죽었음을 알게 되었다. 다음으로 나는 다섯 비구를 떠올렸는데 내가 열심히 정진하던 때에 나의 시중을 들었고 많은 도움을 주었다. 그들에게 처음으로 가르침을 설하는 것이 어떨까? 다섯 명의 비구들은 바라나시의 사슴 동산에 있음을 알게 되었다. 그래서 나는 바라나시로 향하여 큰길을 가고 있었는데 나체 고행자는 나를 보고 말을 걸었다.

'벗이여! 그대의 안색은 맑고 피부는 깨끗하고 광채가 나는데 누구에게 출가하였으며 스승은 누구이며 누구의 가르침을 따릅니까?'

'나는 모든 것을 이겨서 알았고 번뇌에 물들지 않는다. 모든 것을 벗어났으며 애욕을 소멸하여 해탈을 이루었다. 스스로 깨달았으니 나에게는 스승이 없으며 하늘의 신들과 세상 어디에도 나와 견줄만한 사람이 없다. 나는 최상의 스승이며 유일하게 온전히 깨달은 여래이고 적멸에 이르러 열반을 성취했다. 눈먼 세상 속에 생사에서 벗어나는 진리의 바퀴를 굴리기 위해 바라나시로 가고 있다.'

'그대의 말대로라면 승리자가 틀림이 없군요!'

'번뇌를 부수어 승리한 사람은 나처럼 승리자이다. 나는 악한 모든 것을 극복했으므로 나는 승리자이다.'

내가 이렇게 말하였을 때 나체 고행자는 그럴지도 모르겠네요. 라고 하면서 이상한 사람을 보았다는 듯이 머리를 흔들면서 옆길로 가버렸다. 그 후 나는 나그네처럼 떠돌며 마침내 바라나시의 사슴 동산에 도착하여 다섯 명의 비구들이 있는 곳으로 갔다. 그들은 멀리서 내가 오는 걸 보고 자기들끼리 약속하며 말하였다. 사치스럽게 살고 고행을 포기하고 풍요로운 생활로 돌아간 사문이 오는데 인사도 하지 말고 일어나지도 말고 발우와 가사도 받지 말자. 만일 그가 앉기를 원한다면 자리는 깔아주자 하고 약속하였으나 내가 가까이 다가가자 그들은 약속을 지킬 수가 없었다. 그들은 가사와 발우를 받았는데 나의 이름을 부르며 벗이여 라고 말하여서 나는 그들에게 비구들이여! 이제 나의 이름을 부르지 말고 친구여 라고 부르지 말라. 나는 여래이며 바르게 온전히 깨달은 자이니 귀를 기울이라! 나는 영생의 경지를 성취하였으니 그대들에게 진리를 가르치겠다. 내가 가르친 대로 실천한다면 그대들은 오래지 않아 청정한 삶의 최고의 목표를 이룰 것이다. 지혜에 의하여 지금 여기에서 스스로 깨달아 성취할 것이다."

"벗이여! 그대의 고행과 수행으로도 어떤 월등한 인간의 경지도 얻지 못하였고 거룩한 분에게 합당한 탁월한 지혜와 통찰력도 얻지 못하였소. 그런데 그대는 지금 사치스럽게 살고 정진을 포기하고 풍요로운 생활로 돌아갔습니다. 그런데 그대가 어떻게 월등한 인간의 경지를 얻었겠으며 거룩한 분에게 합당한 탁월한 지혜와 통찰력을 얻었겠습니까?"

"나는 사치스럽게 살지도 않았고 정진을 포기하지도 않았고 풍요로운 생활로 돌아가지도 않았다. 여래는 바르게 온전히 깨달은 자이다. 비구들은 귀를 기울이라! 나는 영생의 경지를 성취하였다. 나는 그대들에게 진리를 가르치겠다. 내가 가르친 대로 실천한다면 그대들은 오래지 않아 청정한 삶의 최고의 목표를 지혜에 의하여 지금 여기에서 스스로 깨달아 성취할 것이다. 그대들은 내가 전에 이렇게 말하는 것을 본 일이 있는가?"

"없습니다. 존자여!"

이렇게 하여 여래께서는 그들을 이해시킬 수 있었다. 세 명의 비구들이 탁발하러 간 동안에 나머지 두 명의 비구들에게 가르쳤다. 어느 때는 세 명의 비구들에게 가르치는 동안에 다른 두 명의 비구들이 탁발하러 갔다. 그래서 여섯 명은 두 사람이 탁발하여 온 음식으로 살았다. 이같이 다섯 명의 비구들은 생로병사와 슬픔과 번뇌에 묶여 있는 자신을 뒤돌아보면서 스승으로부터 깨달음의 길을 배웠다.

"출가한 수행자는 두 가지 극단을 피하여야 한다. 첫 번째는 감각적인 쾌락에 몰두하는 것으로 저열하고 천박하고 하찮고 유익함이 없다. 두 번째는 지나친 고행에 몰두하는 것도 고통스럽고 저열하고 유익함이 없다. 여래는 이 두 가지 극단에 치우침이 없이 중도를 깨달았다. 중도(中道)는 통찰력을 주며 지혜를 주고 평화를 주며 깨달음으로 이끌고 열반으로 이끈다. 여래가 깨달은 깨달음으로 가는 여덟 가지 바른길은 바른 견해, 바른 생각, 바른말, 바른 행동, 바른 생활수단, 바른 정진, 바른 마음, 바른 집중이다. 이것이 여래가 깨달은 중도로서 통찰력을 주며 지혜와 평화를 주며 깨달음과 열반으로 이끈다. 괴로움에 대한 진리는 이와 같다. 태어나고 늙고 병들고 죽는 것이 괴로움이며 싫은 것과 만나게 되는 것도 괴로움이다. 좋아하는 것과 헤어지는 것도 괴로움이며 원하는 것들을 얻지 못하는 것도 괴로움이다. 한마디로 말하자면 집착의 대상이 되는 다섯 가지 무더기가 괴로움이다. 괴로움의 근원의 진리는 애욕을 수반하며 여기저기서 쾌락을 찾아 헤매고 윤회로 이끈다. 애욕에는 감각적 쾌락에 대한 애착과 다시 태어나거나 다시 태어나지 않겠다는 욕망이 있다. 괴로움의 소멸의 진리는 애욕을 남김없이 사라지게 하고 소멸하고 포기하고 버려서 더 이상 집착하지 않고 애욕에서 벗어나는 것이다. 괴로움의 소멸에 이르는 길의 진리는 바로 여덟 가지 바른길이다. 괴로움의 진리는 일찍이 누구도 말한 적도 없고 들어본 적도 없는 가르침이다. 나에게는 들어본 적도 없는 진리를 알았다는 통찰력이 일어났고 지혜가 생기고 앎이 생기고 빛이 생겼다. 이같이 나는 하늘과 모든 신과 인간의 세계에서 최상의 온전한 깨달음을 얻었다. 나는 흔들림 없는 해탈을 얻었으며 이제는 윤회하는 일은 없다는 지혜와 통찰력이 생겼다."

이같이 말하자 다섯 명의 비구들은 기뻐하였다. 이러한 가르침을 듣고 콘단냐 비구는 생긴 것은 무엇이든지 소멸한다는 진리를 깨달았다. 그때 콘단냐 비구는 가르침을 알았고 가르침에 몰입하였으며 모든 의심이 사라지고 스승의 가르침 속에서 온전한 만족을 얻었다.

"저는 스승님께 출가하여 계율을 받기를 원합니다."

"오너라. 비구여! 가르침은 잘 설해져 있다. 괴로움의 완전한 소멸을 위하여 청정한 수행을 하여라.!"

그래서 이것이 콘단냐의 계율이 되었다. 스승은 계속해서 네 명에게 열성을 다하여 가르치셨다. 스승이 열성을 다하여 이들을 가르치고 있는 동안 왑파 비구와 밧디야 비구는 무엇이든지 생겨난 것은 소멸하게 마련이라는 통찰력이 생겼다. 이들도 가르침을 알았고 가르침에 몰입하였고 모든 의심이 사라지고 스승의 가르침 속에서 온전한 만족을 얻었다. 그들도 출가하여 계율을 받았다. 그래서 스승은 세 명의 비구들이 탁발해온 음식을 드시고 나머지 두 명에게 열성을 다하여 가르치고 이렇게 말씀하셨다.

"세 명의 비구가 탁발해 오는 것이 무엇이든 그것으로 여섯 명이 살도록 하자."

마침내 나머지 비구들도 계율을 받고 열심히 수행했다.

스승은 바라나시의 사슴 동산에서 이 세상에서 누구도 다시 굴릴 수 없는 위없는 법륜을 굴리시며 다섯 명의 비구들에게 가르치셨다.

"만일에 육신이 영원한 자아(自我)가 있다면 몸이 병들지도 않을 것이며 몸에게 이렇게 돼라 또는 이렇게 되지 말라고 말할 수 있을 것이다. 그러나 육신은 무아이기 때문에 병들게 되고 몸에게 이렇게 돼라 또는 이렇게 되지 말라고 말할 수 없다. 몸이 무아인 것같이 느낌도 지각도 형성도 의식도 무아이다. 만일 느낌이나 지각과 형성도 의식 등이 자아가 있다면 이런 모든 것이 병들지 말아야 할 것이다. 그리고 이렇게 돼라 또는 이렇게 되지 말라고 말할 수 있을 것이나 무아이기 때문에 말할 수 없다. 그대들은 육신은 영원한가 아니면 무상한가 어떻게 생각하는가?"

"무상합니다."

"무상하다는 것은 괴로운 것인가 즐거운 것인가?"

"괴로운 것입니다."

"무상하고 괴롭고 수시로 변하는 것을 나의 것이며 나의 자아라고 생각하는 것이 합당한가?"

"합당하지 않습니다."

"느낌이나 지각함이나 의식은 영원한가 아니면 무상한가?"

"무상합니다."

"무상하다는 것은 괴로운 것인가 즐거운 것인가?"

"괴로운 것입니다."

"무상하고 괴롭고 수시로 변하는 것을 나의 것이라거나 이것은 나의 자아라고 생각하는 것이 합당한가?"

"합당하지 않습니다."

"그러므로 육신은 늙고 병들고 죽는데 나의 자아가 아니라고 바른 통찰력으로 보아야 한다. 육신과 마찬가지로 느낌이 어떤 것이든 지각이나 의식이 어떤 것이든 나의 자아가 아니라고 바른 지혜로 보아야 한다. 그러므로 이같이 보고 가르침을 잘 습득한 훌륭한 제자들은 몸에도 집착하지 않고 느낌에도 집착하지 않고 지각에도 형성에도 의식에도 집착하지 않는다. 이렇게 집착을 떠났을 때 욕망에서 벗어났다고 알게 된다. 태어남은 부서지고 청정한 삶은 성취되었다. 할 일을 다 해 마쳤고 더 이상 윤회하지 않는다고 알게 된다."

스승이 말씀하신 가르침을 듣고 다섯 명의 비구들은 기뻐하였다. 그때 바라나시에 귀하게 양육된 대부호 상인의 아들 야사라는 젊은이가 살고 있었다. 그는 왕 못지않은 호화로운 환경 속에서 쾌락을 즐기면서 살았다. 그러나 어느 날 그는 쾌락의 모습 속에서 환멸과 무상함을 느끼게 되었다. 집을 나와 사슴 동산으로 향하였을 때 부처님은 새벽이 되어 밖에서 걷고 계셨다. 야사는 사는 것이 정말 괴롭구나! 하고 탄식하였다.

"여기에는 괴로운 것이 없으며 고통이 없으니 앉거라. 그대를 위해 가르침을 설하리라."

여기에는 괴로움이 없다는 부처님의 말씀에 귀가 번쩍 띄어 야사는 신발을 벗고 부처님께 공손히 인사하고 한쪽에 앉았다. 부처님은 쉬운 가르침으로부터 시작하여 보시에 대하여 도덕적인 습관에 대하여 덧없음의 감각적 쾌락에 따른 재난과 위험을 가르쳤다. 또 이것들을 버렸을 때의 이익에 대하여 말씀하셨다. 야사가 모든 가르침을 이해하고 받아들일 자세가 되었음을 아셨다. 그래서 부처님은 깨달으신 진리인 괴로움과 원인과 괴로움을 없애는 길과 괴로움의 소멸에 이르는 길에 대하여 말씀하셨다. 야사는 그 자리에서 진리의 문이 열렸다. 그런데 야사의 부모는 야사를 찾아다니다가 부처님께 와서 가르침을 듣고 아들을 데려가기는커녕 그들은 오히려 부처님께 귀의하여 신도가 되었다. 그 후 야사는 출가하여 계를 받으니 제자가 일곱 명이 되었다. 그때 야사 비구의 출가하기 전의 친구가 네 명이 있었는데 그들은 크고 작은 부호 상인의 아들들이었다. 그들은 대부호의 아들 야사가 출가하였다는 소식을 듣고 이렇게 생각하였다. 야사가 머리와 수염을 깎고 노란 가사를 입고 출가한 것을 볼 때 이 가르침은 보통 가르침이나 계율이 아니다. 야사가 출가한 것이 보통 출가가 아니다. 그래서 이 네 명의 친구들은 야사를 찾아갔다. 야사는 이들을 부처님께 데리고 갔다. 부처님은 이들에게도 또한 쉬운 가르침부터 시작하여 점차적인 가르침을 주셨다. 그들 역시 가르침을 알았고 이해하였다. 의심을 벗어났고 불확실한 것을 제거하였으며 스승의 가르침 속에서 온전한 만족을 얻었기에 어떤 것에도 필요하지 않게 되었다.

"부처님 저희는 출가하여 계율을 받고자 합니다."

부처님은 그들을 가르치고 분발하게 하고 격려하고 기쁘게 하셨다. 부처님의 간곡한 가르침을 받는 동안 그들의 마음은 집착이 사라져 번뇌에서 벗어났다. 이로써 이 세상에 제자는 열한 명이 되었다. 그때 야사 비구의 출가하기 전에 친구들도 역시 야사의 출가 소식을 듣고 생각하기를 야사 같은 훌륭한 가문의 자제가 출가한 것을 볼 때 이 가르침은 보통 가르침이나 계율이 아니다. 야사가 출가한 것도 보통 출가가 아니라고 생각하고 야사를 방문하고 부처님을 뵙고 가르침을 듣게 되었다. 훌륭한 가르침을 듣고 이들도 출가를 결심하여 계를 받고 집착이 사라져 번뇌에서 벗어났다.

부처님이 바라나시의 사슴 동산에 계셨을 때 제자들을 모으시고 말씀하셨다.

"비구들이여! 나는 모든 속박에서 벗어났으며 그대들 또한 모든 속박에서 벗어났으니 중생의 이익과 행복을 위하여 길을 떠나라! 세상에 존재하는 모든 것에 대한 자비심을 가지고 신들과 인간의 이익과 행복을 위하여 길을 떠나라! 둘이 함께 같은 길을 가지 말라! 처음도 중간도 끝도 훌륭하고 바른 뜻과 문장을 갖춘 가르침을 설하여라! 완전하고도 청정한 수행의 삶을 보여주어라! 세상에는 더러움에 덜 물든 사람들도 있지만 그들은 가르침을 듣지 못하였기 때문에 진리와 멀어졌다. 만일 그들이 가르침을 듣는다면 곧 알아들을 것이다. 나도 가르침을 설하기 위하여 우루웰라 마을로 가야겠다."

부처님은 바라나시를 떠나 우루웰라로 가시는 도중에 길에서 벗어나 숲에 들어가 나무 아래 앉으셨다. 그때 양갓집 자제들이 부부 동반하여 놀러 왔는데 부인이 없는 한 사람은 기생을 데려왔다. 모두 재미있게 노는 틈에 기생은 귀중품들을 훔쳐서 달아났다. 그래서 그들은 여인을 찾아 나섰다가 부처님을 만나 이렇게 말하였다.

"선생님 한 여인을 보지 못하셨습니까?"

"그대들은 여인과 무슨 일이 있었는가?"

그들은 자초지종을 부처님께 말씀드렸더니 그들의 이야기를 듣고 말씀하셨다.

"그대들을 위하여 달아난 여인을 찾는 것이 더 중요한가 아니면 자기 자신을 찾는 것이 더 중요한가?"

"자기 자신을 찾는 것이 더 중요합니다."

"그렇다면 젊은이들이여 앉아라! 그대들에게 가르침을 설하겠다."

그래서 부처님은 그들에게 쉬운 교리에서부터 시작하여 가르침을 설하셨다. 그들이 가르침을 이해하고 받아들일 마음의 준비가 되어 있음을 아시고 마지막으로 네 가지 거룩한 진리를 가르치셨다. 그들은 의심을 벗어나 가르침을 사무치게 꿰뚫어 볼 수 있게 되었다. 부처님은 우루웰라에 도착하셨을 때 머리를 땋은 고행자인 형제가 3명이 살고 있었다. 그들은 불의 신을 섬기는 사람들이었는데 많은 제자를 거느리고 있었다. 부처님이 사당에 머무실 때 자신의 교만함으로 부처님에게 쉽사리 승복하지 않았다. 그러나 가르침을 듣고 결국 부처님께 귀의하게 되었고 자신을 따르던 제자들도 귀의하였다. 그는 불을 섬기는 제사 도구들을 모두 물에 떠내려 보냈는데 동생들은 제사 도구들이 떠내려오는 것을 보고 놀라서 형을 찾아가 물었다.

"이렇게 하는 것이 더 훌륭한 것입니까?"

"이것이 더 훌륭하다."

그래서 두 동생과 제자들도 형과 똑같이 부처님께 귀의하였다. 부처님은 불을 섬겨왔고 고행자였던 그들을 거느리고 이렇게 가르치셨다.

"비구들이여! 모든 욕망으로 불타고 증오로 불타고 어리석음으로 불타고 있다. 눈이 불타고 있고 눈에 보이는 것이 불타고 있고 눈으로 느끼는 것이 불타고 있고 눈에 닿는 것이 불타고 있다. 눈의 닿음에서 일어나는 느낌인 즐거움과 괴로움 즐겁지도 않고 괴롭지도 않은 것들이 불타고 있다. 생로병사와 슬픔과 괴로움과 절망으로 불타고 있다. 그러므로 사실을 알고 눈으로 보이는 것들이나 느끼는 것들이나 여기서 오는 괴로움과 즐거움에 집착하지 말아야 한다. 집착을 떠났을 때 열반에 이른다."

부처님은 제자들과 함께 가야산을 떠나 야자나무 숲의 사당에 머무셨다. 그때 마가다국의 빔비사라왕은 부처님이 제자들과 함께 오셔서 사당에 머무신다는 소식을 들었다. 또한 부처님은 온전히 깨달으신 분이며 그분에 대한 훌륭한 평판을 듣고 훌륭한 아라한을 친견하는 것은 좋은 일이라는 것을 듣고 사람들을 데리고 부처님을 방문하였다. 부처님은 이들에게 쉬운 가르침부터 시작하여 순차적으로 가르침을 설하였다. 깨끗한 천에 염색이 잘 드는 것처럼 빔비사라왕과 많은 사람은 티 없는 법의 눈이 열렸다. 그들은 생긴 것은 무엇이든지 소멸한다고 깨달았다. 그래서 사람들은 부처님께 귀의하여 신도가 되었다. 빔비사라왕은 말하였다.

"저는 왕자 시절에 다섯 가지 소원이 있었습니다. 첫째는 왕위에 오르는 것, 둘째는 온전히 깨달으신 분이 내 영토에 오시는 것, 셋째는 내가 그분께 예배드리는 것, 넷째는 그분의 가르침을 듣는 것, 다섯째는 내가 그 가르침을 알아듣는 것이었는데 이제 저의 소원이 모두 다 이루어졌습니다."

빔비사라왕은 부처님의 가르침을 이해하고 꿰뚫어 보아 진리의 눈이 열렸다. 그는 부처님과 가르침과 승가에 귀의하였으며 부처님 승단에 가장 든든한 후원자가 되었다. 왕은 부처님과 제자들을 공양에 초대하여 손수 부처님께 시중들며 음식을 권하였다. 왕은 부처님께서 마을에서 너무 멀지도 않고 편리하여 사람들이 방문하기 쉽고 조용하고 방해받지 않고 수행에 적합한 곳이 어딜지 생각하였다. 그런데 나의 대나무 숲은 모든 구비 조건을 갖춘 동산이니 부처님과 승단에 기증해야겠다고 생각하고 왕은 부처님께 말하였다.

"저는 대나무 숲을 부처님과 승단에 기증하겠습니다."

부처님은 왕을 위하여 가르침을 설하여 왕은 환희에 넘쳐 기뻐하였다.

어느 때 부처님은 빔비사라왕이 기증한 대나무 숲에 계셨다. 그때에는 비구들에게 숙소에서 사는 것이 허락되지 않았을 때 비구들은 숲속의 나무 아래 언덕 골짜기 동굴 묘지 주변이나 짚 더미 등에서 살았다. 대부호 상인이 아침 일찍 대나무 숲에 가게 되었는데 마침 비구들이 여기저기에서 나오는 것을 보게 되어서 비구들에게 다가가 물었다.

"존자여! 제가 숙소를 지어드리면 사시겠습니까?"

"장자여! 숙소에 사는 것은 부처님께서 허락하지 않으셨습니다."

"그러면 부처님께 허락해 주시도록 여쭌 후에 저에게 알려 주십시오."

그래서 비구들은 장자의 간청을 부처님께 여쭈었는데 부처님은 이를 허락하셨다. 장자는 서둘러 거처를 만들었고 부처님과 비구들을 공양에 초대하였다. 공양 후 부처님은 장자에게 감사의 말씀을 하셨다.

"장자가 기증한 거처는 추위와 더위를 막을 것이오. 동물과 파충류와 모기를 피하게 하고 뜨거운 바람과 비를 피하게 할 것이오. 사유하고 통찰력을 얻기에 훌륭한 곳이오. 거처는 승가의 으뜸가는 선물로써 깨달은 자에 의하여 칭송될 것이다."

부처님은 라자가하의 대부호 상인에게 감사의 말씀을 하신 후 자리를 떠나셨다. 부처님이 숙소 짓는 것을 허락하셨다는 소문이 퍼지면서 신도들은 숙소를 지어 기증하게 되었다. 그때 마가다의 빔비사라왕은 승가를 위하여 더 견고한 재료인 점토와 회반죽을 발라 대나무 숲에 길고 연속한 숙소를 건축하게 되었다.

그때 방랑 수행자인 산자야가 많은 제자와 함께 살고 있었다. 사리푸트라와 그의 죽마고우인 목갈라나는 산자야 아래에서 청정한 수행을 하고 있었다. 두 사람은 서로 먼저 영생의 경지에 이른 사람은 다른 사람에게 알려주도록 하자고 약속하였다. 어느 날 사리푸트라는 탁발하고 있는 비구를 보았다. 그는 앞으로 갈 때도 되돌아갈 때도 앞을 볼 때도 뒤를 볼 때도 팔을 펼 때도 굽힐 때도 의젓한 몸가짐으로 눈은 아래로 뜨고 호감이 가는 태도로 걷고 있었다. 사리푸트라는 수행자다운 행동에 이끌려 그를 따라가서 물었다.

"그대의 얼굴은 아주 맑고 빛납니다. 스승은 누구이며 가르침의 내용은 무엇입니까?"

"그분은 위대한 분이며 깨달은 자이시며 여래이십니다. 나는 출가하였고 그분의 가르침을 따르고 있습니다."

"그대의 스승의 가르침의 의미는 무엇입니까?"

"나는 출가한 지 얼마 되지 않아서 가르침과 계율에 대하여 가르침을 온전히 말할 수는 없으나 간단히 그 뜻을 말할 수는 있습니다."

"많은 수식보다는 의미를 듣고 싶으니 뜻만 말해 주십시오."

"여래께서는 모든 것은 원인으로부터 생긴다고 원인과 소멸을 말씀하셨습니다. 요약하면 이것이 있으므로 저것이 있고 이것이 일어나므로 저것이 일어난다. 이것이 없으므로 저것이 없고 이것이 소멸하므로 저것이 소멸한다. 위대한 분은 이런 가르침을 주셨습니다."

사리푸트라는 이런 간결한 표현의 진리를 들었을 때 티 없는 진리의 눈이 열렸다.

"생겨난 것은 무엇이든지 소멸하게 마련이라는 것이 진리라면 무수한 겁 동안 보지 못하고 지나쳤던 슬픔 없는 길을 꿰뚫었습니다."

사리푸트라는 인사하고서 목갈라나를 찾아갔다.

"벗이여! 그대의 얼굴은 아주 깨끗하고 안색은 맑고 빛나는데 영생의 경지라도 얻었는가?"

"그렇네. 벗이여! 나는 영생의 경지를 얻었다."

"그렇지만 그대는 어떻게 영생의 경지를 얻었는가?

이에 사리푸트라는 앗사지와의 만남과 그가 들려준 이야기를 그대로 말했을 때 목갈라나는 말하였다.

"벗이여! 이 분이 우리의 스승이니 바로 가세."

"그렇지만 여기 많은 방랑 수행자들은 우리에게 의지하고 여기 머물고 있다. 그들에게 말하여 뜻대로 하도록 하세."

그들은 방랑 수행자들에게 가서 이렇게 말하였다.

"벗들이여 우리는 깨달은 분에게 가서 배우려고 하는데 그분이 우리의 스승입니다."

"우리는 존자님께 의지하고 있습니다. 위대한 분에게 출가하신다면 우리도 출가하겠습니다."

그래서 사리푸트라와 목갈라나는 방랑 수행자들을 데리고 부처님이 계신 대나무 숲으로 향하였다. 부처님은 그들이 오는 것을 보고 비구들에게 말씀하셨다.

"저 두 사람은 이미 깊고 심오한 지혜의 경지에 이르렀고 집착을 소멸한 사람이니 훌륭한 한 쌍의 제자가 될 것이다."

사리푸트라와 목갈라나는 부처님 발에 이마를 대어 인사를 드리고 말하였다.

"저희는 부처님께 출가하여 계를 받기를 원합니다."

"오너라! 진리는 잘 설해져 있다. 괴로움의 완전한 소멸을 위하여 청정한 수행을 닦아라!"

그들은 이같이 부처님께 출가하여 계를 받았다.

그때 마가다국의 지체 높은 가문의 훌륭한 젊은이들이 부처님 아래에서 청정한 수행을 하고 있는데 사람들의 비난이 퍼졌다. 사문 고타마는 우리 아들을 빼앗아 가고 우리를 과부로 만들며 가정을 파괴한다. 이미 많은 고행자를 출가시켰고 산자야의 방랑 수행자들도 출가시켰다. 지금 마가다의 지체 높은 가문의 젊은이들이 사문 고타마 아래에서 수행하고 있다고 비구들을 보면 게송으로 불평하기 시작하였다.

"사문 고타마가 마가다의 라자가하에 왔네. 산자야의 제자들을 모두 꾀어내더니 이제 또 누구를 꾀어내려고 하는가!"

비구들은 이런 비난의 말을 듣고 부처님께 말씀드렸다.

"그런 이야기들은 오래가지 않을 것이다. 몇일이 지나면 자연히 사라질 것이므로 사람들이 그대들을 비난하면 그들에게 이렇게 말해야 한다. 온전한 깨달음을 이루신 여래는 바른 가르침으로 사람들을 인도하시네. 바른 가르침으로 인도된 지혜로운 사람을 어찌 비난하는가."

그 후 사람들은 사문 고타마는 바른 가르침으로 사람들을 인도한다는 것을 알게 되었다. 불평과 원망의 소리는 곧 사라졌다. 빔비사라왕이 기증한 대나무 숲에 숙소를 지은 라자가하의 대부호 상인의 누나의 남편인 아나타핀디카 장자도 역시 대부호 상인이었다. 그는 라자가하에 볼일이 있어 가게 되었다. 장자가 그 집에 도착하였을 때 다른 때와는 달리 처남은 노예와 종들에게 이것저것 지시하며 내일 먹을 음식 준비로 분주하였다. 마치 빔비사라왕과 그 군대라도 초청한 듯이 음식을 만드는 것을 보고 웬일이냐고 물으니 내일 깨달으신 분과 그의 제자들을 초대한다고 하였다.

"깨달으신 분이라고 말했는가?"

"깨달으신 분이라고 말했습니다."

아나타핀디카 장자는 똑같은 질문을 세 번씩이나 하면서 깨달으신 분이라고 말하였는지를 확인하였다.

"이 세상에서 깨달으신 분이라고 말하는 것을 듣기란 어려운데 온전히 깨달으신 여래를 뵐 수 있을까?"

"지금은 뵙기에 적당한 때가 아닙니다. 내일 아침 일찍 깨달으신 분을 뵐 수 있을 것입니다."

장자는 여래를 뵙는다는 생각에 밤잠을 설치고 동트기 전 이른 새벽에 일어나 집을 나서 어두운 숲을 지나 찾아갔다. 부처님께서는 밖에서 천천히 걷고 계시다가 장자를 보고 반갑게 맞았다. 장자는 기쁜 마음에 환희심이 일어나서 발에 이마를 대어 인사를 드리고 말하였다.

"깨달으신 여래께서 편히 지내시기를 바랍니다."

"나는 마음이 평화롭기에 편안하게 머뭅니다."

여래께서는 장자가 가르침을 이해하고 받아들일 준비가 되어 있음을 아셨다. 장자는 깨끗한 천에 물감이 쉽게 물들듯이 그 자리에서 생기는 모든 것은 소멸하게 마련이라는 진리의 통찰력이 생겼다. 그래서 그는 진리 속에 완전히 뛰어들어 의심을 제거하고 주저함을 치워버리고 스승의 가르침에서 완전한 만족을 얻었다.

"참으로 훌륭하십니다. 저는 스승께 귀의하니 오늘부터 저를 재가 신도로 받아주십시오."

그는 깨달으신 분과 승가 대중을 다음 날 공양에 초대하며 우기 때에는 제자들과 함께 사왓티에서 지내시도록 청하였다. 장자는 일을 마치고 떠나면서 가는 길에 만나는 사람들에게 깨달으신 분이 세상에 나타났다는 이야기를 열성적으로 말하였다. 그래서 사람들은 거처를 마련하고 선물을 준비하였다. 장자는 둘러보면서 마을에서 너무 멀지도 않고 너무 가깝지도 않고 사람들이 오고 가기에 편리한 곳이 있을지 생각하였다. 낮에 번잡하지 않고 밤에는 시끄럽지 않고 인적이 드물고 고요하게 머물기 적합한 곳은 어딜지 알아보았다.

어느 때 부처님은 죽림정사에 계셨을 때 웨살리는 매우 번창하였고 사람들로 북적대고 먹을 것이 풍성하였다. 많은 건물과 공원 연못이 곳곳에 있었다. 더욱이 이곳에는 미모와 기예를 겸비한 유명한 기생이 있어 더 융성한 도시가 되었다. 그래서 라자가하에서도 그에 못지않은 기생을 내세웠는데 미모의 명성을 날리는 유명한 기생은 남자 아기를 낳아서 쓰레기더미에 버렸다.

그때 아바야 왕자는 아침에 왕을 알현하기 위하여 왕궁으로 가고 있었는데 까마귀에게 둘러싸여 있는 아기를 보았는데 남자 아기는 살아 있었다. 왕자는 아기를 데려다 후궁에서 기르도록 해서 이름도 살아있다는 뜻으로 지와카로 지었고 왕자의 보호로 양육되었다. 그는 분별력 있는 나이가 되었을 때 탁실라의 유명한 의사를 찾아가서 7년 동안 의술을 배웠다. 그런 후 고향으로 돌아오는 길에 대부호 아내의 병을 고쳐주고 많은 돈과 노비와 마차까지 얻었다. 지와카는 왕자에게 돌아와 길러주신 은혜에 감사하며 처음으로 번 많은 돈을 왕자에게 주었으나 왕자는 돈을 받지 않았다. 지와카는 왕자의 후원에 거처를 지었다. 그때 빔비사라왕이 병이 나서 고쳐주니 궁녀들을 주셨지만 지와카는 궁녀들보다는 할 일을 달라고 여쭈어서 왕은 말하였다.

"그러면 왕궁의 여인들과 깨달으신 분과 비구 승단을 돌보도록 하여라."

그래서 그는 부처님의 주치의가 되었다. 그는 다른 사람이 고치지 못하는 고질병들을 고쳐주어 유명한 의사가 되었다. 어느 때 파조타왕의 병을 치료해 주었는데 왕은 감사의 표시로 한 쌍의 천을 보냈다. 그 천은 온갖 천 중에서 가장 값진 귀한 것이었다. 이 천을 사용할만한 분은 오직 온전히 깨달으신 부처님이라고 생각하였다. 부처님께 공손히 청원하기를 승가 대중이 지금까지 누더기 가사를 입었으나 왕이 보낸 온갖 천 중에서 가장 귀한 천을 보였다. 장자들이 가사 만들 천을 승단의 비구들에게 공양 올리는 것을 허락하기를 간청하였다.

"장자가 공양 올린 가사를 누구든지 원하면 입어도 좋고 공양 올린 천으로 만든 가사를 입기를 원하면 입어도 좋으니 어느 옷에 만족하든지 나는 권한다."

이같이 나는 들었다. 어느 때 부처님은 벨루와 마을에 계셨을 때 제자들에게 말씀하셨다.

"근처 어디든지 친구나 아는 사람이나 친한 사람들이 있는 곳에서 우기에 안거를 보내도록 하여라. 나도 바로 여기 벨루와 마을에서 안거를 보내려고 한다."

그런데 우기의 안거를 시작하였을 때 부처님은 심한 병이 드셨다. 극심한 고통으로 사경을 헤맬 정도였다. 그러나 부처님은 괴로움에 빠지지 않고 이겨내셨다. 병에서 일어난 지 얼마 되지 않았을 때 승원 뒤편의 그늘에 앉아 계셨다. 나는 부처님께 이렇게 말씀드렸다.

"저는 부처님이 어떻게 참고 견디어냈는지를 보았습니다. 저의 몸은 마치 약에 취한 것 같았고 방향감각을 잃어버렸습니다. 부처님이 아프셨기 때문에 가르침도 더 이상 선명하지 않았습니다. 그렇지만 부처님은 승가를 위하여 무언가 말씀하시지 않고는 마지막 열반에 들지 않을 거라고 위로가 되었습니다."

"아난다야. 승단이 나에게 무엇을 기대한단 말이냐? 나는 안팎의 구별 없이 가르침을 비구들에게 모두 주었으니 여래의 가르침에 감추어진 것은 없다. 만일 누구든지 생각하기를 내가 승단을 맡고 있다든지 또는 승단이 내 지시 아래 있다고 생각한다면 무언가 승단을 위해서 말을 해야만 한다. 그러나 내가 승단을 맡고 있다든지 또는 승단이 내 지시 아래 있다는 생각은 여래에게 결코 없다. 그러므로 여래가 승단을 위해 무엇을 말해야 한다는 말이냐! 아난다야! 나는 이제 늙어 삶의 마지막 단계에 이르렀다. 내 나이 지금 80이 되었구나! 마치 낡은 수레가 가죽끈의 힘으로 가듯이 여래의 몸도 가죽끈의 힘으로 가는 것 같구나! 아난다야! 눈에 보이는 어떤 것에도 주의하지 않고 모든 느낌을 소멸하여 형상을 떠난 집중에 머물 때 여래의 마음은 더욱 안온하다. 그러므로 누구든지 지금이나 내가 열반에 든 후 자신과 가르침을 섬으로 하고 자신을 귀의처로 삼고 다른 것에 귀의처로 삼지 말라. 가르침을 귀의처로 하고 다른 것을 귀의처로 하지 않는 수행자는 열심히 정진하는 최상의 수행자가 될 것이다."

부처님은 큰 숲에 있는 강당으로 가셔서 인근에 머무는 비구들에게 회당에 모이도록 나에게 말씀하셨다. 비구들이 모였을 때 부처님은 이렇게 말씀하셨다.

"비구들이여! 나의 통찰력으로 깨달은 진리를 그대들에게 자세하게 설명해왔다. 그대들은 청정한 삶이 오랜 세월 동안 이어지고 머물러 철저하게 배우고 닦고 연마하고 수행하여야 한다. 그렇게 하는 것은 중생의 이익과 행복을 위한 것이며 세상에 대한 자비심으로 인간과 신의 이익과 행복을 위한 것이다. 그대들에게 간곡히 이르니 모든 존재한 것들은 사라지게 마련이다. 여래의 마지막 열반할 날도 멀지 않았으니 부지런히 정진하라!"

부처님은 이어서 게송으로 말씀하셨다.

"나는 이제 아주 연로하여 생의 마감에 이르렀구나.
오직 나 자신만을 의지하고 나는 그대들을 떠난다.
부지런히 마음을 챙기고 계율은 지켜야 한다.
굳건히 행동하라.
차분히 가라앉은 생각으로 그대들의 마음을 지키라.
가르침과 계율과 바른 행에 머무는 사람은 윤회를 벗어나 괴로움을 끝낼 것이다."

부처님은 비구들과 함께 대장장이의 아들 춘다의 망고 숲에 머무셨다. 춘다는 소식을 듣고 망고 숲으로 가서 부처님께 인사를 드리고 앉았다. 부처님과 비구들을 다음 날 공양에 초대하였다. 춘다는 풍부한 양의 버섯요리와 단단하고 부드러운 훌륭한 음식을 준비한 후 부처님께 때를 알렸다. 부처님은 발우를 가지고 비구들과 함께 춘다의 집으로 가셨다. 공양을 드신 후 부처님은 춘다를 위하여 법을 설하여 격려하시고 신심을 북돋우고 기쁘게 하신 후 자리에서 일어나 떠나셨다. 공양을 드신 후 부처님은 극심한 병에 걸렸는데 피가 나오는 위장병이었다. 부처님은 거의 죽음에 이를 것같이 격심한 고통으로 괴로워하셨으나 깨어있는 마음으로 마음의 동요 없이 참아 내셨다. 그 후 부처님은 쿠시나라로 가시는 도중 나무 아래에 가서 말씀하셨다.

"아난다야. 가사를 네 겹으로 접어서 깔고 몹시 피곤하고 목이 마르니 물을 좀 가져오너라!"

"부처님이시여! 500대의 수레가 이 길을 지나갔습니다. 그래서 수레바퀴가 물을 휘저어서 더럽고 흙탕물이 되었습니다. 강이 가까이 있습니다. 강은 맑고 시원하고 차갑고 깨끗하고 아름다운 강둑이 있고 쾌적한 곳입니다. 그러니 그곳에서 물도 드시고 몸을 시원하게 하실 수 있습니다."

그러나 부처님은 또다시 물을 찾으셨다. 나는 똑같은 대답을 하였다. 그러나 부처님은 세 번째에도 물을 가져오라고 하시면서 강물은 흐르니 이미 깨끗해졌을 것이라고 하셨다. 나는 발우를 가지고 냇가로 갔다. 그런데 그렇게 흙탕물로 더럽던 물이 맑고 깨끗해졌기에 부처님은 깨끗한 물을 드실 수 있었다. 그 후 부처님은 많은 무리의 비구들과 함께 강으로 가셔서 시원한 물도 드시고 목욕도 하신 후 망고 숲으로 가셨다.

"몹시 피곤해 누워야겠으니 가사를 네 겹으로 접어 깔아라!"

춘다가 마련한 가사 위에 부처님은 두 발을 가지런히 하고 오른쪽으로 누우셨다. 춘다는 부처님 앞에 앉았다.

"부처님은 카쿳타 강으로 가셨네.
그 물은 깨끗하고 맑은 기분 좋은 물이었지.
세상에서 견줄 수 없는 위대한 스승
여래는 지친 육신을 그 물에 담그고
물을 마시고 목욕하셨네.
세상에 존귀하신 위대한 성자

비구들의 수장이시고
가르침을 열고 진리의 가르침 주신 부처님은
비구들에게 둘러싸여 망고 숲으로 가셨네.
춘다에게 스승은 이르셨지.
가사를 네 겹으로 접어 깔아라. 누워야겠구나.
춘다는 가사를 네 겹으로 접어 깔았지.
스승은 지친 육신을 누이셨네.
춘다는 붓다 앞에 앉아 있었네."

부처님은 나에게 말씀하셨다.
"아마도 누군가 춘다에게 다음과 같이 말하여 그에게 슬픔을 일으킬지도 모른다. 여래가 그대의 공양을 마지막으로 드신 후 열반에 드셨으므로 그대의 실수이며 불행이라고 말할지도 모른다. 그러나 춘다의 슬픔은 이같이 제거되어야 한다. 여래가 그대의 공양을 마지막으로 드신 후 열반에 드신 것은 그대의 공덕이며 행운이다."

나는 이 말씀을 부처님에게 직접 들었다. 그래서 거처로 가서 슬퍼하면서 울면서 말하였다.

"나는 아직도 배워야 할 것이 많은 배우는 자인데 스승께서 열반하려 하시다니!"

그때 부처님은 나를 찾으셨다. 비구들은 부처님께 아난다는 그의 거처에서 슬퍼서 울고 있다고 말씀드리니 부처님은 나를 불러 말씀하셨다.

"아난다야! 울지 말고 슬퍼하지 말라! 우리는 사랑스럽고 마음에 드는 모든 것들과 헤어져야 하고 떨어져 나가게 마련이라고 내가 전에 이미 말하지 않았느냐? 그런데 어떻게 울고 있느냐? 태어나고 존재하는 것은 무엇이든지 무너지게 마련인데 무너지지 않기를 바란다는 것은 불가능한 일이다. 이런 경우는 존재하지 않는다. 오랜 세월 동안 너는 여래의 앞에서나 뒤에서나 한결같이 한 마음으로 여래의 행복과 이익을 위하여 충성스럽게 시봉(侍奉)하였다. 너는 한량없는 자애로운 행동과 말과 마음으로 나를 대하였으니 많은 공덕을 쌓았다. 아난다야! 마음을 집중하여 진력하면 머지않아 모든 번뇌에서 벗어날 것이다."

그때 방랑 수행자 수밧다는 오늘 밤에 부처님께서 마지막 열반에 드실 것이라는 말을 나이 많은 수행자들에게 들었다. 온전히 깨달으신 여래는 오직 드물게 세상에 나타난다고 하였는데 마음속에 의심을 제거하도록 가르침을 주실 수 있다고 생각했다. 그래서 나에게 자신의 간절한 확신을 말하고 부처님을 뵙겠다고 하였다.
"수밧다여! 부처님은 지금 너무 지치셨으니 괴롭게 해서는 안 됩니다."
그러나 수밧다는 두 번 세 번 계속 간청하였는데 부처님은 우리의 대화를 들으시고 나를 불러 말씀하셨다.
"아난다는 막지 말라! 나를 괴롭히려는 것은 아닐 것이며 알고 싶은 열망일 것이다. 여래를 만나게 해주어서 무엇이든지 질문을 들어보면 내 대답을 듣고 그는 재빨리 이해할 것이다."
그래서 수밧다는 부처님을 뵙게 되었다. 부처님의 말씀을 듣고 찬탄하면서 출가를 허락해 주시도록 청하였다. 그는 출가하여 계율을 받고 부지런히 정진하게 되었으며 부처님의 마지막 제자가 되었다.

"아난다야! 스승의 가르침은 이제 더 이상 없으며 스승은 계시지 않는다고 생각해서는 안 된다. 내가 지금까지 가르치고 규정한 가르침과 계율이 내가 열반한 후에 승가는 원한다면 사소하고 덜 중요한 계율들을 폐지해도 좋다. 비구들에게 간곡히 이르니 세상에 존재하고 형성된 것들은 무너지게 마련이니 부지런히 정진하라."

이것이 여래의 마지막 말씀이었으며 부처님께서는 열반에 드시자 욕망에서 벗어나지 못한 비구들은 울고 주저앉아 슬퍼하였다. 세존께서는 너무나 빨리 열반에 드시는구나. 지혜의 눈이 너무 빨리 세상에서 사라지는구나! 그러나 욕망에서 벗어난 비구들은 마음을 챙기며 선명한 깨어있음으로 슬픔을 참아 내었다. 모든 형성된 것들은 늘 덧없으며 변하니 어떻게 영원함을 바라겠는가 하고 말하였다. 나는 대중들에게 부처님의 열반을 알렸다. 그들은 열반의 소식을 듣고 충격을 받고 슬퍼하였다. 그들은 향과 화환과 여러 가지의 악기와 천을 준비하여 살라 숲의 부처님 육신을 모신 곳으로 갔다. 그리고 향을 사르고 꽃을 장식하고 예를 올리면서 부처님의 존체에 존경을 표하면서 그날을 보냈다. 그리고 둥근 천막을 쳤다. 이렇게 6일이 지난 후 7일째에 말라족들은 준비한 천으로 전륜성왕의 장례식대로 여래의 육신을 감쌌다. 그들은 온갖 종류의 화장용 장작더미를 쌓고 부처님의 존체를 올려놓았다.

그때 마하가섭은 비구들과 쿠시나라로 가는 큰길을 따라가다가 그는 길을 비켜서 나무 아래 앉았다. 그때 쿠시나라에서 오는 고행자는 꽃을 들고 가고 있었다. 마하가섭은 그를 보고 물었다.

"벗이여! 그대는 고타마 스승을 아십니까?"

"나는 그분을 압니다. 고타마께서 열반하신 지 칠 일이 되었습니다. 그래서 꽃을 가지고 오는 길입니다."

이 말을 듣고 비구들은 서둘러서 세존의 화장용 장작더미에 도착하였다. 마하가섭은 가사를 어깨에 걸치고 두 손을 합장하고 장작더미를 오른쪽으로 세 번 돌고 부처님의 발에 머리를 대어 마지막 인사를 올렸다. 함께 온 비구들도 마지막 인사를 올렸다. 쿠시나가라의 말라족들은 부처님의 사리를 수습하여 회당에 모시고 향을 사르고 꽃을 장식하고 존경과 공경의 예를 올렸다. 그때 마가다의 왕은 부처님께서 쿠시나가라에서 열반하셨다는 소식을 들었다. 그래서 말라족에게 사신을 보내어 이렇게 전하였다.

"부처님은 왕족이었고 나도 왕족이므로 나는 부처님의 사리의 일부를 받을 자격이 있소. 나는 사리탑을 세워 예배하려고 하오."

카필라바스투의 석가족도 사신을 보내 부처님 사리의 일부를 받을 자격이 있다고 하면서 탑을 세우고 예배하려고 하니 사리를 나누어 주기를 요청하였다. 그리고 다른 나라의 종족들도 이런 요청을 하였다. 요청을 듣고 말라족들은 운집한 군중들에게 말하였다.

"부처님은 우리 땅에서 열반하셨소. 우리는 부처님의 사리를 나누어 줄 수 없소."

이때 브라만 도나가 군중들에게 말하였다.

"내 말 좀 들어보십시오. 인내는 부처님의 가르침이었습니다. 인간 중에 훌륭한 분이었던 부처님의 사리를 나누는 문제를 놓고 분쟁을 한다는 건 전혀 옳지 않습니다. 우리 모두 일치하여 화합합시다. 기쁜 마음으로 동의하여 사리를 여덟 등분으로 나누도록 합시다. 그래서 사람들이 지혜의 눈을 가지신 부처님께 존경과 봉헌하게 합시다. 부처님의 사리를 여덟 등분으로 똑같이 공평하게 나누어 모든 지역에 탑을 세웁시다."

사리를 여덟 등분으로 나눈 후 대중들에게 말하였다.

"사리를 분배할 때 담았던 단지를 저에게 주십시오. 저도 탑을 세워 예배드리고 싶습니다. 그래서 단지는 브라만 도나에게 주어졌다. 그런데 모리야족도 사리를 나누어 주기를 요청해 왔다. 그러나 이미 사리를 다 분배하였기 때문에 다비장의 숯을 가져갔다. 그래서 마가다의 왕은 부처님의 사리탑을 세우고 예배하였다. 다른 종족들도 탑을 세워 열 개의 탑이 세워졌는데 여덟 개의 탑은 부처님의 사리를 넣은 탑이고 아홉 번째 탑은 단지를 넣은 탑이며 열 번째 탑은 숯을 넣은 탑이 되었다."

 이것이 사카족에서 태어난 싯다르타께서 어떻게 출가하였으며 수행하였고 깨달음을 이루어 여래가 되셨는지 내가 보고 들은 예전에 있었던 이야기를 전하는 것이다.

제2부
여래는 누구인가?

여래는 누구인가?

어느 때 수보리 존자가 스승께 여쭈었다.
"세존이시여! 어떤 모습이 깨달은 분의 참모습이며 무슨 까닭으로 여래라고 하십니까?"
"수보리야! 여래는 진실한 자이며 진리를 말하는 자이며 있는 사실을 있는 그대로 보는 자이며 거짓을 말하지 않는 자이다. 그러니 수보리야! 보살의 삶은 모든 애착과 욕망에서 벗어나야 한다. 고정관념에 얽매이지 말고 모든 중생에게 이익되게 하기 위해서는 공덕행의 보시를 해야 한다."
"여래는 누구이며 어디에서 왔습니까?"
"나는 하늘의 극락세계에서 왔으며 하늘에서나 이 세상에서 최고의 깨달음을 이룬 자이다. 보살이 지혜를 얻기 위하여 공덕을 쌓아야 한다. 중생을 이익되게 하는 길은 배운 진리를 중생들에게 전하고 깨우쳐야 하는 일이다."

춘다가 부처님께 물었다.
"위대한 지혜를 가진 성자이시고 최상의 깨달음을 이룬 여래이시며 애착과 욕망을 떠나 인류의 가장 뛰어나신 인도자에게 묻습니다. 세상에 어떤 수행자가 있는지 말씀해주십시오?"

"춘다여! 이제 너의 물음에 대해 분명히 알려 주겠다. 깨달음을 얻은 여래가 진리의 승리자이며 진리를 논하는 자이고 진리에 사는 자이다. 하지만 진리를 더럽히는 여러 종류의 수행자도 있다."

"깨달은 여래는 누구를 진리의 승리자라 부르며 또 진리를 논하는 자는 어찌하여 비할 바 없다고 하시고 진리에 산다고 말하는지 설명해주십시오?"

"의혹을 초월하고 고뇌를 떠나서 열반을 즐기며 탐욕을 버리고 신들이 포함한 세계를 인도하는 깨달은 여래를 진리의 승리자라고 말한다. 이 세상에서 가장 뛰어난 것을 알고 법을 잘 판단하여 논하며 의혹을 끊어버리고 마음이 흔들리지 않는 수행자들 사이에서 진리를 논하는 자라 부른다. 잘 설명된 법의 말씀인 진리에 살며 스스로 억제하고 생각하는 것이 깊으며 올바른 말을 따르는 자를 수행자 속에서 진리 속에 사는 자라 부른다."

"진리를 더럽히는 자를 분명히 가르쳐주십시오?"

"계율을 잘 지키는 체하며 고집이 세고 가문을 더럽히는 자이다. 거만하고 거짓을 일삼으며 자제하는 마음이 없고 말이 많으며 슬기로운 듯 행동하는 자가 진리를 더럽히는 자이다. 학식이 있고 총명한 재가의 성스러운 신도는 그들이 이러함을 알고 또한 이렇게 간주하더라도 그의 믿음은 손상이 되지 않는다. 그들이 어찌 더러운 것과 더럽지 않은 것과 깨끗한 것과 깨끗하지 않은 것을 똑같이 볼 수 있겠는가!"

어느 때 부처님은 기원정사에 계셨을 때 코살라의 왕이 부처님을 찾아와서 인사를 드리고 이렇게 말하였다.

"고타마께서 말씀하기를 나는 위없는 바르고 온전한 깨달음을 얻었다고 하셨는데 그 말이 사실입니까?"

"대왕님! 만일 어떤 사람이든지 저 사람은 위없는 바르고 온전한 깨달음을 얻었다고 바르게 말하는 사람이라면 그는 바로 여래일 것입니다. 대왕님 나는 위없는 바르고 온전한 깨달음을 얻었습니다."

"고타마여! 성인이라고 생각하는 교단의 유명한 창시자들이나 많은 무리의 지도자들이 있습니다. 그들에게 온전하고 위없는 깨달음을 얻었느냐고 물었을 때 아무도 부처님처럼 말하는 사람이 없었습니다. 그런데 부처님은 저들과 비교하면 나이도 어리고 출가한 지 얼마 되지 않았는데도 어떻게 그런 선언을 하시는지요?"

"대왕님! 어리다고 얕보거나 업신여겨서는 안 될 일이 있습니다. 왕족은 젊다고 얕보아서는 안 됩니다. 뱀은 어려도 깔보아서는 안 됩니다. 불은 작아도 얕보아서는 안 됩니다. 비구는 젊다고 얕보아서는 안 됩니다."

"참으로 훌륭하십니다. 부처님과 가르침과 승가에 귀의합니다. 오늘부터 저를 재가의 신자로 받아 주십시오."

어느 때 여래께서 비구 대중에게 말씀하셨다.

"두려운 윤회를 가져와 그 결과로 괴로움을 가져오고 생로병사를 가져오고 번뇌를 일으키는 것들을 여래는 버렸다. 이것들을 뿌리째 잘라 버렸으며 마치 야자수 나무의 그루터기처럼 장차 다시는 존재하지 않게 만들었다. 그것은 마치 야자수 나무의 순을 잘라버리면 장차 다시는 자랄 수 없는 것처럼 여래는 번뇌를 일으키는 것들을 버렸다. 여래는 이것들을 뿌리째 잘라 버렸으며 장차 다시는 모든 번뇌를 잘라 번뇌가 다시는 일어나지 않게 하였다."

어느 때 부처님은 죽림정사에 계셨을 때 유명한 가문의 브라만이 부처님께 출가했다는 소문을 듣고 화가 나고 불쾌하여 부처님을 찾아갔다. 거칠고 상스러운 말투로 욕설을 퍼붓고 있을 때 부처님은 그의 말을 듣고 난 후 말씀하셨다.

"브라만이여! 그대의 친구나 동료나 친척이나 손님들이 당신을 방문하러 옵니까?"

"그들이 가끔 방문하러 옵니다."

"당신은 그들에게 다과나 음식을 대접합니까?"

"어떤 때는 대접합니다."

"만일 그들이 음식을 받지 않는다면 그 음식은 누구의 것입니까?"

"그들이 음식을 받지 않으면 그것은 나의 것입니다."

"그와 마찬가지로 그대는 욕하지 않는 나를 욕하고 꾸짖지 않는 나를 꾸짖고 악담하지 않는 나에게 악담하였소. 이러한 욕설들을 나는 받지 않겠소. 그러니 그것은 모두 당신 것이오. 욕하는 사람에게 욕하고 꾸짖는 사람에게 꾸짖고 악담하는 사람에게 악담하는 사람은 마치 음식을 서로 나누어 먹고 서로 주고받는 것과 같소. 나는 당신의 음식을 함께 먹지 않으며 주고받지도 않으니 그것은 모두 당신의 것이오."

"왕과 신하들은 고타마가 아라한이라고 믿고 있는데 고타마께서는 지금 화내는 것입니까?"

이에 부처님은 게송으로 말씀하셨다.

"성냄이 없는 사람, 바른 삶으로 진실에 길이 들여진 사람, 조화롭게 사는 사람, 바른 지혜로 해탈한 사람, 평온 속에 머무는 사람이 어디에서 성냄이 일어나리오. 성내는 사람에게 같이 성내는 사람은 사태를 더욱 나쁘게 만들 뿐이오. 성내는 사람에게 같이 성내지 않는 사람은 이기기 어려운 전쟁에서 이기는 사람이오. 상대방이 화를 내고 있다고 알아챌 때 그는 마음을 집중함으로 평안 속에 머뭅니다. 그는 자기 자신과 남을 위하여 양쪽 쌍방의 이익을 위하여 수행합니다."

그 말씀을 듣고 브라만은 깨끗한 마음이 일어나서 출가하여 부지런히 수행하게 되었다.

부처님이 기원정사에 계셨을 때 자눗소니는 암말이 끄는 하얀색의 수레를 타고 한낮에 사왓티를 나섰다. 그는 방랑 수행자가 오는 것을 보고 그에게 물었다.

"방랑 수행자님은 한낮에 어디서 오십니까?"

"저는 지금 고타마가 계신 곳에서 옵니다."

"그의 명석함에 대하여 지혜롭다고 생각하십니까?"

"제가 감히 지혜가 명석한지 아닌지를 알 수 있겠습니까? 그것을 아는 사람이라면 그는 아마도 고타마와 동등한 자일 것입니다."

"방랑 수행자님은 정말 고타마를 높이 찬탄하는군요."

"고타마는 신과 인간 가운데 으뜸으로써 칭찬받는 사람들에 의하여 칭찬받는데 제가 감히 고타마를 찬탄하겠습니까?"

"무슨 이유를 보았기에 그에게 그와 같은 깊은 신뢰심을 갖는 것입니까?"

"마치 지혜로운 코끼리 사냥꾼이 코끼리 숲에 들어가 길이가 길고 폭이 넓은 코끼리 발자국을 보았다면 커다란 숫 코끼리 발자국이라고 결론을 내릴 것입니다. 내가 고타마의 네 가지 자취를 보았을 때 바르게 온전히 깨달으신 여래이시며 세존이시다. 그리고 여래에 의하여 진리는 잘 설해져 있고 승가는 올바른 길을 잘 실천하고 있다는 결론에 도달하였습니다."

"무엇이 네 가지입니까?"

"저는 머리카락을 가를 만큼 그렇게 예리한 명사수처럼 논쟁에 있어 도사이고 영리하고 학식이 있는 귀족들을 보았습니다. 말하자면 그들은 날카로운 재치로 다른 사람의 견해를 깨부수면서 여기저기 돌아다닙니다. 그들은 고타마가 어느 도시에 온다는 소리를 들으면 이런 질문을 만듭니다. 고타마에게 이런 질문을 하면 그는 이렇게 대답할 것이다. 그때 우리는 그의 교리를 이렇게 반박하자고 준비하였습니다. 그런데 그들은 고타마가 마을과 도시에 왔다는 소식을 듣고 그곳으로 갔는데 고타마는 그들에게 진리에 대하여 가르치고 분발케 하고 격려하고 기쁘게 하였습니다. 이런 가르침을 듣고 난 후에 기쁘게 된 그들은 전혀 질문을 할 수도 없었는데 어떻게 그를 반박하겠습니까? 반대로 귀족들은 고타마의 제자가 되었습니다. 내가 이와 같은 고타마의 자취를 보았을 때 바르게 온전히 깨달으신 분은 여래이시다. 세존의 가르침은 잘 설해져 있고 승가는 바른길을 잘 실천하고 있다는 결론에 도달하였습니다."

이같이 방랑 수행자가 말을 마치자 자눗소니는 하얀 암말이 끄는 흰색의 마차에서 내려 한쪽 어깨에 웃옷을 걸치고 부처님 계신 곳을 향하여 합장하였다. 언젠가 고타마를 만나서 그와 함께 대화할 수 있겠지 하고 세 번 감탄의 말을 하였다.

부처님이 날란다의 망고 숲에 계셨을 때 자이나교의 신자인 우팔리 장자는 망고 숲으로 부처님을 찾아갔다. 그는 부처님께 인사를 드리고 한쪽에 앉아서 대화 내용이 무엇이었는지를 질문한 후 이렇게 말하였다.

"스승의 가르침을 바르게 이해한 잘 배운 제자는 행동의 잘못이 큰 것에 비하면 생각의 잘못은 하찮은 것입니다. 반대로 행동의 잘못은 악업을 짓고 악행을 함에 있어 가장 비난받을 만한 것이지만 말의 잘못이나 생각의 잘못은 그렇지 않습니다."

"그대가 만일 진리에 근거해서 토론한다고 해도 대화하겠소."

"진리에 근거해서 토론하겠습니다."

"그대는 어떤 자이나 교인이 중병이 들어서 괴로워하는데 그는 찬물을 거절하고 오직 더운물만 취한다고 합시다. 그가 만약 찬물을 얻지 못하면 죽을지도 모르는데 이 사람이 어디에 태어난다고 말합니까?"

"그는 집착된 생각이라는 신의 나라에 태어날 것입니다. 왜냐하면 그가 죽었을 때 생각이 집착되어 그때까지도 묶여 있었기 때문에 죽었습니다."

"먼저 말한 것과 나중에 말한 것이 전혀 앞뒤가 맞지 않습니다. 그는 행동하지 않았고 생각이 집착되어 묶여 있었기 때문에 죽었다고 말한 그대는 진리에 근거해서 토론하고 대화하자고 말하지 않았소?"

"그렇게 말해도 행동의 잘못은 악한 행위를 짓고 악한 행위를 행하는 데 있어서 가장 비난받을 만한 것이며 말의 잘못이나 생각의 잘못은 그렇지 않습니다."

"여기 어떤 자이나 교인이 물을 사용하는 데 온전히 조심해서 자신을 절제한다고 합시다. 그는 모든 악을 쫓아버리는 데에 주의를 기울이고 모든 악을 떨쳐버리려는 마음으로 가득 차 있으나 밖에서 다니는 동안 조그만 생물들을 죽입니다. 이때 그에게 어떤 과보(果報)를 말합니까?"

"니간타는 의도적인 것이 아니라면 비난받을 만한 것이 못 된다고 말합니다."

"만약 의도적이라면 비난의 대상이 됩니까?"

"의도적이라면 크게 비난의 대상이 됩니다."

"의도적이란 것은 행동과 말과 생각의 잘못 중 어느 것에 속합니까?"

"생각의 잘못에 속합니다."

"그대가 말하는 것에 주의를 기울이시오. 먼저 말한 것과 나중에 말한 것이 전혀 앞뒤가 맞지 않았습니다. 그대는 진리에 근거해서 토론하고 대화하자고 말하지 않았습니까?"

"처음에 예를 들어 설명하셨을 때 저는 기쁘게 만족했으나 저는 부처님의 다양한 문제 해결을 듣고 싶었기에 반대했습니다. 정말 훌륭하십니다. 부처님과 가르침과 승가에 귀의합니다. 저를 재가 신도로 받아주십시오."

"장자여! 그대와 같이 세상에 잘 알려진 사람에게는 깊이 심사숙고하는 것이 좋을 것입니다."

"부처님이 그렇게 말씀하시니 저는 더욱 만족하고 즐겁습니다. 다른 교단 사람들이 저를 제자로 얻었다면 그들은 장자 우팔리가 우리 교단의 제자가 되었다고 날란다에 깃발을 들고 행진할 것입니다. 그런데 부처님은 이들과는 달리 깊이 심사숙고하십시오. 그대와 같이 잘 알려진 사람에게는 깊이 심사숙고하는 것이 좋을 것이라고 하셨습니다. 두 번째에도 저는 부처님과 가르침과 승가에 귀의하고자 하니 재가 신도로 받아주십시오."

"장자여! 그대의 가정은 오랫동안 자이나교도들을 후원해 왔습니다. 그러므로 니간타들이 탁발을 오면 그들에게 보시해야 합니다."

"부처님께서 그렇게 말씀하시니 저는 너무 만족하고 기쁩니다. 고타마는 말하기를 보시는 나와 나의 제자들에게만이 해야 결실이 있다고 말한다고 들었는데 부처님은 제가 들은 것과 정반대의 말씀인 니간타에게도 보시하라고 저를 격려하셨습니다. 세 번째에도 저는 부처님과 가르침과 승가에 귀의하고자 하니 재가 신도로 받아주십시오."

그래서 부처님은 장자 우팔리에게 순차적인 가르침을 주셨다. 처음에 보시와 계와 행에 대한 가르침을 주시고 다음으로 감각적 쾌락의 위험과 헛된 타락에 대하여 말씀하신 후 멀리할 것과 버릴 때의 이익을 말씀하셨다. 부처님은 장자 우팔리의 마음이 받아들일 자세가 되어 있고 장애에서 벗어나 만족함을 아시고 깨달으신 진리를 말씀하셨다. 괴로움과 괴로움의 원인과 괴로움의 소멸과 괴로움의 소멸에 이르는 길에 대하여 자세하게 말씀하셨다. 마치 때 묻지 않은 깨끗한 천이 염색이 잘 들듯이 장자 우팔리도 생겨나는 모든 것이 소멸한다고 이해하였다. 티끌 없는 진리의 눈이 열렸으며 진리를 보았고 얻었고 이해하였고 통찰하였다. 그는 의심과 혼란을 뛰어넘고 다른 사람에게 의지함이 없이 스승의 가르침 속에서 온전한 만족을 얻었다.

자이나교의 개조인 니간타 나따뿟다는 장자 우팔리가 개종하였다는 소식을 듣고 믿을 수가 없어 우팔리의 집에 제자를 보내어 사실인지 알아보게 하였다. 개종한 게 사실임을 확인했을 때 제자는 나따뿟다에게 말하였다.

"제가 전에 말씀드리기를 우팔리 장자가 사문 고타마의 교리를 논박한다는 것을 탐탁지 않게 생각했습니다. 왜냐하면 고타마는 개종하게 하는 마술을 알고 있고 그 마술로 다른 교단의 제자들을 개종시킨다고 말씀드리지 않았습니까?"

나따뿟다는 사실임을 안 후에도 믿을 수 없어 자신이 직접 장자 우팔리가 정말로 고타마의 제자가 되었는지 확인하기 위하여 니간타 무리와 함께 장자 우팔리의 집을 찾아갔다. 예전과는 달리 자신을 대접하는 태도가 달라진 장자에게 말했다.

"장자여! 그대는 미쳤다. 그대는 고타마 교리의 거대한 그물에 걸려버렸다. 그대는 개종하는 마술을 가진 고타마에게 개종했다."

"개종하는 마술은 상서로운 것이며 훌륭합니다. 만약 내가 사랑하는 종족이나 친척이 개종하는 마술에 개종한다면 오랫동안 그들을 행복과 복지로 이끌 겁니다."

"장자여! 대중들이나 왕은 생각하기를 우팔리는 니간타의 제자라고 알고 있다. 그러면 그대는 누구의 제자라고 우리가 생각해야 하겠는가?"

이 말을 듣고 장자 우팔리는 자리에서 일어나 한쪽 어깨에 웃옷을 걸치고 부처님이 계신 곳으로 합장하고 누구의 제자인지 들어보시라고 게송으로 말하였다.

"어리석음을 벗어버린 지혜로운 분, 마음의 황무지를 버린 승리자, 괴로움에서 벗어났고 치우침이 없으며 계와 행이 성숙하고 빼어난 지혜를 가지신 분, 욕망의 출렁임을 건너 티끌이 없는 여래가 바로 그분이고 나는 그 제자이네. 혼돈을 벗어나 만족에 머물고 세속적 이득에 초연하고 기뻐하며 인간의 마지막 몸으로 태어나 사문의 할 일을 마친 깨달은 분, 참으로 무엇과도 견줄 수 없고 티 없는 부처님이 바로 그분이고 나는 그 제자이네. 의혹이 없고 훌륭하고 계와 행을 지키는 지도자, 견줄 자가 없고 교만을 부순 부처님이 바로 그분이고 나는 그 제자이네. 많은 무리의 지도자, 깊이를 헤아릴 수 없는 묵묵한 성자, 안온함을 주고 지혜를 갖춘 분, 진리 위에 서서 안으로 절제하는 분, 집착의 저 너머로 가신 해탈하신 부처님이 바로 그분이고 나는 그 제자이네. 한적한 곳에 사는 속박을 부수고 온전히 해탈한 분, 지혜로 토론에 막힘이 없고 교만한 마음을 내려놓고 욕망을 떠나고 자신을 길들인 부처님이 바로 그분이고 나는 그 제자이네. 거룩한 분이며 마음을 닦아 목표를 성취하고 진리를 설하시는 분, 의식을 꿰뚫는 통찰력을 타고나 앞으로도 뒤로도 기울지 않네. 동요함이 없고 통달을 얻으신 부처님이 바로 그분이고 나는 그 제자이네. 바른길을 가고 선정에 머무는 분, 안으로 번뇌가 다 하고 온전히 청정하고 의존하지 않고 두려움이 없으며 한적한 곳에서 살며 최상을 성취한 분, 윤회를 건넜고 우리를 건너도록 인도하시는 부처님이 바로 그분이고 나는 그 제자이네. 무한한 지혜로 최상의 평온함에 머무는 분, 탐욕이 전혀 없고 위대한 지혜로운 깨달음을 이루신 여래, 바른길로 가시며 견줄 자도 없고 동등한 자도 없네. 용맹하고 모든 것에 막힘이 없는 부처님이 바로 그분이고 나는 그 제자이네. 애착과 욕망을 끊고 깨달음을 얻으신 분, 의혹의 구름을 걷어내고 티끌 하나 없는 존경받을 만하고 완벽하고 측량을 초월하는 분, 가장 훌륭한 최고의 영예를 얻은 부처님이 바로 그분이고 나는 그 제자이네."

이어서 장자 우팔리는 말하였다.

"부처님은 수많은 칭찬받을 만한 성품을 가지고 있습니다. 찬탄할 만한 사람을 찬탄하지 않겠습니까?"

어느 때 부처님이 죽림정사에 계셨을 때 니간타 나따뿟다에게 아바야 왕자가 찾아갔다.

"왕자님! 고타마의 교리를 논박하시면 아바야 왕자가 큰 영적인 힘이 있고 막강한 고타마를 논박하였다는 좋은 평판이 퍼질 것입니다."

"그렇지만 존자여! 어떻게 내가 정신적인 큰 힘이 있고 막강한 고타마를 논박할 수 있습니까?"

"왕자님! 고타마에게 여래도 다른 사람에게 불쾌한 말을 하는지 물었을 때 만일 불쾌한 말을 한다고 대답하면 다른 사람과 다른 점이 무엇인지 물으십시오. 만일 여래가 다른 사람에게 불쾌한 말을 하지 않는다고 대답한다면 불쾌한 말을 했을 때 화가 났고 불쾌하게 생각하였습니다. 이같이 두 개의 뿔 달린 질문을 했을 때 고타마는 뱉을 수도 없고 삼킬 수도 없을 것입니다."

아바야 왕자는 다음 날 아침 공양에 부처님과 세 명의 비구를 그의 집으로 초대하였다. 왕자는 직접 음식 시중을 들며 온갖 맛있는 음식으로 부처님을 대접하였다. 공양 후 왕자는 준비된 질문을 부처님께 하였다.

"존자님. 여래도 다른 이에게 불쾌한 말을 합니까?"

"왕자님. 그 질문에 대한 일방적인 대답은 없습니다. 그 말은 무슨 뜻입니까?"

그래서 왕자는 자초지종 이야기를 모두 하였을 때 어린 아기가 왕자의 무릎에 누워 있었다. 부처님은 왕자에게 이렇게 말하였다.

"만일 왕자님이나 유모가 부주의하여 아기가 막대 조각이나 작은 돌을 입에 넣는다면 어떻게 하겠습니까?"

"그것을 꺼내야지만 만일 즉시 꺼낼 수 없다면 아기의 머리를 왼손으로 잡고 오른 손가락을 입에 넣어 입에 피가 나더라도 이물질을 제거할 것입니다. 왜냐하면 그 아기에 대한 자비심 때문입니다."

"마찬가지로 여래는 사실이 아니고 진실하지 않고 유익하지 않은 말들을 압니다. 이 말을 다른 사람이 좋아하지 않고 그들에게 불쾌감을 준다면 여래는 그런 말을 하지 않습니다. 여래는 말을 해야 할 적절한 때를 알아서 합니다. 여래는 다른 이에게 기분 좋고 유쾌함을 줄 때도 말해야 할 적절한 때 알아서 합니다. 왜냐하면 여래는 중생을 향한 자비심이 있기 때문입니다."

이같이 나는 들었다. 어느 때 부처님은 죽림정사에 계셨을 때 저녁에 부처님은 라훌라가 있는 곳으로 가셨다. 라훌라는 부처님이 오시는 것을 보고 자리를 준비하고 발 씻을 물을 준비하였다. 부처님은 자리에 앉아서 발을 씻으셨다. 라훌라는 부처님께 인사를 드렸을 때 부처님은 물그릇에 물을 조금 남긴 후 라훌라에게 말씀하셨다.

"라훌라야. 이 물그릇에 물이 조금 있는 것이 보이느냐. 고의로 거짓말을 하고도 부끄러워하지 않는 수행자의 공덕은 이 물과 같이 적다."

부처님은 조금 남아 있던 물을 다 버리고 물으셨다.

"라훌라야. 조금 남은 물을 버리는 것을 보았느냐? 고의로 거짓말을 하고도 부끄러워하지 않는 사람은 수행자의 공덕을 내 버리는 것이다."

다시 부처님은 빈 물그릇을 뒤집어 놓고 말씀하셨다.

"라훌라야. 빈 물그릇을 뒤집어 놓는 것을 보았느냐? 고의로 거짓말을 하고도 부끄러워하지 않는 사람은 수행자의 공덕을 뒤집어엎는 것이다."

다시 부처님은 빈 물그릇을 바로 놓고 말씀하셨다.

"라훌라야. 이 물그릇이 텅 빈 것이 보이느냐? 고의로 거짓말을 하고도 부끄러워하지 않는 사람은 수행자의 공덕이 텅 빈 것이 된다. 그리고 고의로 거짓말을 하고도 부끄러워하지 않는 사람은 어떤 악한 행동도 서슴지 않고 하게 된다. 그러므로 농담으로라도 거짓말을 하지 않을 것이라고 항상 자신을 단련하여야 한다."

"라훌라야. 거울은 무엇을 하는 데 쓰는 것이냐?"

"비춰보는 데 씁니다."

"마찬가지로 라훌라야. 반복해서 너 자신을 비추어 돌아본 후에 행동하고 말을 하고 생각하여야 한다. 네가 행동하려고 할 때 이같이 자신을 돌아보아야 한다. 네가 하려고 하는 행동이 자기에게 해로움을 주지 않을지 또는 남에게 해로움을 주지 않을지 생각하여야 한다. 또는 자기와 남 모두에게 해로움을 주지 않을지 이 행동이 좋지 못한 행동으로 고통스러운 결과를 가져오지는 않을지 돌아보아야 한다. 네가 비추어 보았을 때 만일 하려고 하는 행동이 자기에게 또는 남에게 또는 자기와 남 모두에게 해로움을 줄 것이다. 이 행동은 좋지 못한 행동으로 고통스러운 결과를 가져올 것이라고 안다면 그런 행동은 해서는 안 된다. 그러나 네가 비추어 보았을 때 만일 하려고 하는 행동이 자기에게 해로움을 주지 않고 남에게도 해로움을 주지 않고 자기와 남 모두에게 해로움을 주지 않을 것이다. 이 행동은 선한 행동으로 행복한 결과를 가져올 것이라고 안다면 그런 행동은 해도 좋다.

라훌라야. 네가 행동하고 있을 때 이같이 자신을 돌아보아야 한다. 지금 하는 행동이 자기와 남 모두에게 해로움을 주고 있지는 않은지 좋지 못한 행동으로 고통스러운 결과를 가져오는 게 아닐지 돌아보아야 한다. 네가 비추어 보았을 때 만일 하는 행동이 자기와 남 모두에게 해로움을 주고 있다. 이 행동은 좋지 못한 행동으로 고통스러운 결과를 가져온다고 안다면 그런 행동은 해서는 안 된다. 그러나 네가 비추어 보았을 때 행동이 자기와 남 모두에게 해로움을 주지 않는다. 이 행동은 선한 행동으로 행복한 결과를 가져온다고 안다면 그런 행동은 계속해도 좋다.

또한 라훌라야. 네가 행동한 후에도 자기와 남 모두에게 해로움을 주었다. 이 행동은 좋지 못한 행동으로 고통스러운 결과를 가져왔다고 안다면 그때는 그런 행동을 함께 수행하는 지혜로운 동료나 스승에게 고백하고 드러내 보여야 한다. 그런 행동을 고백하고 드러내 보이고 열어 보이기에 앞으로 조심하게 된다. 그러나 네가 비추어 보았을 때 만일 네가 한 행동이 모두에게 해로움을 주지 않았다. 이 행동은 선한 행동으로 행복한 결과를 가져왔다고 안다면 그때는 행복하고 기쁘게 지내게 되고 밤낮으로 그 좋은 행을 닦아야 한다. 행동할 때와 마찬가지로 말하려고 할 때도 말하는 동안에도 말한 후에도 행동할 때와 똑같이 자기 자신을 돌아보고 비추어 본 후에 말을 하여야 한다. 행동할 때와 마찬가지로 생각하려고 할 때도 생각하는 동안에도 생각한 후에도 행동할 때와 똑같이 자기 자신을 돌아보고 비추어 본 후에 생각하여야 한다."

그리고는 다시 한번 말씀하셨다.

"라훌라야. 과거의 어떤 사문이나 브라만도 모두 자기 자신을 비추어 보고 또 되풀이하여 비추어 본 후에 생각하였고 말하였고 행동하였다. 이같이 함으로써 그들은 생각과 말과 행동을 깨끗하게 하였다. 미래의 어떤 사문이나 브라만도 이같이 함으로써 그들은 생각과 말과 행동을 깨끗하게 할 것이다. 그러므로 라훌라야. 너는 이같이 단련하여야 한다. 행동이나 말이나 마음을 반복하여 돌아봄으로써 행동이나 말이나 마음을 깨끗하게 하는 것이 너 자신을 어떻게 단련해야 하는지에 대한 가르침이다."

어느 때 부처님은 죽림정사에 계셨을 때 잘 알려진 방랑 수행자들이 그들의 숲에 머물고 있었다. 그때 부처님은 이른 아침에 탁발을 나가셨다. 그런데 탁발하기에는 너무 이른 시간이라 부처님은 방랑 수행자 사쿨루다인을 방문하기로 하셨다. 그때 그는 방랑 수행자들과 함께 앉아 있었는데 그들은 여러 가지 핵심 없는 이야기들을 소란스럽게 큰 소리로 떠들고 있었다. 부처님이 오시는 것을 보고 그의 무리에게 말하였다.

"떠들지 말고 조용히 하시오. 저기에 고타마가 오고 있는데 그는 조용한 것을 좋아하고 그렇게 수련받았고 조용한 것을 칭찬합니다. 아마도 그는 우리가 조용한 무리임을 알면 우리에게 올 것이오."

그들은 조용해졌다. 루다인은 부처님에게 말했다.

"존자님을 환영합니다. 오랜만에 여기 오실 기회를 만드셨는데 자리에 앉으십시오."

"그대들은 무슨 토론을 하고 있었습니까? 무슨 토론이 중단되었습니까?"

"저희가 여기에서 한 이야기는 나중에 들으실 수 있습니다. 얼마 전에 여러 교단의 사문이나 브라만이 토론하는 회당에 함께 모였을 때 이런 주제가 대두되었습니다. 앙가국과 마가다국의 사람들은 큰 이득을 보고 있습니다. 왜냐하면 잘 알려진 성자가 우기를 보내기 위하여 라자가하에 왔기 때문입니다. 고타마는 교단을 이끄는 지도자이고 한 단체의 지도자이며 스승이며 매우 잘 알려져 있으며 교단의 유명한 창시자이며 많은 사람으로부터 성인으로 추앙받고 있다. 그는 제자들로부터 존경받고 공경받으며 제자들은 존경심으로 그에게 의지한다. 언젠가 대중들에게 설법할 때 어떤 제자가 기침하였는데 그의 동료가 무릎으로 살짝 건드리며 부처님께서 진리를 설하고 계시니 조용히 하라고 하였습니다. 고타마가 대중들에게 설법할 때 기침 소리 하나 나지 않고 조용합니다. 그래서 부처님을 기다리는 대중들은 기대감으로 가득 차서 부처님이 설하실 진리를 듣겠다고 설법을 들을 준비가 되어 있습니다. 그것은 마치 어떤 사람이 네거리에서 진짜 꿀을 짜고 있는데 사람들이 기대에 가득 차 있는 것처럼 고타마가 제자들에게 가르침을 설할 때 기침 소리 하나 나지 않습니다. 그의 제자 중에 청정한 삶에서 동료들과 다투고 수도 생활을 포기하고 속세로 돌아간 제자들도 부처님과 가르침과 승가를 찬탄합니다. 그들은 이같이 오직 그들 자신만 책망하지만 다른 사람을 책망하지 않습니다. 우리는 공덕이 없고 운이 없다. 잘 설해진 진리와 계율에 출가하였으나 여생 동안 완전하고도 청정한 성스러운 삶을 살 수가 없었다고 말합니다. 그들은 사원의 관리인으로 그리고 재가 신도로서 오계를 지킵니다. 이같이 고타마는 그의 제자들로부터 존경받고 공경받으며 그의 제자들은 지극한 존경심을 가지고 스승에게 의지합니다."

"제자들이 나를 존경하고 공경하고 또 존경심을 가지고 의지하는 이유에 대하여 그대는 몇 가지나 그 특징을 나에게서 보았습니까?"

"존자님에게 다섯 가지의 특징을 보았습니다. 첫째는 부처님은 식사를 적게 하며 적게 먹는 것을 칭찬합니다. 둘째는 부처님은 어떤 법의라도 만족하며 어떤 법의로도 만족하는 것을 칭찬합니다. 셋째는 부처님은 어떤 탁발 음식이라도 만족하며 어떤 탁발 음식이라도 만족하는 것을 칭찬합니다. 넷째는 부처님은 어떤 거처라도 만족하며 어떤 거처에도 만족하는 것을 칭찬합니다. 다섯째는 부처님은 세속과는 멀리 초연히 살고 초연히 사는 것을 칭찬합니다. 이 다섯 가지 이유로 해서 제자들이 부처님을 존경하고 공경하고 지극한 존경심을 가지고 부처님께 의지한다고 생각해 봅니다."

"우다인이여! 나는 어떤 때는 발우 가득 먹기도 합니다. 나는 어떤 때는 장자가 보시한 훌륭한 법의를 입기도 합니다. 나는 어떤 때는 초대되어 훌륭한 음식을 먹기도 합니다. 나는 어떤 때는 편리하게 지어진 승원에서 지냅니다. 어떤 때는 제자들에 둘러싸여 지냅니다. 그러므로 그대가 말하는 다섯 가지 이유로 나의 제자들이 나를 존경하고 공경하고 또 존경심을 가지고 나에게 의지하지는 않을 것입니다. 나의 제자들이 나를 존경하는 이유는 나는 진실한 자이며 진리를 말하는 자이며 있는 사실을 있는 그대로 보는 자이며 거짓을 말하지 않는 자인 여래이기 때문입니다."

이같이 나는 들었다. 어느 때 부처님은 사카족들이 사는 도시에 계셨다. 그때 코살라의 왕은 일이 있어 낭가라카에 도착하여 정원의 아름다움을 보기 위하여 마차를 타고 갔다. 왕은 여기저기 거닐다가 조용하고 사람들의 인적이 드물고 인가에서 떨어져 있고 고요하고 적합한 너무나 마음에 드는 나무 밑을 발견하였다. 그 장소를 보니 부처님 생각이 간절하였다. 이곳은 온전히 깨달으신 부처님께 존경의 예를 드리던 곳과 같다고 생각하였다. 코살라의 왕은 물었다.

"부처님은 지금 어디에 계시는가?"

"부처님은 지금 마을에 계시는데 멀지 않습니다. 그곳까지 가는데 아직 충분히 해가 남아 있습니다."

왕이 부처님이 계신 숲에 도착하였을 때 그곳에는 비구들이 밖에서 천천히 걷고 있었다. 왕은 조용히 부처님 처소로 가서 문을 두드렸다. 왕은 부처님의 발에 입 맞추며 인사를 드리고 말하였기에 부처님은 그의 신심을 보고 물으셨다.

"대왕님은 나에게 그렇게 친애를 보이시고 최상의 존경을 표시하는 이유는 무엇입니까?"

"저는 부처님에 대하여 진리에 따라서 이같이 추론합니다. 부처님은 온전히 깨달으신 분이고 법은 부처님에 의하여 잘 설해져 있고 승가는 훌륭한 길을 수행하고 있다고 생각합니다. 나는 어떤 사문이나 브라만들은 한정된 기간의 거룩한 삶을 사는 것을 봅니다. 기간 이후에는 잘 치장하고 기름을 바르고 머리와 수염을 다듬고 다섯 가지 감각적 쾌락을 즐기는 것을 봅니다. 그러나 여기 비구들은 일생을 완전한 청정한 삶을 사는 것을 봅니다. 정말로 나는 다른 곳에서는 이렇게 온전히 청정한 승가를 보지 못하였습니다. 이것이 부처님은 온전히 깨달으신 분이고 진리는 부처님에 의하여 잘 설해져 있고 승가는 훌륭한 길을 수행하고 있다고 법에 따라서 추론하는 이유입니다. 속세에서는 국가와 국가가 싸우고 부모와 자식들이 서로 싸웁니다. 그러나 여기 비구들은 우호적이고 화목하고 다툼이 없으며 물과 우유처럼 융화하며 서로 친절한 눈빛으로 대하는 것을 봅니다. 저는 다른 곳에서는 이같이 화목한 집단을 보지 못하였습니다. 이것이 부처님은 온전히 깨달으신 분이고 진리는 부처님에 의하여 잘 설해져 있고 승가는 훌륭한 길을 수행하고 있다고 법에 따라서 추론하는 이유입니다. 부처님! 나는 여기저기 숲과 정원을 산책하기도 하고 돌아다니기도 하였습니다. 나는 사문들을 보게 되었는데 어떤 이들은 여위고 안색이 나쁘고 두 번 다시 보고 싶지 않을 정도로 추한 모습을 보고 있었습니다. 그러나 여기 비구들은 미소 짓고 쾌활하고 진정으로 기뻐하고 검소한 것을 기뻐하며 감각과 기관이 청정하고 평안하고 산란하지 않고 다른 사람의 보시로 살아갑니다. 자연 속 야생의 사슴처럼 사는 것을 봅니다. 이렇게 살기에 의심의 여지 없이 제자들은 부처님의 가르침 속에서 점차로 성취되는 뛰어난 탁월함을 알고 있다고 생각하였습니다. 이것이 제가 부처님은 온전히 깨달으신 분이고 진리는 부처님에 의하여 잘 설해져 있고 승가는 훌륭한 길을 수행하고 있다고 법에 따라 추론하는 이유입니다. 나는 왕으로서 사형시켜야 할 사람은 사형시키고 벌금을 물려야 할 사람은 벌금을 물게 하고 귀양을 보내야 할 사람은 귀양을 보냅니다. 그렇지만 내가 의회에 앉아 있을 때 사람들은 내 말을 차단하거나 가로막습니다. 내가 그들에게 말을 차단하거나 가로막지 말고 내 말이 다 끝날 때까지 기다리라고 말해도 그들은 내 말을 가로막고 차단합니다. 그러나 부처님이 대중에게 설법하실 때는 기침 소리 하나도 나지 않습니다. 이것은 정말 놀라운 일입니다. 어떻게 칼이나 몽둥이를 사용하지 않고도 집단이 이렇게 잘 수련될 수 있는지 경이롭습니다. 나는 이렇게 잘 수련된 집단을 어디에서도 본 적이 없습니다. 이것이 제가 부처님은 온전히 깨달으신 분이고 진리는 부처님에 의하여 잘 설해져 있고 승가는 훌륭한 길을 수행하고 있다고 법에 따라서 추론하는 이유입니다. 저는 머리카락을 가를 만큼 그렇게 예리한 명사수처럼 논쟁에 있어 도사이고 영리하고 학식이 있는 귀족들을 보았습니다. 말하자면 그들은 날카로운 재치로 다른 사람의 견해를 깨부수면서 여기저기 돌아다닙니다. 그들은 이런 질문을 하면 그때 우리는 그의 교리를 이렇게 반박하자고 준비합니다. 그런데 그들은 고타마가 도시에 왔다는 소식을 듣고 갔는데 그들에게 진리에 대하여 가르치고 분발케 하고 격려하고 기쁘게 하였습니다. 이런 가르침을 듣고 난 후에 기쁘게 된 그들은 전혀 질문을 할 수도 없었는데 어떻게 그를 반박하겠습니까? 반대로 그 귀족들은 고타마의 제자가 되었습니다. 이것이 제가 부처님은 온전히 깨달으신 분이고 진리는 부처님에 의하여 잘 설해져 있고 승가는 훌륭한 길을 수행하고 있다고 법에 따라서 추론하는 이유입니다. 저에게는 두 명의 검열관이 있습니다. 그들은 나의 음식을 먹고 나의 마차를 사용하고 나로 인해 생계를 유지하고 명성을 얻습니다. 그런데도 그들은 나보다는 부처님을 더 존경합니다. 언젠가 내가 군대를 이끌고 다른 곳에 갔을 때 나는 이들을 시험하게 되었습니다. 우리는 굉장히 비좁은 숙소에 묵게 되었습니다. 두 감독관은 법에 대한 담화로 밤늦게까지 보낸 뒤 부처님이 머물고 계시는 곳을 향하여 머리를 두고 내 쪽으로 발을 둔 채 자리에 누웠습니다. 이것은 정말 놀랍고 경이로운 일이다. 내가 그들에게 많은 것들을 주는데도 나보다도 부처님을 더 존경한다. 이들은 틀림없이 부처님의 가르침 속에서 점차로 성취되는 뛰어난 탁월함을 알고 있다고 생각하였습니다. 이것이 부처님은 온전히 깨달으신 분이고 진리는 부처님에 의하여 잘 설해져 있고 승가는 훌륭한 길을 수행하고 있다고 법에 따라서 추론하는 이유입니다. 부처님은 왕족이고 나도 왕족입니다. 부처님은 코살라인이고 나도 코살라인입니다. 부처님은 여든 살이고 나도 여든 살입니다. 그러므로 내가 부처님께 친애를 보이고 최상의 존경을 표하는 것은 당연하다고 생각합니다."

왕이 떠난 후 부처님은 비구들에게 이렇게 말씀하셨다.

"비구들이여! 코살라의 왕은 진리에 대한 신앙고백을 말한 후에 떠나갔다. 진리에 대한 신앙고백은 유익하며 청정한 삶의 근본이니 배워서 숙달하고 기억하여라."

어느 때 부처님은 비구들과 떠돌아다니시다가 아파나 마을에 도착하셨다. 그때 머리를 땋은 고행자는 소문을 듣고 훌륭한 분을 뵙는 것이 좋은 일이라고 생각했다. 그래서 케니야는 부처님을 방문하여 인사하고 한쪽에 앉았다. 부처님은 그에게 가르침을 주시고 일깨우고 분발시키고 격려해 주셨다. 그는 부처님의 가르침을 듣고 마음이 격려되어 환희심으로 부처님께 말하였다.

"고타마여! 승가 대중과 함께 내일 저의 공양을 받아주십시오. 대중이 많다고 해도 제가 브라만에게 신뢰 두고 있다고 해도 내일 공양을 받아주십시오."

이에 부처님은 처음에 허락하지 않으셨으나 계속된 청원에 마침내 침묵으로 승낙하셨다. 케니야는 돌아가서 그의 친구 동료 친척들에게 필요한 것들을 준비하도록 부탁하였으며 자신은 대형 천막을 쳤다. 그때 마을에는 브라만 셀라가 살고 있었다. 그는 세 가지 베다에 통달하였고 그것의 어휘 예식 음운론 어원론 전승의 다섯 가지와 또한 문헌학과 문법에 숙달하였다. 세간의 철학과 훌륭한 사람의 특징에 능통하였고 학생들에게 베다를 가르치고 있었다. 그 당시 케니야는 브라만 셀라를 깊이 신뢰하고 있었다. 셀라는 학생들과 함께 걷다가 사당으로 갔는데 사람들이 화덕을 파고 나무를 패고 그릇을 씻고 앉을 자리를 준비하고 있었다.

"누가 시집이나 장가갑니까? 아니면 큰 제사라도 있습니까? 아니면 빔비사라왕과 그의 군대를 식사에 초청이라도 했습니까?"

"셀라님! 그런 게 아니고 지금 마을에 고타마와 그의 제자들이 있는데 그분은 온전히 깨달으신 여래라는 좋은 평판이 널리 퍼져 있습니다. 그분과 비구 승가 대중을 함께 내일 공양에 초대하였습니다."

"그대는 깨달은 분이라고 말했습니까?"

"깨달은 분이라고 말했습니다. 셀라님!"

브라만 셀라는 이런 생각이 들었다. 이 세상에서 여래라는 말조차 듣기 어렵고 찬가에 전해져 오고 있는 사람에게는 오직 두 가지 길밖에 없다. 만일 그가 세속에 살면 그는 진리에 의하여 통치하는 정의로운 전륜성왕이 되어 칼이나 무기를 사용하지 않고도 나라를 통치하여 평안을 가져온다. 그러나 만일 출가하면 온전히 깨달은 사람이 되어 불국정토를 만든다는 생각이 들었다.

"케니야! 온전히 깨달으신 분인 여래는 지금 어디에 계십니까?"

"저기 푸른 숲에 계십니다."

브라만 셀라는 그의 학생들과 함께 부처님이 계신 곳으로 갔다. 그는 인사를 나누고 한쪽에 앉아서 생각하기를 위대한 사람은 상호를 가지고 있는데 그가 깨달은 분인지 아닌지 모르겠다. 그렇지만 나는 전승에 따라서 말하는 브라만에게서 듣기를 온전히 깨달은 사람인 여래는 칭찬받을 때 자신을 드러낸다고 들었다. 그러니 적합한 시로써 그는 부처님 앞에서 이렇게 찬탄하였다.

"팔등신의 완벽한 풍채 보기에 매우 아름답네. 부처님 몸은 금빛이고 하얀 치아 강건한 힘이 있네. 훌륭한 사람에 있는 특성의 모습이 당신 속에 모두 있네. 맑은 눈 보름달처럼 수려한 얼굴. 훤칠하고 위엄이 있어 사문 중에 태양처럼 빛나네. 황금빛 피부의 비구 보기에 매우 아름답네. 이렇게 빼어난 용모는 보기 드문데 어찌하여 사문의 삶에 만족하십니까? 전륜성왕이 어울립니다. 온 세계의 승리자가 되십시오. 귀족과 부유한 왕들은 당신께 충성과 헌신을 할 것입니다. 왕 중의 왕이 되어 인간은 군주로서 통치하십시오?"

"셀라여! 나는 이미 최상의 깨달음을 얻은 진리의 왕이며 법의 바퀴를 굴리고 있네. 그 바퀴는 아무도 멈출 수 없네."

"고타마여! 당신은 온전히 깨달았다고 선언합니다. 최상의 깨달음을 얻은 진리의 왕이며 법의 바퀴를 굴린다고 당신은 말씀하십니다. 스승이 가신 길을 따르는 제자로서 당신이 굴린 법의 바퀴를 누가 도와 굴립니까?"

"내가 굴린 법의 똑같은 최상의 법의 바퀴를 여래의 계승자 사리푸트라가 나를 도와 굴릴 것입니다. 나는 알아야 할 것을 곧바로 알았고 닦아야 할 것을 이미 닦았으며 버려야 할 것을 버렸소. 그러므로 브라만이여! 나는 최상의 깨달은 자입니다. 나는 온전히 깨달은 최상의 의사이며 나는 비할 데 없는 성자, 악마의 군대를 쳐부수고 모든 적을 제압하고 두려움 없이 기뻐합니다."

부처님의 말씀을 듣고 셀라는 기뻐하며 학생들에게 말했다.

"나는 드높은 지혜를 가진 분께 출가하겠으니 너희들은 원하는 자는 나를 따르고 원하지 않는 자는 떠나라. 통찰력을 갖춘 의사처럼 숲속에서 사자처럼 포효하는 위대한 영웅인 깨달은 분의 말씀에 귀기울이라."

"온전히 깨달은 분의 가르침을 당신께서 따르신다면 드높은 지혜를 가진 분께 저희도 출가하겠습니다."

"여기에 있는 브라만들은 합장하고 청원합니다. 저희는 부처님에게서 청정한 삶을 살기 원합니다."

"셀라여! 청정한 삶은 잘 설해져 있으며 그것은 지금 보이는 것이며 시간을 초월합니다. 부지런히 정진하는 사람은 출가의 좋은 결실을 발견할 것입니다."

그래서 셀라와 그의 학생들은 부처님께 출가하여 계를 받은 후 얼마 되지 않아 셀라는 홀로 부지런히 열성을 다하여 확고한 마음으로 정진하였다. 셀라와 대중들은 부처님을 찾아뵙고 게송으로 말하였다.

"통찰력이 있으신 분이여! 당신께 귀의한 지 8일이 지나는 동안에 부처님의 가르침으로 모든 악한 성향을 끊어버리고 고해를 건너고 저희도 건너도록 인도하십니다. 당신은 여래이시며 스승이십니다. 모든 집착을 물리치고 모든 번뇌를 제거하셨습니다. 당신은 집착에서 벗어난 사자이며 두려움과 공포가 없습니다. 여기 비구들이 합장하고 스승의 발 앞에 절하려 합니다."

어느 때 부처님은 많은 비구와 함께 코살라국을 지나 브라만의 마을에 도착하여 숲에 머무셨다. 그때 브라만 짱키는 왕이 하사한 비옥한 땅을 다스리면서 권세를 누리며 살았다. 그런데 이 마을에 온전히 깨달으신 분이 오셨다는 소식이 전해지자 브라만과 장자들은 떼를 지어 숲으로 가고 있었다. 집에서 한낮의 휴식을 취하고 있었는데 많은 브라만과 장자들이 숲으로 가는 것을 보고 사무관에게 물었다.

"브라만과 장자들이 왜 떼를 지어 숲으로 가는가?"

"사카족의 고타마가 그의 제자들과 함께 숲속에 도착하여 머물고 있습니다. 그분은 온전히 깨달은 여래라는 명성이 자자합니다. 그분은 훌륭한 가르침을 주시기 때문에 사람들은 고타마를 만나러 가는 것입니다."

"그대는 가서 말하기를 나도 고타마를 만나기 위하여 갈 것이니 조금만 기다리라고 말해 주시오."

사무관은 그대로 전하니 그때 무슨 일이 있어 함께 모여 있던 많은 브라만이 사무관의 말을 듣고는 물었다.

"짱키님. 고타마를 만나러 간다는 것이 사실입니까?"

"나는 사문 고타마를 만나러 가려고 합니다."

"고타마를 만나러 간다는 것은 적합지 않으니 가지 마십시오. 오히려 고타마가 이곳에 만나러 오는 것이 합당합니다. 짱키님은 출생에 있어서 7대를 거슬러 올라가도 양쪽 모두 나무랄 데 없이 깨끗한 혈통에서 태어났습니다. 그리고 대부호이며 자산가이고 베다에 정통하였으며 또한 문헌학과 문법에 숙달하였고 세간의 철학과 훌륭한 사람의 특징에 능통하였습니다. 그리고 용모가 수려하고 기품이 있으며 보기에 훌륭합니다. 또한 덕성이 충만하고 훌륭한 연사이며 예의 바르고 분명하고 의미 있는 말을 합니다. 그리고 브라만 학생들에게 베다를 가르치고 왕의 존경을 받는 이유로 짱키님이 간다는 것은 적합지 않습니다."

"내 말을 들어보십시오. 내가 왜 고타마를 뵈러 가야 하는 이유는 출생에 있어서 7대를 거슬러 올라가도 양쪽 모두 나무랄 데 없이 깨끗한 혈통에서 태어났습니다. 그분은 금고나 저장소에 비축해둔 많은 금과 은을 버리고 출가하였습니다. 그리고 젊음의 축복이 주어진 인생의 한창때 수염과 머리를 깎고 노란 가사를 입고 출가하였습니다. 고타마는 보기에 아름답고 용모가 빼어나고 기품이 있으며 안색이 최상의 아름다움을 지녔습니다. 숭고한 아름다움과 고아한 풍채를 지녔으며 당당한 외모를 지녔습니다. 고타마는 훌륭하고 바람직한 계율을 갖추고 행을 지니며 예의가 바르고 분명하고 결함이 없으며 의미 있는 말과 훌륭한 설법을 하는 스승입니다. 그리고 모든 감각적 쾌락에서 떠났으며 허영심이 없습니다. 고타마는 업의 원인에 대하여 가르치고 업의 결과에 대하여 가르치며 브라만들에게 어떤 해로움도 주지 않습니다. 고타마는 막대한 부와 재물이 있는 매우 부유한 가정에서 자라고 뛰어난 귀족 계급인 왕족 가문에서 출가하였습니다. 스승의 가르침을 듣기 위하여 사람들은 먼 왕국과 먼 고장에서 찾아옵니다. 이와 같은 좋은 평판이 널리 퍼져 있습니다. 아라한이시며 온전히 깨달으신 분이고 지혜와 덕행을 갖춘 분이시며 바른길을 알고 세상을 잘 아는 견줄 수가 없는 분이십니다. 사람을 길들이는 신과 인간의 스승이며 깨달으신 존귀하신 분입니다. 이와 같은 고타마가 이곳에 도착하여 숲에 머물고 계십니다. 우리 마을에 오는 어떤 사문이나 브라만도 우리의 손님이며 그 손님은 마땅히 존경과 공경을 받아야 합니다. 고타마는 우리의 손님이므로 나를 보러 오는 게 합당하지 않으며 내가 고타마를 뵈러 가는 게 합당한 이유입니다. 그분의 훌륭함은 이것으로 제한된 것이 아니라 측량할 길이 없습니다. 고타마는 여러 가지 특징을 가지신 분이기 때문에 그분이 나를 보러 오는 것은 합당치 않으시며 내가 그분을 뵈러 가는 것이 합당하므로 우리 모두 고타마를 뵈러 갑시다."

그래서 많은 무리는 부처님을 뵈러 길을 떠났다.

어느 때 어떤 브라만은 부처님께 여쭈었다.

"고타마의 제자들이 여래의 가르침을 듣고 모두가 최상의 목표인 열반을 얻는지 아니면 어떤 사람은 얻고 어떤 사람은 얻지 못합니까?"

"브라만이여! 어떤 제자는 최상의 목표인 열반을 얻고 어떤 제자는 얻지 못합니다."

"최상의 목표인 열반이 있고 열반에 이르는 길이 있고 안내자인 여래가 계십니다. 그런데도 왜 가르침을 받고 어떤 제자들은 최상의 목표인 열반을 얻고 어떤 제자들은 열반을 얻지 못하는 원인과 이유는 무엇입니까?"

"그렇다면 브라만이여! 내가 되묻겠습니다. 그대는 라자가하로 가는 길이 익숙합니까?"

"익숙합니다. 고타마여!"

"어떤 사람이 그대에게 와서 라자가하로 가는 길을 어떻게 가는지 가르쳐 달라고 하면 그대는 이 길을 조금만 따라가면 어떤 마을이 보이고 조금 더 가면 도시가 보입니다. 조금 더 가게 되면 아름다운 공원과 숲과 들판과 연못이 있는 라자가하가 보일 것이라고 가르쳐 주었습니다. 그렇지만 그대의 이런 충고와 안내를 듣고서도 그는 잘못된 길로 가서 서쪽으로 갈지도 모릅니다. 또 한 사람이 당신에게 와서 라자가하로 가는 길을 물었을 때 첫 번째 사람에게 설명한 것과 똑같이 말해 주었습니다. 이런 그대의 충고와 안내를 듣고 그는 안전하게 도착할 것입니다. 그러면 라자가하로 가는 길이 있고 가는 길을 안내해 준 그대가 있는데 그대로부터 충고와 안내받은 두 사람이 있습니다. 한 사람은 잘못된 길을 가고 또 한 사람은 안전하게 도착하는 원인과 이유는 무엇입니까?"

"그건 제가 어떻게 할 수 없는 일이며 저는 다만 길을 안내했을 뿐입니다."

"마찬가지입니다. 브라만이여! 최상의 목표인 열반이 있고 열반에 이르는 길이 있고 안내자인 내가 있습니다. 어떤 제자들은 나의 충고와 가르침을 듣고 열반을 성취하고 어떤 제자들은 성취하지 못합니다. 여래는 다만 길을 보여주고 가르칠 뿐 내가 어찌하겠습니까?"

"꽃의 향기 중에서 재스민 향기가 최고이듯이 여래의 가르침은 오늘날의 가르침 가운데 으뜸입니다."

어느 때 부처님은 기원정사에 계셨을 때 제자들에게 말씀하셨다.

"그대들이 숲이나 나무 아래에서나 또는 빈집에서 수행할 때 두려움과 공포가 일어날 때는 다음과 같이 나를 생각해라. 스승은 온전히 깨달으신 분이며 지혜와 덕행을 갖춘 분이며 바른길로 가시는 분이며 세상을 잘 아는 분이며 누구와 견줄 자가 없는 분이며 사람을 길들이는 분이다. 신과 인간의 스승이며 깨달으신 여래이며 존귀하신 분이시라고 외우면 두려움과 공포가 사라질 것이다. 그러나 만일 나를 생각할 수 없다면 그때는 이같이 나의 가르침을 생각하라. 가르침은 잘 설해져 있다. 그것은 현재 직접 볼 수 있는 것이고 시간을 초월하며 와서 보라고 할 만한 것이고 유익한 것이고 지혜로운 이들에 의해 체득된 것이라고 외우면 두려움과 공포가 사라질 것이다. 만일 나의 가르침을 생각할 수 없다면 그때는 이같이 승가를 생각하라. 승가는 훌륭한 길을 수행하며 정직한 길을 수행하며 진리의 길을 수행하며 합당한 길을 수행하니 공경받을 만하다. 이 세상에서 그 어느 것과 비교할 수 없는 공덕의 복 밭이라고 외우면 두려움과 공포가 사라질 것이다. 왜냐하면 온전한 깨달음을 이룬 여래는 욕망과 증오와 어리석음에 완전히 떠났으며 두려움이 없고 공포에 떨지 않고 겁이 없기 때문이다."

어느 때 부처님은 사왓티에 계셨을 때 제자들에게 이렇게 말씀하셨다.

"나는 보름 동안 홀로 삼매(三昧)에 들고자 한다. 나에게 식사를 가져오는 사람 외에는 아무도 나에게 와서는 안 된다."

그래서 식사를 가져가는 사람 외에는 아무도 부처님을 방해하지 않았다. 보름의 기간이 끝난 후 부처님은 비구들에게 이렇게 말씀하셨다.

"나는 예전에 온전한 깨달음을 얻었을 때 느꼈던 그런 깨달음을 보름 동안 다시 부분적으로 체험했다. 즉 잘못된 견해의 결과로 오는 모든 현상들을 알게 되었고 잘못된 생각, 잘못된 말, 잘못된 행동, 잘못된 생활수단, 잘못된 정진, 잘못된 의식, 잘못된 집중의 결과로 오는 모든 현상들을 알게 되었다. 또한 바른 견해의 결과로 오는 모든 현상들을 알게 되었다. 바른 생각, 바른말, 바른 행동, 바른 생활수단, 바른 정진, 바른 의식, 바른 집중의 결과에서 오는 모든 현상들을 알게 되었다."

어느 때 부처님은 기원정사에 계셨을 때 사리푸트라는 마가다에 있었다. 중병이 들었을 때 춘다가 곁에서 시봉하였으나 사리푸트라는 중병으로 인하여 열반에 들었다. 춘다는 사리푸트라의 가사와 발우를 가지고 기원정사로 와서 나에게 이 사실을 먼저 보고하였다. 그래서 부처님께 가서 말씀드렸다.

"저는 이 소식을 듣고 약에 취한 것처럼 정신이 멍하니 혼미하고 가르침도 분명하지 않았습니다. 사리푸트라 존자는 제게 조언자였고 상담자였고 저를 가르쳐 주었고 분발케 하고 격려하고 기쁨을 주었습니다. 그는 부처님의 법을 가르칠 때 지치지 않았습니다. 그는 함께 청정한 삶을 사는 동료들에게 많은 도움이 되었습니다. 저희에게 가르쳐 주었던 법의 도움으로 풍성함 진리의 기억을 간직하고 있습니다."

"아난다야! 우리는 사랑하는 모든 것들로부터 언젠가는 헤어져야 한다고 내가 이미 가르치지 않았더냐? 생겨나고 존재하고 조건 지어진 것들은 무너지고 만다. 무너지지 않는다는 것은 있을 수 없다. 마치 탄탄한 큰 나무의 가장 큰 가지가 부러진 것 같이 큰 비구는 승가에서 마지막 열반에 들었다."

어느 때 부처님은 사리푸트라와 목갈라나가 열반에 든 지 얼마 되지 않았을 때 비구들의 무리와 함께 갠지스강 근처 마을에 왓지족이 있는 곳에 계셨다. 부처님은 바깥 노천에서 비구들에 둘러싸여 앉아 계셨을 때 침묵하고 있는 비구들을 둘러보시고 말씀하셨다.

"비구들이여! 사리푸트라와 목갈라나가 열반에 든 지금 이 모임이 내게는 텅 빈 것 같구나. 전에는 그들이 어디에 있든 상관없이 모임이 텅 빈 것 같지 않았다. 그들은 으뜸가는 한 쌍의 제자였다. 제자로서 그들이 얼마나 스승의 가르침을 실천했는지 충고에 순응했는지 모든 이에게 사랑받고 기쁨을 주었고 존경받았는지 참으로 놀라운 일이다. 이와 같은 한 쌍의 제자가 열반에 들었는데도 여래에게 슬픔과 비통함이 없으니 놀라운 일인데 어떻게 그럴 수 있는가? 생겨나고 존재하고 조건 지어진 것은 붕괴하고 만다. 붕괴하지 않는다는 것은 있을 수 없다. 마치 탄탄한 큰 나무의 가장 큰 가지가 부러진 것처럼 승가의 큰 비구인 사리푸트라와 목갈라나는 마지막 열반에 들었다."

어느 때 부처님은 사왓티의 동쪽 승원의 강당에 계셨다. 양지에 앉아 서쪽 햇빛에 등을 따뜻하게 하고 계셨을 때 나는 손과 발을 문질러 드리면서 말하였다.

"부처님! 놀라운 일입니다. 부처님의 안색은 더 이상 맑지 않고 빛나지 않고 사지는 주름지고 탄력을 잃어 등도 앞으로 굽고 감각 기관이 변화가 눈에 보입니다."

"그렇다. 아난다야! 젊은 사람은 늙게 마련이고 건강한 사람은 병들게 마련이고 살아있는 사람은 죽게 마련이다. 안색은 더 이상 예전처럼 맑지 않고 빛나지 않는다. 나의 사지는 주름지고 탄력을 잃었고 등은 굽고 감각 기관의 변화가 눈에 보인다."

부처님은 이어서 게송으로 말씀하셨다.

"기분을 망치네 가련한 늙음이여! 아름다움을 시들게 하는 늙음이여! 이렇게 매혹적이던 육신도 늙어감에 따라 산산이 부서지네. 백년을 산다고 하여도 종착역은 죽음이네. 죽음은 아무도 피할 수 없는 것이며 죽음은 모든 것을 부수어버리네."

어느 때 사왓티에서 비구들이 앞으로 3개월 후면 부처님께서 완성된 가사를 입으시고 행각에 나설 것이라고 하면서 법복을 만들고 있었다. 그때 일이 있어 머물고 있던 푸라나는 부처님께 예를 올리고 한쪽에 앉아서 이렇게 말씀드렸다.

"저희는 부처님이 행각을 떠나신다는 이야기를 듣고 우리에게서 멀리 계실 것이라는 생각에 실망이 되고 우울하였습니다. 그러나 가까이에 행각을 떠나신다니 부처님이 기원정사에 계시면 더욱 기쁩니다."

"집에서 사는 것이 속박의 삶이며 탐욕과 노여움과 어리석음의 티끌에 덮인 삶이나 출가의 삶은 확 트인 공간과 같다. 그러니 이제 그대들의 정진을 보여줄 때가 되었다."

어느 때 부처님은 비구니 승가에 설법하셨다.

"비구니들이여! 네 가지 법을 갖춘 훌륭한 제자는 진리의 흐름에 들어간 사람이다. 그는 더 이상 나쁜 곳에 떨어지지 않고 가는 곳이 결정되어 깨달음으로 나아간다. 훌륭한 제자는 이같이 여래에 대한 확고한 신뢰심을 갖는다. 여래는 온전히 깨달으신 자이며 지혜와 덕행을 갖춘 자이며 바른길로 잘 가는 자이다. 세상을 잘 아는 자이며 어디에 견줄 수가 없는 자이다. 사람을 길들이는 자이며 신과 인간의 스승이며 깨달은 자이며 존귀한 자이다. 훌륭한 제자는 이같이 부처님의 가르침에 대하여 확고한 신뢰심을 갖는다. 가르침은 여래에 의하여 잘 설해져 있고 현재 직접 볼 수 있는 것이다. 시간을 초월하며 와서 보라고 할만한 것이고 유익한 것이고 지혜로운 이들에 의해 체득된 것이다. 훌륭한 제자는 이같이 승가에 대하여 확고한 신뢰심을 갖는다. 승가는 훌륭한 길을 수행하며 정직한 길을 수행하며 진리의 길을 수행하며 합당한 길을 수행한다. 또한 훌륭한 제자는 계율과 행을 갖춘다. 이러한 계와 행은 훌륭한 이들이 친근히 한 것으로 깨지지 않고 흠 없고 얼룩지지 않고 자유롭고 현자에 의해 찬탄 되며 삼매로 이끄는 것이다. 비구니들이여! 이같이 네 가지를 갖춘 사람은 진리의 흐름에 든 사람으로서 더 이상 나쁜 곳에 떨어지지 않고 가는 곳이 결정되어 깨달음으로 나아간다."

나는 부처님의 말씀을 듣고 여쭈었다.
"어떻게 비구들은 스승에게 적의로 대하지 않고 친근하게 대하는 것입니까? "
"제자들의 이익을 바라는 마음으로 스승은 자비심에서 이같이 진리를 가르치는 것은 그들의 이익을 위해서이며 행복을 위해서이다. 제자들은 가르침을 귀를 기울여 듣고 이해하려고 애쓰며 그들은 가르침에서 어긋나지 않게 스승의 가르침에 등을 돌리지 않는다. 이같이 제자들은 적의로 대하지 않고 친근하게 스승을 대한다. 그러므로 적의로 나를 대하지 말고 친근함으로 나를 대하라. 그것은 오랫동안 그대들을 행복함과 유익함으로 이끌 것이다. 나는 옹기장이가 아직 굽지 않은 젖은 점토를 다루듯이 그대들을 다루지는 않을 것이다. 나는 반복해서 타이르고 또 반복해서 진리를 가르칠 것이다. 반복하여 잘못을 제거하고 또 반복하여 잘못을 제거할 것이다. 착실한 사람은 이런 수련을 견디어 낼 것이다."

어느 때 부처님은 니그로다 승원에 계셨을 때 고타미는 한 벌의 새로 만든 법복을 가지고 부처님께로 갔다. 그리고 이렇게 말하였다.
"부처님. 이 한 벌을 법복은 제가 특별히 천을 자르고 기워서 만든 것이니 자비로 이 법복을 받아 주십시오."
 부처님은 그녀에게 말씀하셨다.
 "고타미여. 이것을 승가 공동체에 주십시오. 이것을 승가에 보시할 때 그 보시는 나에게 하는 것인 동시에 승가에 하는 것입니다."
 그러나 고타미는 계속하여 법복을 부처님이 받아 입으시기를 바라는 간절한 마음에서 자비로 받아주시기를 청하였다. 그러나 부처님은 두 번 세 번 똑같이 승가에 보시하라고 말씀하셨다. 그때 내가 부처님께 말하였다.
 "부처님. 이 한 벌의 옷을 받아 주십시오. 고타미께서는 부처님 어머니의 동생으로 어머니가 돌아가신 후 양모가 되어 젖을 먹여 주셨습니다. 그리고 부처님을 자애롭게 많은 은혜를 베푸시고 돌보신 분이십니다."
 "그렇구나! 아난다야 정말 그렇구나!"

 어느 때 부처님은 라자가하의 망고 숲에 계셨을 때 마가다국의 왕 아자타삿투는 비가 오는 계절의 마지막 달의 밤에 대신들과 함께 궁성의 누각에 앉아 있었다. 진지한 어조로 말하였다.
 "기분 좋은 달빛이 어린 밤이구나. 참으로 아름답고 상서로운 달밤이여! 오늘 어떤 사문이나 브라만이 나의 마음을 맑혀 평화롭게 해줄까?"
 "대왕이시여! 카사파라는 분이 있는데 그는 교단의 교주이고 많은 추종자를 거느리고 있으며 교단의 창시자이고 잘 알려져 있고 존경받으며 오랫동안 고행하였고 연로함의 지혜를 갖춘 분입니다. 이런 분을 방문한다면 왕께서 마음의 평화를 얻으실 것입니다."
 왕은 침묵하였기에 대신들은 각기 추천하여 말하였다. 많은 사문을 거론하였으나 왕은 역시 침묵하였다.

조용히 왕의 곁에 앉아 있던 지와카에게 물었다.

"지와카. 어찌 그대는 묵묵히 앉아 있는가?"

"대왕님. 온전히 깨달으신 여래께서 비구들과 함께 망고 숲에 계십니다. 그분은 온전히 깨달은 분이라는 명성이 널리 퍼져 있습니다. 대왕님이 부처님을 방문하신다면 평화를 얻으실 것입니다."

"그러면 타고 갈 코끼리를 준비하도록 일러라."

그래서 왕은 코끼리를 타고 화려한 행차를 하여 망고 숲이 멀지 않은 곳에 이르렀다. 왕은 머리털이 쭈뼛 서는 불안과 두려움에 사로잡혀서 지와카에게 말했다.

"지와카. 그대가 나를 속이려 하거나 적에게 넘기려는 것은 아니겠지? 비구들이 있다는 숲이 아무 소리도 없고 재채기 소리도 없고 기침 소리도 없고 사람 소리도 없고 이렇게 조용할 수가 있는가?"

"대왕님 저는 대왕님을 속이려는 것은 아니니 두려워하지 마십시오. 앞으로 똑바로 가시면 천막에 등불이 켜져 있는 곳에 부처님이 계실 것입니다."

왕은 코끼리가 갈 수 있는 곳까지 간 다음 걸어서 천막 앞까지 가서 지와카에게 말하였다.

"어디에 부처님이 계시는가?"

"대왕님. 중앙 기둥 앞에 비구들을 향하여 앉아 계신 분이 부처님이십니다."

왕은 부처님께 나아가 한쪽에 서서 비구들을 둘러보았을 때 그들은 완전한 침묵 속에 앉아 있었다. 왕은 부처님을 향하여 합장하여 인사를 하고 감동의 말씀을 들으며 스스로 말하였다.

"나의 아들 우디이밧다 왕자가 이 비구들의 모임처럼 평화롭다면 얼마나 좋을까! 여기에 한 사람이 세상에 오신 것은 많은 사람의 행복과 이익을 위해서이다. 신과 인간의 행복과 복지와 이익을 위하여 세상에 대한 자비심으로 이 세상에 오신 분이다. 이 세상에 한 사람의 나타나심은 보기 어려운 일인데 세상에 오신 그 한 사람은 유일하시고 비교할 자가 없고 경쟁할 자가 없다. 두 발 가진 자 가운데 으뜸이신 이분은 여래이시며 온전히 깨달으신 분이시다."

어느 때 부처님은 비구들에게 말씀하셨다.
"비구들이여! 나는 지금까지 성취한 좋은 상태에 만족하지 않는 것과 물러남이 없이 노력하였다. 나의 살가죽과 심줄과 뼈만 남아 내 몸의 살과 피는 말라버렸으나 인간의 강함과 힘과 노력으로 얻어지는 것을 성취할 때까지 나의 노력은 멈추지 않을 것이다. 이와 같은 끊임없는 노력으로 나는 최고의 깨달음을 성취하여 여래가 되었고 속박에서 벗어나 견줄 수 없는 안온을 얻었다. 그대들도 끊임없이 목표를 성취할 때까지 끊임없이 노력을 멈추지 않고 정진한다면 청정한 삶의 위없는 목표를 이생에서 지혜로 깨달아 머물 것이다. 비구들이여! 나는 귀하게 자랐고 말할 수 없을 정도로 섬세하고 귀하게 양육되었다. 내 아버지의 집에는 연못이 있었는데 푸른 연꽃이 피는 연못과 빨간 연꽃이 피는 연못과 하얀 연꽃이 피는 연못이 있었다. 그것들은 나의 즐거움을 위하여 만들어진 것이었다. 백단향에서 나오는 천으로 터번과 긴 겉옷 그리고 외투를 만들었다. 밤이나 낮이나 더위와 추위와 먼지와 이슬이 나에게 닿지 않도록 하얀 일산이 받쳐졌다. 나의 궁전이 있었는데 겨울을 위한 것과 여름을 위한 것 그리고 우기를 위한 것이었다. 넉 달 동안 비가 오는 철에는 여자 악사들만의 향연을 즐기며 궁전에서 내려오지 않았다. 다른 사람들의 집에서는 하인이나 노예에게 싸라기 밥에 죽을 주었지만 내 아버지의 집에서는 하인이나 노예에게도 좋은 질의 밥과 고기를 주었다. 이같이 극도로 섬세하게 양육되었고 호화로운 삶을 살았으나 나에게 이런 생각이 들었다. 가르침을 받지 못한 범부들은 스스로 늙음을 극복하지 못하고 늙어가고 있다. 하지만 다른 사람의 늙어 망가진 모습을 볼 때 그들 자신도 그와 같으리라는 것을 잊은 채 불쾌하고 창피하고 역겨워한다. 나 역시 늙음을 극복하지 못하고 늙음의 대상이다. 만일 내가 다른 사람의 늙어서 망가진 모습을 볼 때 불쾌하고 창피하고 역겨워한다면 그것은 나에게 적절치 못하다. 이렇게 나 자신을 반조해 보았을 때 젊음에 대한 자만심이 사라졌다. 가르침을 받지 못한 범부들은 스스로 병을 극복하지 못한다. 그런데도 다른 사람의 병들어 망가진 모습을 볼 때 자신도 그와 같으리라는 걸 잊은 채 불쾌하고 창피하고 역겨워한다. 나 역시 병을 극복하지 못하고 병듦의 대상이다. 만일 내가 다른 사람의 병들어 망가진 모습을 볼 때 불쾌하고 창피하고 역겨워한다면 그것은 나에게 적절치 못하다. 이렇게 나 자신을 반조해 보았을 때 건강에 대한 자만심이 사라졌다. 가르침을 받지 못한 범부들은 스스로 죽음을 극복하지 못하고 죽는다. 하지만 다른 사람의 죽은 모습을 볼 때 자신도 그와 같으리라는 것을 잊은 채 불쾌하고 창피하고 역겨워한다. 나 역시 죽음을 극복하지 못하고 죽음의 대상이다. 만일 내가 다른 사람의 죽은 모습을 볼 때 불쾌하고 창피하고 역겨워한다면 그것은 나에게 적절치 못하다. 이렇게 나 자신을 반조해 보았을 때 생명에 대한 자만심이 사라졌다."

어느 때 부처님은 알라위 인근에 머물고 있었다. 마차길이 있는 곳의 나뭇잎 더미 위에 있을 때 하타카 왕자가 산책하러 나왔다가 길을 지나가게 되었는데 그는 나뭇잎을 깔고 앉아 있는 부처님을 보고 말하였다.

"부처님. 편안히 주무셨습니까?"

"왕자여! 나는 잘 잤소. 나는 세상에서 가장 편하게 잘 자는 사람일 것이오."

"그렇지만 부처님이시여! 겨울밤은 춥고 눈 오는 때입니다. 소 발굽으로 다져진 땅은 딱딱하고 떨어진 이파리 더미도 얇고 나뭇잎도 거의 다 떨어지고 황갈색의 가사는 춥고 강풍이 불어 춥습니다. 그런데도 부처님은 편안히 주무셨다고 말씀하십니다."

"왕자여! 그대에게 질문을 하겠소. 여기 어떤 장자나 장자의 아들이 있다고 합시다. 그는 무척 부자여서 호화로운 궁궐 같은 집에서 부족함 없이 편하게 살고 있습니다. 그대 생각에 이 장자는 편안한 잠을 자겠습니까? 아니면 그렇지 않겠습니까?"

"그는 편안한 잠을 잘 것입니다."

"그러면 왕자여! 장자나 아들이 탐욕이나 증오와 어리석음으로 괴롭힘을 당하고 잠을 잘 자지 못한다면 그의 몸과 마음에 번뇌의 열기가 일어나지 않겠습니까?"

"부처님이시여! 번뇌의 열기가 일어날 것입니다."

"왕자여! 장자를 괴롭히고 잠을 편안히 자지 못하게 하는 탐욕과 증오 그리고 어리석음이 여래에게서 버려졌고 뿌리째 뽑혔소. 야자수의 그루터기처럼 다시는 자라지 못하게 되었고 미래에 다시는 일어나지 않도록 잘렸기 때문에 나는 잠을 편안히 잡니다."

어느 때 부처님은 브라만 도나에게 말했다.

"브라만이여! 모든 번뇌가 내게서 버려져서 다시는 자라지 못하게 되었다. 미래에 더 이상 다시는 번뇌가 일어나지 않도록 말살되었다. 마치 푸른 연꽃 붉은 연꽃 흰 연꽃이 물에서 생겨 자라지만 물 위로 올라와서는 물에 더럽혀지지 않고 서 있다. 그처럼 여래도 이 세상에서 태어나 자랐으나 이 세상을 극복하고 더러움에 물들지 않는다. 백 가지 맛이 나는 훌륭한 음식도 오늘 내가 즐긴 것에는 비교할 수 없다. 그것은 깨달은 여래의 가르침으로 통찰력은 무한을 꿰뚫어 본다."

어느 날 가야의 봄 축제에 온 것은 내게는 정말 좋은 일이었다. 그때 나는 깨달으신 분께서 최상의 가르침을 설하시는 것을 보았다. 환히 빛을 발하는 무리의 스승이며 최상의 경지에 이른 견줄 수 없는 통찰력을 갖추신 승리자를 보았다. 그분은 위대한 영웅이며 번뇌를 완전하게 소멸하신 분이며 어디에도 두려움은 없다. 진정 오랜 세월 그른 길로 갔고 잘못된 견해의 사슬에 묶여 있던 나를 부처님은 모든 속박에서 해방 시켰다. 나는 계율을 받았고 모든 번뇌에서 벗어났다. 나는 부처님을 항상 뵐 수 있었고 부처님과 함께 지내게 되었다. 부처님은 많은 밤을 노천에서 지내신 후 언제나 주거에 익숙하신 처소에 들어오신다. 마치 바위 동굴 속의 사자처럼 두려움과 공포를 제거한 스승께서는 항상 가사를 펴고 자리를 마련하신다.

어느 때에 도둑이 아디뭇타 비구를 보았을 때 말했다.
"우리는 예전에 재산이 탐나서 사람들을 죽였다. 그들은 두려워서 덜덜 떨었는데 그대는 나를 보고도 두려워하지 않고 안색은 점점 더 평안해진다. 이렇게 두려운 상황에서 왜 슬퍼하지 않는가?"
"두목이여! 욕망이 없는 사람에게 정신적인 고통이란 없다. 진정으로 속박을 근절해 버린 사람에게 두려움이란 없다. 윤회로 이끄는 길이 근절되고 세상을 있는 그대로 볼 때는 마치 짐을 내려놓으면 더 이상 아무것도 없는 것처럼 죽음에 대한 두려움이란 없다. 나에게 청정한 삶은 성취되었고 진전되었다. 병을 완전하게 소탕해버리면 아무것도 없듯이 나에게는 죽음의 두려움이란 없다. 청정한 삶은 성취되었고 진전되었으니 즐거울 게 없다. 그것은 마치 독을 마신 사람이 토해버리는 독과 같다는 사실을 알았다. 저 깨달음의 언덕으로 가서 집착을 벗어난 사람은 할 일을 해 마친 것처럼 번뇌에서 벗어났다. 마치 사형장에서 풀려난 사람처럼 최상의 진리를 성취하고 세상에 대한 집착이 없는 사람은 죽음을 슬퍼하지 않는다. 마치 불타는 집에서 벗어난 사람처럼 인연 따라 생겨난 것은 무엇이든지 또는 어디에 다시 태어났건 이런 것들은 변하지 않는 자아는 없다. 부처님께서 가르치신 그대로 이해하는 사람은 누구나 어떤 윤회의 존재도 잡지 않는다. 마치 뜨거운 쇳덩이를 잡지 않듯이 나는 존재해왔다는 생각도 없고 나는 장차 존재할 것이라는 생각도 없다. 존재가 소멸할 것인데 거기에 무슨 슬픔이 있겠는가? 현상의 순수하고 단순한 일어남을 있는 그대로 보는 사람에게 두려움은 없다. 세상을 풀이나 나뭇조각처럼 보는 지혜로운 사람은 나의 것이라는 생각이 없다. 그래서 그는 나의 것이 아니라는 생각으로 슬퍼하지 않는다. 나는 이 육신에 만족하지 않으며 몸뚱이는 결국은 부서질 것이고 다시 존재하지 않을 것이기 때문에 사는 것에 애착도 없다. 그대가 원한다면 내 육식을 그대 마음대로 해도 나에게는 육신에 대한 증오도 없다."

비구의 예상 밖의 마음을 흔드는 말을 듣고 도둑들은 칼을 내려놓고 말하였다.

"존자님은 어떤 수행을 하셨으며 스승은 누구시며 누구의 가르침 때문에 슬픔이 없는 경지를 얻었습니까?"

"나의 스승은 모든 것을 알고 모든 것을 꿰뚫는 승리자이시다. 큰 자비의 스승이시며 온전히 깨달음을 이루신 여래이시다. 세상 사람들을 영혼을 치유하는 분이신 그분은 열반으로 이끄는 위없는 도리를 가르치셨다. 그런 그의 가르침 때문에 나는 슬픔이 없는 경지를 성취하였다."

이와 같은 훌륭히 설해진 여래의 말씀을 듣고 그들은 모두 칼과 무기를 버리고 어떤 사람은 도둑의 일에서 손을 떼고 어떤 사람은 출가를 선택하였다.

스승께서 왕사성의 죽림원에 거주하실 때 세상을 편력하는 수행자 사비야에게 옛날의 혈족인 사람에게 들은 말을 명심하고 여섯 스승을 찾아가서 질문했다. 그들은 캇사파, 고오살라, 아지타, 파쿠타, 산자야, 니간타 등이다. 이들은 따르는 무리를 거느린 단체의 스승이며 널리 이름이 알려진 교파의 교조이며 많은 사람으로부터 선인으로 숭배받고 있었다. 그들은 수행자 사비야의 질문을 받고 만족한 대답을 할 수 없었기 때문에 분노와 미움과 두려운 빛을 얼굴에 나타내고는 오히려 수행자에게 반문했다. 이들은 많은 제자를 거느린 단체의 스승으로 널리 이름이 알려지고 또한 교파의 교조로 사람들에게서 선인이라 숭배받고 있다. 내 질문에 만족한 대답하지 못하고 분노와 미움과 두려운 빛을 얼굴에 나타내고 도리어 나에게 반문하였다. 이제 나는 속세에 돌아가 갖가지 욕망이나 누려야겠다고 생각했다. 고타마도 많은 제자를 거느린 단체의 스승이며 널리 이름이 알려진 교파의 교조로서 많은 사람으로부터 선인이라 숭배받고 있다. 이제 나는 고타마를 찾아가리라고 생각했다. 고타마가 어떻게 내 질문에 명확한 답을 줄 수 있을까? 집을 나온 지도 얼마 되지 않았으나 도를 닦는 자가 젊다고 해서 얕보거나 푸대접해서는 안 된다. 그는 비록 나이가 젊더라도 도를 닦는 자이다. 그리하여 수행자 사비야는 왕사성을 향해 발길을 옮겨 죽림원에 계신 스승을 찾아가 뵈었다. 기억에 남을 만한 인사를 하고 한쪽에 앉아서 여쭈었다.

"궁금한 것을 여쭈어보려고 여기까지 왔습니다. 제가 물으면 차례로 법에 따라 분명하게 대답해주십시오?"

"그대는 질문하려고 먼 곳에서 내게 왔다. 그대가 물으면 차례차례로 법에 따라 분명하게 그대를 위해 궁금한 것을 풀어주리다. 무엇이든 원하는 걸 물어보면 나는 하나하나 풀어주리니 물어보라!"

그때 수행자 사비야가 생각하기를 참으로 놀라운 일이다. 정말 진귀한 일이다. 도를 닦는 다른 바라문에게 찾아볼 수 없던 좋은 기회를 주시니 즐겁고 기쁜 마음으로 부처님께 여쭈었다.

"무엇을 얻은 자를 수행승이라 부르며 무엇에 의하여 온화한 자가 될 수 있습니까? 어떻게 하면 자기를 억제한 자라 할 수 있으며 어째서 온전히 깨달은 여래를 눈뜬 자라 부르는지 저에게 말씀해주십시오?"

"사비야여! 스스로 도를 닦아 완전한 평안에 도달하고 의혹에서 벗어나 생존과 쇠망을 버리고 깨끗한 행에 안주하여 이 세상에 거듭나지 않는 자가 수행승이다. 모든 일에 대하여 평정을 가지고 마음이 침착하며 이 세상에서 아무것도 해치는 일이 없이 사나운 물결을 건너 악에 물들지 않고 정욕에 복받치는 일이 없는 자가 온유한 자이다. 온 세상에서 안팎으로 갖가지 감각 기관을 잘 다스려 이 세상을 떠나 죽을 때를 기다려 수양에 힘쓰는 자를 자기를 억제한 자라 한다. 모든 우주의 시간과 운행과 윤회와 생명 있는 자의 삶과 죽음을 아울러 헤아려서 세상에서 깨끗하게 업을 멸해버리기에 깨달은 여래라고 하며 의식의 눈을 떠서 보는 자라 한다."

수행자 사비야는 스승의 설법을 듣고 기쁨을 이기지 못하고 다시 다음과 같이 스승께 여쭈었다.

"무엇을 얻은 자를 바라문이라 부르며 무엇에 의해 사문이라 합니까? 왜 깨끗한 자라고 부르며 어째서 용 같은 자라고 불립니까?"

"사비야여! 모든 악을 물리쳐서 때 묻지 않고 마음을 잘 안정시켜 스스로 안주하며 윤회를 넘어 완전한 자가 되어 구애됨이 없는 자를 바라문이라 한다. 평안에 돌아가 선악을 버리고 온갖 티끌을 떠나 이 세상과 저세상을 알며 생사를 초월한 사람을 사문이라 한다. 온 세상에 있으면서 안팎으로 모든 죄악을 씻어 떨쳐버리고 시간에 지배되는 신들과 인간 속에 살면서도 시간에 얽매이지 않는 자를 깨끗한 자라고 부른다. 그런 자는 이 세상에서 어떤 죄악도 저지르지 않고 모든 속박의 매듭을 풀어버린다. 어느 것에도 사로잡히는 일이 없이 해탈한 사람을 용 같은 사람이라 부른다."

"눈을 뜬 자는 누구를 가리켜 밭의 승자라 부르며 무엇에 의하여 슬기로운 자라 불리고 어찌하여 현자라고 합니까? 저의 물음에 설명해주십시오?"

"사비야여! 하늘의 바탕과 인간의 바탕 등 모든 바탕을 분별하고 모든 바탕의 근원인 속박에서 벗어난 사람이 바탕의 승자라 불린다. 하늘의 창고와 인간의 창고 등 모든 창고를 분별하고 모든 창고의 근원인 속박에서 벗어난 사람이 슬기로운 자라 불린다. 안팎 양면으로 흰 것을 분별하여 맑고 밝은 지혜가 있고 흑백을 초월한 사람이 현자라 불린다. 온 세상에서 안팎으로 옳고 그른 법을 알고 인간과 신들의 숭앙을 받으며 집착의 그물에 벗어난 자가 현자이다."

"무엇을 얻은 자를 베다에 통달한 자라 하며 어떻게 완전히 아는 자라 합니까? 어떻게 하여 정진하는 자가 되고 해탈한 자는 어떤 사람입니까?"

"도를 닦는 자나 바라문이 가진 모든 베다를 분별하여 자기가 감득한 온갖 것에 대하여 탐내는 일이 없이 모든 느낌을 초월한 사람이 베다에 통달한 자이다. 안팎으로 병의 근원인 망상의 명칭과 형태를 분명히 알고 온갖 병의 근원인 속박에서 벗어난 사람은 그 때문에 완전히 깨달은 자라 불린다. 이 세상에서 모든 죄악을 떠나고 지옥의 괴로움을 벗어나 애써 노력하는 사람이 정진하는 자이다. 안팎으로 집착의 근원인 온갖 속박을 끊어버리고 모든 집착이 근원인 속박에서 벗어난 사람이 해탈한 자라 불린다."

"무엇을 얻은 자를 박식한 자라 부르며 무엇에 의하여 거룩하게 됩니까? 또 어떻게 해야 행동이 원만한 자가 되는 편력의 수행자는 누구를 말합니까?"

"사비야여! 가르침을 듣고 나서 세상의 옳고 그른 모든 법을 분명히 알고 의혹을 벗어나 괴로움이 없는 자를 박식한 자라 부른다. 지혜로운 자는 모든 더러운 장애를 끊으며 모태에 들어가는 일이 없다. 여러 가지 생각과 더러움을 없애버리고 분별을 초월한 자를 성자라 부른다. 이 세상에서 해야 할 갖가지 일을 다 하고 슬기롭고 참된 이치를 알아 무슨 일에도 사로잡히지 않고 노여움을 모르는 자를 행실이 원만한 자라 부른다. 위로나 아래로 옆으로나 가운데로 마땅히 괴로움의 과보(果報)가 일어날 행위를 피하며 모든 행동을 잘 알아서 행하는 자가 수행자이다. 거짓과 교만과 탐욕과 분노와 명칭과 형태를 멸하여 얻어야 할 것을 마땅히 얻은 자를 구도자라 부른다."

이때 수행자 사비야는 스승의 설법을 듣고 기쁨을 이기지 못하여 자리에서 일어나 스승께 합장하고 나서 다음과 같은 시를 지어 눈뜬 자이신 스승을 찬양했다.

"도를 닦는 모든 사람의 논쟁에서 명칭과 문자와 뜻에서 일어난 설을 이기시고 지혜 많으신 분은 거센 물결을 건너셨습니다. 스승께서는 괴로움을 멸하고 피안에 도달했습니다. 스승께서는 참된 자이고 온전히 깨달은 여래이며 번뇌의 더러움을 멸한 자라고 생각합니다. 스승께서는 빛이 있고 이해가 깊고 지혜가 풍부합니다. 괴로움을 없앤 분이시여! 스승께서는 저에게 의혹이 있음을 아시고 저를 의혹에서 구해주셨습니다. 저는 스승께 경배합니다. 성자의 길을 보셨으며 마음이 거칠지 않은 태양의 후예이시여! 제가 지난날에 품고 있던 의문을 인자하게 분명히 밝혀주셨습니다. 눈이 뜬 자여! 진실로 깨치신 분이며 장애 되는 것이 하나도 없습니다. 번뇌는 소멸이 되고 끊어진 스승께서는 밝고 깨끗하고 자신을 억제하시며 견고하고 성실하게 사시는 분이십니다. 코끼리 중의 왕이며 위대한 영웅이신 스승께서 말씀하실 때는 모든 신들과 함께 기뻐합니다. 귀하신 분이시며 가장 높으신 분이시여! 저는 경배합니다. 신들을 포함한 온 세계에서 스승과 비교할 만한 이는 없습니다. 깨달으신 분이며 진정한 스승께서는 악마의 정복자이며 현자이십니다. 번뇌의 숨은 힘을 끊고 스스로 건넜으며 또 남들을 건너게 했습니다. 속박을 넘어섰고 모든 번뇌의 더러움을 없앴으며 집착하는 일이 없고 두려움에서 벗어나 있습니다. 아름다운 흰 연꽃이 흙탕물에 물들지 않는 것 같이 스승께서는 선악의 어느 것에도 물들지 않습니다. 용감하신 이여! 두 발을 내밀어주십시오. 사비야는 스승께 경배합니다."

편력의 수행자 사비야는 존귀하신 스승의 두 발에 머리를 대고 절했다.

"존귀하신 스승이시여! 저는 고타마께 귀의 합니다. 저는 스승 곁으로 출가하겠습니다. 그리고 완전한 계율을 받고 싶습니다."

"사비야여! 일찍이 이교도였던 자가 가르침과 계율에 따라 출가하여 완전한 계율을 받고자 한다면 넉 달 동안 따로 살아야 한다. 넉 달이 지난 후 족하다고 생각되었을 때 여러 수행승은 출가시켜 완전한 계율을 받게 하여 수행승이 되게 한다. 사람에 따라 기간의 차이가 있을 것이다."

"존귀하신 스승이시여! 만일 일찍이 이교도였던 자가 이 가르침과 계율에 따라 출가하여 완전한 계율을 받고자 원하는 경우 그렇게 하도록 한다면 저는 넉 달이 아니라 사 년 동안이라도 따로 살겠습니다.

그래서 사 년이 지난 후 족하다고 생각되었을 때 여러 수행승은 저를 출가시키고 완전한 계율을 받게 하여 수행승이 되게 해주십시오."

그러나 편력의 수행자 사비야는 곧 스승의 곁으로 출가하여 완전한 계율을 받았다. 얼마 되지 않아 다른 사람을 멀리하고 홀로 꾸준히 정진하다가 최상의 깨끗한 행을 즐겼다. 깨달음을 얻고자 집을 나와 집 없는 상태에 이르렀으나 이승에서 스스로 깨달은 동시에 이를 입증하고 구현하며 나날을 보냈다. 깨끗한 행은 이미 이루어졌으니 다시는 이러한 생존을 받는 일이 없을 것이다. 그리하여 사비야 장로는 현자의 한 사람이 되었다.

어느 때 스승께서 편력하시다가 지방의 어느 거리에 이르렀을 때 머리를 기른 케니야라는 수행자는 생각했다. 고타마는 사카족의 집에서 출가하여 수행승의 무리와 함께 지방을 편력하시다가 이곳에 이르렀다. 고타마에게는 참된 자, 깨달은 자, 밝은 지혜와 원만한 행을 지닌 자, 복된 자, 세상을 아는 자, 가장 위대한 자, 사람들을 화목하게 인도하는 자, 신들과 인간의 스승, 눈뜬 자, 거룩한 스승이라는 훌륭한 명성이 따르고 있었다. 그는 스스로 깨닫고 증명하시며 신들과 악마와 범천이 있는 세계의 도를 닦는 자와 바라문과 신들과 인간을 포함한 모든 중생에게 가르침을 베푸신다. 그는 처음과 중간과 끝이 훌륭하며 뜻과 문장이 잘 갖추어진 가르침과 원만하고 깨끗한 행을 설법했다. 이렇게 훌륭하고 존경할 만한 어른을 뵙는 건 참으로 복된 일이라고 생각하여 스승이 계신 곳으로 가서 인사를 나누고 한쪽에 가서 앉았다. 스승께서는 케니야에게 설법하시고 용기를 북돋아 기쁘게 해주셨다. 기쁜 마음으로 스승께 말씀드렸다.

"고타마께서는 수행승의 모임에서 내일 제가 드리는 음식을 받아주십시오?"

"수행승의 모임은 그 수가 상당히 많을 뿐만 아니고 그대는 바라문들을 신봉하지 않느냐?"

"고오타마시여! 수행승의 모임은 사람들이 많고 또한 저는 바라문을 섬기고 있지만 내일 제가 드리는 음식을 받아 주십시오?"

"케니야여! 수행승의 모임은 사람들이 많을 뿐만 아니라 그대는 바라문을 신봉하고 있다."

"고오타마시여! 수행승의 모임은 사람들이 많고 또한 저는 바라문을 섬기고 있지만 내일 제가 드리는 음식을 받아주십시오?"

스승께서는 침묵으로 이를 승낙하심을 알고 자리에서 일어나 자기 암자로 돌아가서 친구와 친지 그리고 친척과 친족들에게 말했다.

"친구와 친족이 되시는 여러분은 내 말을 들으십시오. 나는 사문 고타마를 수행승의 무리와 함께 내일 식사에 초대하였습니다. 그러니 나를 도와주기를 바랍니다."

어떤 이는 솥을 걸 구덩이를 파고 어떤 자는 장작을 빠개고 어떤 자는 그릇을 씻고 또 어떤 자는 물병을 준비하며 자리를 마련했다. 그때 바라문 세에라는 아아파나에 살고 있었는데 베다의 오묘한 이치에 통달하여 그 낱말의 활용론과 음운론과 옛 전설의 어구와 문법에 능통하고 유물론이나 위대한 인물의 관상에 통달하여 3백 명의 소년들에게 베다를 가르치고 있었다. 수행자 케니아는 바라문 세에라를 섬기고 있었다. 이때 마침 바라문 세에라는 제자들에게 둘러싸여 있다가 피로를 풀기 위하여 다리를 펴고 여기저기 산책했다. 그러다가 수행자 케니아의 암자에 가까이 갔더니 집회장을 만드는 것을 보고 말했다.

"그대는 아들을 장가라도 들이는가? 딸을 시집이라고 보내는가? 아니면 마가다왕의 군대를 이끌고 내일 식사에 초대라도 되었는가?"

"저에게는 큰 공양이 곧 있게 됩니다. 사카족의 아들인 사문 고타마는 집에서 출가하여 편력하시다 아아파나에 도착했습니다. 고타마는 온전한 깨달음을 이룬 여래이시며 눈뜬 자이고 거룩한 스승이라는 훌륭한 명성이 따르고 있습니다. 저는 그분을 수행승들과 함께 내일 식사에 초대하였습니다."

"그대는 그를 온전한 깨달음을 이룬 여래이시며 눈 뜬 자라고 부르는가? 눈뜬 여래는 이 세상에서 그 목소리조차 듣기가 힘들다. 우리의 성전 속에는 위대한 인물의 상이 전해지고 있다. 이를 구비하고 있는 위인에게는 두 가지 길이 있을 뿐 다른 길은 없다. 만일 그가 집에 머물러 생활한다면 전륜성왕이 되어 정의를 지키는 법왕으로 사방의 정복자로 국토와 백성을 안전케 하며 일곱 가지의 보물을 갖게 될 것이다. 그에게는 지도자라는 보물이 따를 것이다. 또 그에게는 천 명 이상의 아들이 있는데 모두가 용감하여 외적을 용감하게 무찌른다. 그는 이 대지를 사해 끝까지 무력을 쓰지 않고 정의로 정복하고 지배한다. 그런데 그가 만일 출가자가 된다면 깨달은 여래가 되어 이 세상에 덮인 모든 번뇌를 없애게 될 것이다. 그러면 참된 자이며 깨달은 자인 고타마는 지금 어디에 있는가?"

"이쪽으로 푸른 숲이 있는 곳에 부처님이 계십니다."

그리하여 바라문 세에라는 소년들과 함께 스승이 계신 곳으로 떠났다. 그때 같이 온 젊은 바라문에게 말했다.

"그대들은 급히 서둘지 말고 조용히 따라오라. 여러 스승은 사자처럼 홀로 걷는 자이며 가까이하기 어렵기 때문이다. 그리고 내가 사문 고타마와 이야기하고 있을 때 그대들은 옆에서 끼어들어 말하면 안 된다. 내 이야기가 끝날 때까지는 기다리고 있으라."

이에 바라문 세에라는 존귀한 스승이 계신 곳으로 가서 스승께 절하고 나서 한쪽에 가서 앉았다. 그리고 세에라는 스승의 몸에 위인의 상이 있는지 탐지했다. 이리하여 두 가지를 제외하고는 위인의 상이 다 갖추어 있음을 알 수 있었다. 그 두 가지 위인의 상에 대해서는 과연 있을지 의심되어 눈뜬 자임을 믿을 수 없었다. 이 두 가지란 몸 안에 감추어진 상이었다. 그래서 스승은 세에라가 감추어져 있는 상을 볼 수 있도록 했다.

"스승이시여! 당신은 몸이 완전하여 눈부시게 빛나며 태생도 훌륭하고 눈은 보기에도 아름답습니다. 살색은 금빛이고 이는 흽니다. 그리고 태생이 뛰어난 사람이 갖추고 있는 모습은 모두 당신의 몸에 깃들어 있습니다. 눈이 맑고 얼굴빛이 좋으며 몸집이 크고 단정하며 태양처럼 아름답게 빛나 도를 닦는 자들 속에서 당신은 얼핏 보아도 훌륭한 수행자로서 그 피부는 황금처럼 빛나고 용모가 뛰어났으니 무엇 때문에 굳이 도를 닦을 필요가 있습니까? 당신은 전륜성왕이 되어 병정의 주인으로서 사방을 정복하여 인도의 지배자가 되셔야 합니다. 지방의 왕들은 당신에게 충성을 맹세할 것입니다. 왕 중의 왕으로서 인류의 제왕으로서 통치하십시오."

"세에라여! 나는 왕이지만 최상의 진리의 왕이다. 진리로써 거꾸로 돌 수 없는 바퀴를 굴릴 것이니라!"

"당신은 진리를 깨달은 자라고 스스로 말씀하십니다. 당신은 최상의 진리의 왕이며 법에 따라 바퀴를 돌린다고 말씀하십니다. 그럼 누가 당신의 상속자인 제자는 누구이며 굴려진 바퀴는 당신 다음에 누가 굴립니까?"

"세에라여! 내가 굴린 바퀴는 최상의 법륜으로 사리푸트라가 굴리리라. 그는 천상에서 완전한 자를 따라 세상에 태어났다. 나는 알아야 할 것을 이미 알았고 닦아야 할 것을 이미 닦았으며 끊어야 할 것을 이미 끊었다. 그러므로 나는 여래니라. 나에 대한 의혹을 버리라. 깨달은 자를 만나보기란 매우 어려운 일이니 나는 바로 진리를 올바르게 깨달은 자이다. 눈뜬 자가 가끔 세상에 나타나는 것은 그대에게는 매우 얻기 어려운 일인데 나를 믿어도 된다. 나는 번뇌의 화살을 끊어버린 최상의 사람이다. 나는 신선한 자이며 어디에도 비교할 곳이 없으며 악마의 세력을 무찌르고 모든 적을 항복시켜 어떤 것에도 두려움이 없다."

바라문 세에라는 같이 온 소년들에게 말했다.

"너희들은 눈뜬 자의 말을 들어보라. 그는 번뇌의 화살을 끊은 자이며 위대한 영웅이시다. 이는 마치 사자가 숲속에서 포효하는 것과 같이 신성한 자이며 비교할 데가 없다. 악마의 세력을 무찌른 자를 보고 누가 믿지 않겠느냐. 이는 비록 피부가 검은 종족의 자손이라 할지라도 믿을 것이다. 따르려고 원하는 자는 나를 따르라. 나를 따르고 싶지 않은 자는 물러가라. 나는 뛰어난 지혜를 가지신 자의 곁으로 출가할 것이다."

"만일 올바른 도를 깨달은 자의 가르침을 스승이 기뻐하신다면 저희도 뛰어난 지혜를 가지신 여래의 곁으로 출가하겠습니다."

"이들 바라문은 합장하고 원합니다. 스승이시여! 당신의 곁에서 깨끗한 행을 닦고 싶습니다."

"세에라여! 내가 깨끗한 행을 설했다. 이는 곧 눈앞에 선한 업을 가져오리라. 게으르지 않고 출가하여 꾸준히 올바른 길을 닦는 일은 헛된 일이 아니다."

바라문 세에라는 여러 제자와 함께 스승 곁으로 출가하여 완전한 계율을 받았다. 때마침 머리를 기른 수행자 케니야는 밤을 새우고 자기 암자에서 맛이 좋고 부드러운 음식을 마련해 스승께 때가 왔음을 알렸다. 때가 되어 음식을 마련했다. 이에 스승께선 오전 중에 내의와 중의를 입고 바리때를 들고 수행자 케니야의 암자에 이르렀다. 그리고 여러 수행승과 함께 미리 마련된 자리에 앉으셨다. 수행자 케니아는 부처님을 비롯하여 다른 수행자들에게 손수 맛 좋고 부드러운 음식을 나르면서 맘껏 들도록 권했다. 그리고 스승께서 공양을 마치시고 바리때에서 손을 떼시자 한쪽 낮은 자리에 앉았다. 스승은 수행자 케니야에게 다음과 같은 시를 지어 고마운 뜻을 표하셨다.

"공양은 가장 훌륭한 것이다. 베다의 시구 중에서 가장 좋은 것이다. 왕은 인간 중에서 가장 뛰어난 자이며 큰 바다는 모든 하천 중에서 가장 크다. 별 가운데서 태양은 밝히는 것 중에서 으뜸이다. 수행승은 공덕을 바라고 공양하는 사람 중에서 으뜸이니라."

스승께서 시를 지어 수행자 케니야에게 고마운 뜻을 표하고 자리에서 일어나 그곳을 떠났다. 이에 세에라는 자기를 따르던 제자들을 떠나 다른 사람들을 멀리하고 홀로 게으르지 않고 꾸준히 정진하였다. 이윽고 깨달음을 얻기 위해 바로 집을 나와 집 없는 상태에 이르게 되었으나 더 없는 깨끗한 행을 스스로 얻는 동시에 이를 증명하고 구현하여 나날을 보냈다. 이제는 다시 이러한 생존을 얻는 일이 없을 것이라고 깨달았다. 이리하여 세에라 장로는 현자의 한 사람이 되었다. 세에라 장로는 제자들과 함께 스승이 계신 곳으로 가서 옷을 한쪽 어깨에 걸치고 합장하며 다음과 같이 시로 스승에게 여쭈었다.

"눈 뜬 자여! 오늘부터 여드레 전에 저희는 부처님께 귀의하였으나 이레 밤을 지나서 저희는 가르침 속에서 안정을 얻게 되었습니다. 당신께서는 도를 깨달은 자이며 스승이십니다. 당신은 모든 일을 초월하시고 온갖 더러운 번뇌를 멸하셨습니다. 저희는 합장하고 서 있습니다. 스승께 경배하겠습니다."

이같이 나는 들었다. 어느 때 부처님은 수바가 숲의 나무 아래 계셨을 때 제자들에게 이렇게 가르치셨다.

"그대들에게 모든 현상의 뿌리에 관하여 설할 것이다. 여기에 여래의 가르침에 익숙하지 않은 가르침을 듣지 못한 범부들이 있다. 이들은 지, 수, 화, 풍으로 이루어진 육신에 집착하여 육신을 영원한 자아라고 생각하고 나의 것이라고 애착하고 육신에서 즐거움을 찾는다. 그 이유는 실상을 깊이 이해하지 못하기 때문이다. 또한 각각의 현상에 집착하여 변화하는 본성을 보지 못하고 그것들을 영원한 자아라고 생각하고 나의 것이라고 집착하여 즐거움을 찾는다. 그 이유도 실상을 깊이 이해하지 못하기 때문이다. 여기에 아직 목표에는 도달하지 않았으나 속박에서 벗어나 최상의 평온을 구하려고 최선의 정진을 하는 사람들이 있다. 그들은 육신에 집착하지 않으며 육신을 있는 대로 알고 육신을 영원한 자아라고 생각지 않는다. 나의 것이라고 애착하지 않으며 육신에서 즐거움을 찾지도 않는 이유는 실상을 온전히 이해하기 때문이다. 또한 각각 변화하는 현상을 보며 실상을 온전히 이해하기 때문에 거기에 집착하지 않는다. 그것들을 영원한 자아라고 생각하지 않으며 나의 것이라고 집착하지 않고 거기에서 즐거움을 찾지 않는다. 아라한은 번뇌를 부수고 청정한 삶을 살고 할 일을 마쳤다. 짐을 내려놓고 최상의 목표를 성취하고 존재의 속박을 부수고 완전하고도 심오한 지혜에 의하여 해탈한 사람이다. 그는 실상을 온전히 이해하기 때문에 육신에 집착하지 않는다. 있는 대로 알며 육신을 영원한 자아라고 생각지 않는다. 나의 것이라고 애착하지 않으며 육신에서 즐거움을 찾지 않는다. 그는 탐욕과 성냄과 어리석음을 쳐부수어 벗어났기 때문이다. 여기에 여래는 온전한 깨달음을 얻었다. 여래는 육신에 집착하지 않으며 육신을 육신으로 있는 대로 알며 육신을 영원한 자아라고 생각지 않는다. 육신을 나의 것이라고 애착하지 않으며 육신에서 즐거움을 찾지 않는다. 그 이유는 있는 것을 있는 그대로 보고 온전히 이해하기 때문이다. 여래는 즐거움이란 괴로움의 뿌리임을 알며 존재에서 태어남이 있으며 존재하는 것은 무엇이든지 늙고 죽는다는 것을 알기 때문이다. 그러므로 여래는 갈망과 애착과 갈망을 완전히 부수고 사라지게 하고 소멸하고 버림으로써 최상의 완전한 깨달음을 얻었다."

"어떤 사람을 보고 승리자라고 합니까?"

"육신의 움직임은 걷거나 서거나 앉거나 눕거나 몸을 굽히거나 펴기도 한다. 육신은 뼈와 근육으로 연결되어 내피와 살로 쌓이고 표피에 덮여 있기에 있는 그대로를 볼 수 없다. 육신은 위와 장으로 가득 차 있으며 또 간·방광·신장·폐·신장·비장이 있다. 콧물·점액 즙·지방·피·관절액·담즙·기름이 있다. 또한 아홉 구멍으로는 언제나 더러운 게 흘러나온다. 눈에서는 눈곱이 나오고 귀에서는 귀지가 나오며 코에서는 콧물이 나오고 입에서는 침을 뱉거나 가래를 뱉는다. 온몸에서는 땀과 때를 배설한다. 그리고 머리는 뇌수로 가득 차 있다. 어리석은 사람은 무명에 끌리어 이것을 깨끗한 것으로 안다. 육신은 죽어 넘어지면 부풀어 오르고 검푸르게 되며 무덤에 버려져 친척도 그것을 돌보지 않는다. 개와 들 여우 그리고 늑대나 벌레들이 파먹고 까마귀와 솔개나 그 밖의 것들이 쪼아 먹는다. 이 세상에서 지혜로운 수행자는 깨달은 자의 말을 듣고 완전하게 이해한다. 왜냐하면 그는 있는 일을 있는 그대로 보기 때문이다. 저 죽은 육신도 산 육신과 같았다. 산 육신도 저 죽은 육신처럼 될 것이라고 안팎으로 육신에 대한 욕심에서 떠나야 한다. 이 세상에서 애욕을 떠난 지혜로운 수행자는 불사와 평안을 누리는 영원한 열반의 경지에 도달했다. 인간의 육신을 깨끗하지 못하고 악취가 나며 꽃이나 향으로 보호된다. 여러 가지 더러운 물질이 여기저기서 흘러나온다. 이런 육신을 가지고 있으면서 자신을 훌륭한 존재로 생각하고 남을 멸시한다면 그는 눈먼 자가 아니고 무엇이랴?"

"어떤 사람을 보고 성자의 깨달음이라고 합니까?"

"사람들은 가정생활을 하기에 애욕으로 인한 더러운 먼지가 일어나지 않을 수가 없다. 그러나 깨달음을 원하는 수행자는 가정생활을 떠나서 애욕을 버리려고 노력하는 것이 바로 성자의 깨달음이다. 이미 일어난 번뇌의 싹은 잘라버리고 이를 다시 심는 일이 없으며 또 현재 일어나는 번뇌를 키워나가지 않고 혼자서 걸어가는 자를 성자라 한다. 저 위대한 선인은 평안의 경지를 본 것이다. 번뇌가 일어나는 근본을 통찰하고 그 씨앗을 분별하여야 한다. 이에 애착을 느끼는 마음을 기르지 않는다면 그는 실로 생을 떠나 극락을 보는 성자로 망상을 버려 미망에 빠진 부류에 끼지 않는다. 모든 집착이 일어나는 곳을 알고 그 어느 정도 원하지 않으며 탐욕에서 떠나 아무것도 바라지 않는 성자는 애써 구하는 일이 없다."

"여래는 이미 피안에 도달했기 때문입니까?"

"모든 것을 이기고 온갖 것을 알며 대단히 총명하여 여러 사물에 더럽혀지지 않으며 일체를 버리고 애착을 없애 해탈한 자를 성자로 안다. 지혜의 힘이 있고 계율과 약속을 잘 지키며 마음이 통일되어 선정을 즐기며 생각이 깊고 집착에서 떠나있고 거칠지 않으며 번뇌에 더럽혀지지 않은 현자들은 그를 성자로 안다. 혼자서 가며 게으르지 않은 성자 그리고 비난과 찬양에 마음이 이끌리지 않고 소리에 놀라지 않는 사자와 같이 그물에 걸리지 않는다. 바람처럼 물에 더럽혀지지 않는 연꽃같이 남에게 인도되는 일 없이 남을 인도하는 이런 현자들은 그를 성자로 안다. 남들이 입을 모아 찬양하거나 비난을 퍼붓더라도 목욕탕의 기둥처럼 태연히 우뚝 서서 애욕으로부터 떠나 모든 감관(感官)을 잘 진정시키는 이런 현자들은 그를 성자로 안다. 몸가짐을 단정히 하고 모든 악행을 혐오하며 옳고 그른 것을 통찰하는 이런 현자들은 그를 성자로 안다. 자제하여 악을 행하지 않으며 젊거나 중년이 되어서도 성자는 자신을 억제한다."

"남을 괴롭히지도 않고 괴로움을 당하지도 않는 이가 성자입니까?"

"남이 주는 것으로 생활하고 새 음식이나 먹던 음식이나 나머지 음식을 얻더라도 그 음식을 준 사람을 치하하거나 비웃는 일이 없는 이런 현자들은 그를 성자로 안다. 성의 교접을 끊고 어떤 젊은 여자에게도 마음 주지 않으며 교만하거나 게으르지도 않은 속박에서 해탈한 이런 현자는 그를 성자로 안다. 세상을 잘 이해하고 최고의 진리를 보며 거센 물결과 바다를 건넌 사람이나 속박을 파괴하고 의지하지 않으며 번뇌에 물들지 않은 이런 현자는 그를 성자라 한다. 집에 머물거나 출가한 자의 거처와 생활이 다르다. 집에 머물러 있는 자는 아내를 부양하나 계율을 잘 지키는 자는 무엇이나 내 것이라고 집착하는 생각이 없다. 집에 머물러 있는 자는 다른 생명을 해치며 절제하기가 어려우나 출가자는 자제하여 언제나 생명 있는 자를 지킨다. 마치 하늘을 나는 공작새가 백조처럼 빨리 날 수 없는 것처럼 집에 머물러 있는 자는 세상을 멀리하고 숲속에서 고요함에 잠겨 사유하는 자나 수행자에게 미치지는 못한다."

"세상에서 가장 귀한 보물은 무엇입니까?"

"이 세상이나 저세상에 있는 어떤 재물과 천계의 훌륭한 보물이라 할지라도 완전히 깨달은 여래와 같은 존재는 없다. 이 훌륭한 보물은 눈뜬 자에게 존재한다. 이 진리에 따르면 복되리라. 마음을 통일한 여래에게서 도달한 번뇌의 소멸과 욕망으로부터의 이탈과 죽음도 뛰어넘는 이치를 보는 법은 아무 곳에도 존재하지 않는다. 이 훌륭한 보물은 법 속에 존재한다. 가장 뛰어난 여래가 찬탄한 깨끗한 마음의 안정을 사람들은 빈틈없는 마음의 안정이라고 한다. 이 훌륭한 보물은 이치 속에 존재한다. 선량한 자들이 찬양하는 여러 무리의 사람은 이러한 이들은 복된 사람이며 보시를 받을 만한 사람들이다. 그들에게 베푼 사람은 커다란 인과의 결과를 받으리라. 이 훌륭한 보물은 모임 속에 있다. 마음을 굳게 갖고 애써 노력하고 여래의 가르침에 따라 욕심이 없으며 불사를 얻어 마땅히 도달해야 하는 경지에 이르며 보상 없이 얻어서 평안의 즐거움을 즐긴다. 이 훌륭한 보물은 모임 속에 있다. 마치 성문 밖에 서 있는 기둥이 땅속 깊이 묻히면 사방에서 불어오는 바람에도 흔들리지 않는 것같이 성스러운 진리를 얻어 통찰한 선량한 자들은 이와 같은 것이라고 나는 말한다. 깊은 지혜를 가진 사람이 말한 성스러운 진리를 분명히 아는 자들은 아무리 방심하는 일이 있어도 영향을 받지 않는다. 자신을 실제라고 보는 견해와 의혹과 외형적인 계율이 조금이라도 남아 있다면 그가 지혜의 견해를 성취하는 즉시 그것들을 버리게 된다. 그들은 지옥 같은 나쁜 곳에서 떠나 무거운 죄를 면하게 된다. 또 그는 몸과 말과 마음속으로 조금이라도 악한 일을 하게 되면 이를 감출 수 없다. 이는 깨달음의 경지를 본 사람은 감출 수 없기 때문이다. 여름철 첫더위에 우거진 나뭇가지가 꽃을 피우듯이 그와 같이 평안에 이르는 오묘한 법을 말했다. 이익이 되는 최상의 일들을 위해서 이 훌륭한 보물이 눈뜬 자에게 있다. 가장 빼어난 것을 알고 가장 빼어난 것을 주고 가장 빼어난 것을 가져오는 가장 높으신 자가 오묘한 법을 말했다. 이 훌륭한 보물이 눈뜬 자에게 있다. 묵은 업(業)은 이미 다하고 새것은 아직 생기지 않았다. 그 마음은 앞날의 생존에 사로잡히지 않고 종자를 없애고 그 성질을 원치 않는 현자들은 등불처럼 멸한다. 여기 모인 지상에 있거나 공중에 있거나 모든 신과 인간들이 다 같이 섬기는 완성된 눈뜬 자를 예배하고 완성된 진리와 모임에 예배하면 복되리라."

제3부
수행과 공덕

수행과 공덕

어느 때 부처님은 사카족이 사는 마을의 승원에 계셨을 때 마하나마가 부처님께 이렇게 말씀드렸다.

"부처님! 제가 신도가 되려면 어떻게 해야 합니까?"

"붓다와 진리의 가르침과 승가에 귀의하면 재가 신도가 된다."

"재가 신도는 어떻게 계와 행을 갖추는 것입니까?"

"재가 신도는 생명을 죽이지 않고 주지 않는 것을 훔치지 않으며 삿된 음행을 하지 않고 거짓말하지 않으며 취하게 하는 술을 마시지 않는다. 이처럼 생활 속에서 지키는 것이 재가 신도의 계와 행이다."

"재가 신도는 어떻게 믿음을 성취하는 것입니까?"

"여래의 깨달음에 대하여 믿음을 갖는다. 온전히 깨달은 여래는 지혜와 덕행을 갖추었고 바른길로 가며 세상에 누구와도 견줄 수가 없는 분이다. 사람을 길들이고 신과 인간의 스승이며 깨달으신 존귀하신 분이라고 재가 신도는 믿음을 성취한다."

"재가 신도가 어떻게 보시를 성취하는 것입니까?"

"재가 신도는 집에 살면서 인색함의 때가 없는 마음으로 걸림 없이 너그럽게 아낌없이 베풀면 된다. 남에게 주는 것에 기쁨을 느끼며 남을 위해 자선을 베풀며 기뻐하는 재가 신도는 보시를 성취한다."

"재가 신도가 어떻게 지혜를 성취하는 것입니까?"

"지혜로운 재가 신도는 생성과 소멸에 대하여 거룩하고 꿰뚫어 보는 지혜이며 괴로움의 완전한 소멸로 이끄는 재가 신도는 지혜를 성취한다."

이같이 나는 들었다. 어느 때 기원정사에 계셨을 때 부처님은 두려움과 증오의 극복에 대하여 아나타핀디카 장자를 위하여 설법하셨다.

"첫째로 생명을 죽이는 사람은 그런 행동으로 인하여 현생과 내생에 두려움과 증오가 일어나고 정신적으로 괴로움과 슬픔을 겪습니다. 그러나 생명을 죽이지 않는 사람에게는 두려움과 증오가 가라앉습니다. 두 번째로 주지 않는 것을 훔치는 사람은 그런 행동으로 인하여 현생과 내생에 두려움과 증오가 일어나고 정신적으로 괴로움과 슬픔을 겪습니다. 그러나 주지 않는 것을 훔치지 않는 사람에게는 두려움과 증오가 가라앉습니다. 셋째로 삿된 음행을 하는 사람은 그런 행동으로 인하여 현생과 내생에 두려움과 증오가 일어나고 정신적으로 괴로움과 슬픔을 겪습니다. 그리고 삿된 음행을 하지 않는 사람에게는 두려움과 증오가 가라앉습니다. 네 번째로 거짓말을 하는 사람은 그런 행동으로 인하여 현생과 내생에 두려움과 증오가 일어나고 정신적으로 괴로움과 슬픔을 겪습니다. 그러나 거짓말을 하지 않는 사람에게는 두려움과 증오가 가라앉습니다. 다섯 번째로 취하게 하는 술을 마시는 사람은 그런 행동으로 인하여 현생과 내생에 두려움과 증오가 일어나고 정신적으로 괴로움과 슬픔을 겪습니다. 그러나 취하게 하는 술을 마시지 않는 사람에게는 두려움과 증오가 가라앉습니다."

비구들은 사미승들이 수련하기 위하여 지켜야 할 계율은 몇 가지나 될지 부처님께 여쭈었다.

"사미승이 수련을 위하여 지켜야 할 계율은 열 가지이니 열 가지를 닦아야 한다."

  1. 살생하지 말라.
  2. 주지 않는 것을 훔치지 말라.
  4. 거짓말을 하지 말라.
  5. 술을 마시지 말라.
  6. 때아닌 때 먹지 말라.
  7. 춤 노래 음악을 멀리하라.
  8. 화환 향수 화장품으로 치장하지 말라.
  9. 높고 큰 침상을 사용하지 말라.
  10. 금과 은을 받지 말라.

어느 날 부처님은 계율과 관련하여 말씀하셨다.

"내가 홀로 고요하게 있을 때 나는 이미 수행승들을 위하여 계율을 정하였으니 비구들을 위하여 계율을 외우도록 만들면 어떨지 생각하였다. 독송은 계율을 행함에 있어 공식적인 예식이 될 것이다. 비구들이여! 이같이 독송하여야 한다. 노련하고 유능한 사람이 대중 앞에서 이렇게 말하여야 한다.

'승가 대중은 내 말을 들으십시오. 오늘 15일은 포살 날입니다. 승가 대중이 옳다고 여기면 포살을 행하여야 하며 계율을 독송하여야 합니다. 승가 대중의 첫 번째 의무는 무엇입니까? 저는 계율을 독송할 것입니다. 모두 주의를 기울여 잘 들으십시오. 계율을 위반한 사람은 그것을 드러내야 합니다. 만일 계율을 위반한 것이 없으면 침묵하십시오. 침묵하면 청정하다고 저는 알겠습니다. 각각의 질문에 대중들은 답을 하여야 합니다. 이같이 대중들은 세 번씩 답을 선언하여야 합니다. 만일에 세 번 선언하는 동안 계율의 위반을 기억하고도 드러내지 않으면 그것은 의도적인 거짓말이 됩니다. 알면서도 거짓말을 하는 것을 걸림돌이라고 부처님은 말씀하셨으므로 청정해지기를 원하는 사람은 계율을 위반한 것이 기억나면 드러내야 합니다.'

이렇게 비구들은 포살을 행할 때 드러냄으로써 편안하게 된다."

어느 때 부처님은 비구들과 함께 코살라의 브라만 마을에 도착하셨을 때 브라만 장자들은 사카족에서 출가한 고타마가 비구들과 함께 코살라에 도착하였다고 들었다. 그분은 자신의 온전한 지혜로 깨달아 다른 사람들에게 설법하신다. 그의 가르침은 훌륭한 뜻을 가진 문장으로 온전히 청정한 성인의 삶을 보여준다. 그래서 브라만 장자들은 부처님을 찾아갔다. 그들 중 어떤 사람은 부처님께 예를 올리고 한쪽에 앉았고 어떤 사람은 부처님께 예를 올리고 인사말을 하고 친절한 말을 한 후 자리에 앉았고 또 어떤 사람은 두 손을 모아 합장을 한 후 자리에 앉았고 어떤 사람은 자기의 이름과 가문을 말한 후 자리에 앉았고 또 어떤 사람은 조용히 아무 말도 없이 한쪽에 앉았다. 브라만 장자들은 부처님께 이같이 말하였다.

"고타마여! 저희의 소원은 아이들이 북적대는 집에서 사는 것이고 백단향을 즐기고 싶고 화환을 걸고 싶고 향수와 화장품을 바르고 싶습니다. 죽은 후에는 좋은 곳인 천상 세계에 태어나고 싶습니다. 저희는 이와 같은 소원과 욕망이 있기에 합당한 가르침을 주십시오?"

"그대들 각자에게 이익을 가져오는 가르침을 설하겠소. 장자들이여! 거룩한 제자는 이같이 살핍니다. 나는 살고 싶고 죽고 싶지 않으며 즐거움을 원하고 괴로움을 싫어한다. 그러므로 만일 어떤 사람이

나의 생명을 빼앗는다면 그것은 기분 나쁜 일이며 유쾌한 일이 아니다. 나와 마찬가지로 다른 사람도 살기를 원하고 죽고 싶지 않으며 즐거움을 원하고 괴로움을 싫어한다. 그러므로 내가 만일 다른 사람의 목숨을 빼앗는다면 그것은 그에게 기분 나쁜 일이며 유쾌한 일이 아니다. 나에게 기분 나쁘고 유쾌한 일이 아닌 것은 남에게도 기분 나쁘고 유쾌한 일이 아니다. 나에게 기분 나쁘고 유쾌하지 않은 걸 어떻게 남에게 행하랴! 이같이 살펴보기 때문에 그는 살아있는 생명을 죽이지 않으며 남에게도 죽이지 않도록 권하고 죽이지 않는 것을 찬탄합니다. 세 가지에 의해 몸의 행위는 깨끗해집니다.

　장자들이여! 다시 거룩한 제자는 이같이 살핍니다. 만일 어떤 사람이 주지 않는 것을 훔치지 않으며 남에게 훔치지 않도록 권하고 훔치지 않는 것을 찬탄합니다. 세 가지에 의해 몸의 행위는 깨끗해집니다.

　장자들이여! 다시 거룩한 제자는 이같이 살핍니다. 만일 누군가 나의 아내와 간통한다면 그것은 나에게 기분 나쁜 일이며 유쾌한 일이 아니다. 마찬가지로 성적인 부정행위를 하지 않으며 남에게도 성적인 부정행위를 하지 않도록 권하고 성적인 부정행위를 하지 않는 것을 찬탄합니다. 세 가지에 의해 몸의 행위는 깨끗해집니다.

　장자들이여! 다시 거룩한 제자는 이같이 살핍니다. 만일 누군가 거짓말을 해서 나의 이익을 훼손한다면 그것은 나에게 기분 나쁜 일이며 유쾌한 일이 아니다. 마찬가지로 거짓말을 하지 않으며 남에게도 거짓말을 하지 않도록 권하고 거짓말을 하지 않는 것을 찬탄합니다. 세 가지에 의해 입의 행위는 깨끗해집니다.

　장자들이여! 다시 거룩한 제자는 이같이 살핍니다. 만일 누군가 이간질과 악담과 쓸데없는 잡담하는 말을 해서 내 친구와 나를 갈라 놓는다면 그것은 나에게 기분 나쁜 일이며 유쾌한 일이 아니다. 마찬가지로 이간질과 악담과 쓸데없는 잡담을 하지 않으며 남에게도 하지 않도록 권하고 이간질과 악담과 쓸데없는 잡담을 하지 않는 것을 찬탄합니다. 세 가지에 의해 입의 행위는 깨끗해집니다."

"고타마여. 정말 훌륭하십니다. 저희는 오늘부터 부처님과 가르침과 승가에 귀의하니 저희를 재가 신자로 받아 주십시오. 생명이 다하도록 부처님께 귀의합니다."

어느 때 코삼비의 비구들은 자기의 말에 동조하는 무리를 지어 무리와 서로 다투게 되었다. 그때 어떤 비구가 부처님께 비구들의 논쟁에 대하여 말씀드리고 그들을 타이르기를 청하였다.

"그대들의 의견이 서로 다르다고 해서 어떤 비구를 벌을 주어야 한다고 생각해서는 안 된다. 잘못이 있을 때는 믿음으로 고백하여야 한다. 승단이 서로 다투고 논쟁하고 시끄러운 싸움이 일어난다면 결국 승단은 불화가 일어나고 분열될 것이다. 비구들이여! 더 이상 다투지 말고 싸우지 말고 논쟁하지 말라!"

"세존께서는 걱정하지 마시고 하루하루 편안히 기다리며 지내십시오. 이 다툼과 논쟁은 저희가 알아서 해결하겠습니다."

"원한은 원한에 의해서 사라지지 않으니 출가한 비구들은 잘 설해진 가르침과 계율에 서로 인내하고 따뜻하게 대하여 다투지 말고 화목해야 한다. 그런데 비구들이 뉘우치는 기색이 보이지 않고 서로 똑같이 고함을 치지만 아무도 자신의 어리석음을 모른다. 승단이 분열하려고 하는데도 자신의 이익만 생각한다. 산만한 재치로 지혜로운 척하면서 온갖 거짓말을 하고 있다. 입을 크게 벌렸지만 가져올 결과를 알지 못하는구나! 그가 나를 욕한다거나 해쳤다거나 이겼다거나 빼앗았다고 집착하는 사람에게는 원한은 가라앉지 않는다. 원한이 아닌 것으로만 가라앉는 것이 변함없는 진리이다."

부처님은 대중을 가르치신 후 다른 마을로 떠나셨다. 이곳에서 수행하고 있는 비구를 방문하여 어려움 없이 수행을 잘하고 있는지 물으시고 그를 격려하신 후 숲으로 가셨다. 그곳에 수행하고 있는 이들에게도 어려움 없이 수행을 잘하고 있는지 물으신 후 그들을 격려하고 다시 파릴레야에 도착하여 숲의 나무 아래 계셨을 때 이런 생각이 떠올랐다.

"나는 이곳에 오기 전에 코삼비 비구들의 논쟁으로 괴로웠다. 그들은 승단에서 싸우고 논쟁하고 계율의 문제를 제기하여 나는 편치 않았다. 그러나 지금 나는 홀로 다투고 논쟁하는 비구들로부터 떠나 있으니 내 마음은 편안하구나!"

코삼비의 신도들은 비구들의 다툼이 우리에게 손실을 많이 가져왔다고 생각하였다. 부처님은 이 비구들의 괴롭힘으로 말미암아 여기를 떠나셨으니 비구들에게 인사도 하지 말고 일어서지도 말고 합장하지도 말자. 신자가 할 일을 하지도 말고 존경도 공경하지도 말고 그들이 탁발 나와도 공양 올리지 말자. 이같이 그들이 신도들로부터 존경도 받지 못하고 공경도 받지 못하면 그들은 승단을 떠나든지 아니면 부처님께 나아가 화해할 것이다. 그래서 신도들로부터 존경과 공경도 받지 못하고 공양도 얻을 수 없게 되자 비구들은 부처님을 뵙고 이 계율의 문제를 해결하자고 말하였다. 그래서 모두 부처님께 나아가 잘못한 비구는 참회하고 자신이 잘못했음을 고백하였다. 상대방 비구들에게도 잘못을 고백하고 모두 서로 화해하게 되었다. 부처님은 이런 복권예식 직후에 포살 예식을 행하고 계율을 암송하라고 말씀하셨다.

어느 때 부처님이 기원정사에 계셨을 때 서로 친한 몇 명의 비구들이 코살라국의 어떤 거주지에서 우기에 안거하게 되었다. 그들은 어떻게 하면 모두가 서로 친근하게 화합하면서 편안한 안거를 보낼 수 있을지 생각하였다. 그래서 그들은 서로 말을 하지 않았고 상대방에게 말을 걸지도 않았다. 그때 안거를 마친 비구들이 부처님을 뵈러 가는 것이 관례였다. 그래서 비구들도 3개월의 안거를 마치고 가사와 발우를 들고 길을 떠났다. 기원정사에 도착하여 부처님께 예를 올리고 한쪽에 앉았다. 부처님은 외지에서 온 비구들과 친근한 인사를 나누는 것이 관례였다. 부처님은 이렇게 말씀하셨다.

"비구들이여! 서로 친근하게 화합하면서 편안한 안거를 보냈는가? 탁발하는 데 어려움은 없었는가?"

"부처님. 저희는 서로 친근하게 화합하면서 편안한 안거를 보냈습니다. 탁발하는 데 어려움은 없었습니다."

"그대들은 어떻게 서로 친근하게 화합하면서 편안한 안거를 보내고 탁발하는 일도 어렵지 않았는가?"

"저희는 어떻게 하면 모두가 서로 친근하게 화합하면서 편안한 우기 안거를 보낼 수 있을지 생각하였습니다. 그래서 서로 말하지 말고 각자 할 일을 하였습니다. 이렇게 서로 말을 하지 않았고 상대방에게 말을 걸지도 않았습니다. 그래서 저희는 서로 화합하면서 편안한 안거를 보냈고 탁발하는 일도 어려움이 없었습니다."

"참으로 어리석은 사람들은 불편하게 보냈으면서도 편안하게 보낸 것처럼 말한다. 짐승처럼 모여 살았으면서도 편안하게 보냈다고 한다. 양들이 모여 사는 것처럼 살았으면서도 편안하게 살았다고 한다. 게으른 사람들이 모여 사는 것처럼 살았으면서도 편안하게 살았다고 한다. 어떻게 어리석은 사람이 다른 교단의 벙어리 수행의 계율을 지킬 수 있다는 말인가?"

부처님은 이렇게 꾸짖으시고 합당한 말씀을 하신 후 이렇게 말씀하셨다.

"다른 교단의 벙어리 수행의 계율을 지켜서는 안 된다. 누구든지 그렇게 하는 사람은 잘못을 범하는 것이다. 안거를 끝마친 비구들은 함께 모여 대중에게 세 가지를 물어야 한다. 자기의 잘못을 본 것이 있는지 자기의 잘못을 들은 게 있는지 자기의 잘못이라고 의심되는 것이 있는지 세 가지를 대중에게 말해달라고 요청하여야 한다. 이것은 서로를 위하여 좋은 것이며 계율을 어기지 않게 하며 계율을 파악하는 데 목적이 있다. 이같이 하여야 한다. 유능하고 노련한 사람이 대중 앞에서 이렇게 말해야 한다. 승가 대중은 말을 들으십시오. 오늘은 포살 날이니 만일 대중이 옳다고 여기면 포살을 행하십시오. 한 장로 비구가 가사를 어깨에 걸치고 합장하고 무릎을 꿇고 앉아서 이렇게 세 번 계율을 말해야 한다. '비구 대중께 요청하니 부디 나에 대하여 본 것과 들은 것과 의심되는 것에 대하여 자비로써 지적해주시면 고치겠습니다.'

장로부터 새로 계 받은 사람 순으로 모두 이렇게 세 번 묻는다. 각 사람이 무릎을 꿇고 앉아 포살하는 동안에는 대중이 모두 같이 무릎을 꿇고 앉아야 한다. 그의 요청이 끝나면 다시 자리에 앉아도 된다."

어느 때 부처님은 사왓티의 동쪽 승원의 강당에 비구들과 함께 계셨는데 보름날 포살 날에 부처님은 자자 법회 예식을 하시려고 옥외에서 많은 비구의 무리에 둘러싸여 앉아 계셨다. 잠잠한 비구들을 둘러보고 나서 부처님은 말씀하셨다.

"비구들이여! 그대들에게 청하건대 나의 말과 행동의 어떤 것도 비난받을 만한 것이 있었는가?"

이때 사리푸트라 존자가 말하였다.

"스승의 말과 행동에 아무것도 비난할 것이 없습니다. 스승께 청하옵건대 제 말과 행동에 어떤 책망할 만한 것이 있었다면 말씀해 주십시오."

"사리푸트라여! 그대의 말과 행동에 아무것도 책망할 것이 없다."

"저에게 책망할 것이 없으시다면 여기 비구들에게 말과 행동에 책망할 것이 있으면 말씀해 주십시오?"

"사리푸트라여! 비구들의 말과 행동에도 아무런 책망할 것이 없다."

이때 방기 이사가 자리에서 일어나 부처님께 말하였다.

"부처님! 저에게 좋은 게송으로 떠올랐습니다."

"그렇다면 그대의 게송을 말해보라?"

"보름날 청정함을 위하여 비구들이 함께 모였네. 구속과 속박을 끊고 태어남과 괴로움에서 벗어난 선인들. 마치 대신들에 둘러싸인 전륜성왕이 깊은 바다로 둘러싸인 강대한 영토를 둘러보는 것 같은 전쟁의 승리자. 위없는 대상의 지도자에게 세 가지 지혜에 정통하고 윤회에서 벗어난 제자들이 예배드리네. 우리 모두 부처님의 진정한 아들이며 여기에 쭉정이는 없네. 태양의 후예여! 나는 예배드리네."

어느 날 비구들은 계율에 대하여 망설임이 일어나 부처님께 궁금하게 생각한 내용을 여쭈었다.

"부처님이시여! 계율은 언제 어떤 경우에 지켜야 하며 부처님이 허락하셨는지 아니면 허락하지 않으셨다면 지켜야 하는지요?"

"이것은 해서는 안 된다고 금하지는 않았지만 만일에 이것을 해서는 안 된다는 생각이 들거나 나쁜 일이라고 판단 될 때 범해서는 안 된다. 이것은 해도 된다고 허락하지는 않았으나 옳은 일이라는 생각이 들 때 행하는 것이 좋다."

그때 어떤 비구들은 조각을 이어 붙이지 않은 호화스러운 상아색 가사를 입고 다니는 것을 보고 신도들이 비난하였다. 비구들은 이 일을 부처님께 말씀드렸다.

"비구는 누구든지 화려한 가사를 입어서도 안 되며 보시한 물건은 아껴서 사용해야 한다. 그러니 조각을 잇지 않은 가사를 입어서는 안 된다."

어느 때 부처님은 길 가는 도중 마가다국의 들판을 지나게 되었다. 논들은 줄이 질서 정연하고 선이 질서 정연하고 논둑이 질서 정연하고 네모나게 잘 배열되어 있었다. 부처님은 이것을 보시고 나에게 말씀하셨다.

"아난다야! 저 줄과 선과 둑이 질서 정연하고 네모나게 잘 배열된 마가다의 들판이 보이느냐? 너는 이 들판과 같이 비구들의 가사를 만들 수 있겠느냐?"

나는 몇 벌의 가사를 만들어 부처님께 보여드렸다. 부처님은 비구들에게 이렇게 말씀하셨다.

"비구들이여! 아난다는 참 총명하다. 내가 간단하게 말하였는데도 자세하게 이해할 정도로 뛰어난 지혜를 가지고 있다. 여기저기 조각을 잇고 솔기를 만들어 훌륭히 만들었다. 잘라낸 조각들은 기워야 한다. 이것이 수행자에게 어울리는 것이며 아무도 탐내지 않는다. 잘라낸 조각들은 버리지 말며 아끼고 기워서 만들어야 한다."

"보시의 청정에 대하여 말씀해 주십시오?"

"아난다야! 보시의 청정에는 보시하는 자는 청정하고 받는 자는 청정하지 못한 보시가 있고 보시하는 자는 청정하지 못하지만 받는 자는 청정한 보시가 있다. 보시하는 자도 받는 자도 모두 청정하지 못한 보시가 있고 보시하는 자도 받는 자도 모두 청정한 보시가 있다. 계와 행을 지키는 사람이 지키지 않는 사람에게 행위의 과보(果

報)가 크다는 믿음을 가져야 한다. 바르게 얻은 것을 기꺼이 보시하면 보시하는 사람의 계와 행이 보시를 청정하게 한다. 탐욕을 떠난 사람이 탐욕을 떠난 사람에게 행위의 결과가 크다는 믿음을 가져야 한다. 바르게 얻은 것을 기꺼이 보시하면 그 보시는 이 세상의 보시 중 최상의 보시라고 나는 말한다. 몸의 청정함이란 살생하지 않고 도둑질하지 않고 삿된 음행 하지 않는 것이다. 말의 청정함이란 거짓말하지 않고 이간질하지 않고 악담하지 않고 잡담하지 않는 것이다. 마음의 청정함이란 탐욕을 부리지 않고 악한 마음을 품지 않고 바른 견해를 갖는 것이다."

어느 때 부처님은 기원정사에 계셨을 때 새로 계율을 받은 비구가 탁발에서 돌아와 식사를 마치고 처소로 들어가 아무것도 하지 않았다. 침묵 속에서 사유하고 탐구하며 깨닫는 일에만 시간을 보냈다. 그래서 그는 비구들이 가사를 만드는 일을 돕지 않았기에 비구들이 부처님께 이 일을 말씀드리자 부처님은 그 비구를 부르시고 비구들의 이야기가 사실이냐고 물으셨다. 이에 그 비구는 대답하기를 해야 할 일을 하고 있다고 대답하였다. 부처님은 이 비구 마음의 반응을 보시고 비구들에게 이 비구를 괴롭히지 말라고 말씀하시고 게송으로 이렇게 말씀하셨다.

"깨닫는 일에 정진함은 태만한 것이 아니고 노력함이 부족한 것이 아니니 모든 괴로움에서 벗어나 열반을 성취할 것이다. 이 젊은 비구는 실로 최상의 사람이니 악마를 쳐부수고 최후의 몸을 얻을 것이다."

어느 때 부처님은 사왓티에 계셨을 때 부처님 이모의 아들인 난다는 잘 다듬은 가사를 입고 두 눈가에 칠을 하고 윤기가 나는 발우를 들고 부처님께로 갔다. 부처님은 난다를 보고 말씀하셨다.

"난다야! 믿음을 가지고 집을 나와 출가한 사람에게는 잘 다듬은 가사를 입고 두 눈을 칠하고 윤기가 나는 발우를 들고 다니는 게 어울리지 않는다. 숲속에 살고 탁발하여 먹고 누더기 가사를 입고 감각적 쾌락에 집착하지 않는 것이 믿음을 가지고 집을 나와 출가한 사람에게는 어울리는 것이다. 숲속에 살고 누더기 가사를 입고 탁발하여 살아가고 감각적 쾌락에 집착하지 않는 그러한 난다를 언제나 볼 수 있으려나?"

그 후 난다는 숲속에 살고 누더기 가사를 입고 탁발하여 살아가고 감각적 쾌락에 집착하지 않게 되었다.

어느 때 부처님은 마가다 사람들이 사는 곳에 계셨을 때 나에게 말씀하셨다.

"아난다야! 근래에 이 가르침과 계율에 새로 들어온 출가한 지 얼마 되지 않는 초심자들이 있다. 그들에게 열심히 권고하여야 하고 안주하도록 해야 하며 다섯 가지에 확고히 머물도록 해야 한다."

"무엇이 다섯 가지입니까?"

"첫째로 계율에 따라서 절제하고 행동과 습관을 온전히 하고 아주 작은 잘못에서도 그 위험을 보아야 한다. 수련 규칙을 받아 지니고 그 안에서 자신을 단련하여라. 두 번째로 감각 기관을 지키는 마음을 다스리고 문을 잘 지켜라. 세 번째로 말을 적게 하고 말함에 한계를 두어야 한다. 네 번째로 숲속의 한적한 거처에 머물러야 한다. 다섯 번째로 바른 견해를 가지고 바르게 볼 줄 알아야 한다. 아난다야! 이같이 근래에 이 가르침과 계율에 새로 들어와 출가한 초심자들이 있다. 그들에게 열심히 권고하여야 하고 안주하도록 해야 하고 다섯 가지에 확고히 머물도록 해야 한다."

어느 때 부처님은 사카족 사람들이 사는 곳인 카필라바스투의 니그로다 승원에 계셨다. 부처님은 어떤 특별한 이유로써 비구들을 나무라시고 아침에 카필라바스투에서 탁발하신 후 공양을 마치고 낮 동안에 숲으로 들어가 나무 아래 앉았다. 홀로 고요함에 들었을 때 부처님은 이런 생각을 하셨다.

"나는 비구 승가를 자세히 돌보지 않았다. 거기에는 세속에서 떠나온 지 얼마 안 되고 이 가르침과 계율에 들어온 지 얼마 되지 않은 새로 들어온 비구들도 있다. 만약 그들이 나를 보지 못하면 마치 어린 송아지가 어미 소를 보지 못하면 송아지에게 변화나 변동이 오는 것과 마찬가지로 이들에게도 변화나 변동이 일어날 것이다. 그러니 예전에 내가 비구 승가를 도왔던 것처럼 지금도 도와야겠구나."

오후에 부처님은 승원으로 가셨다. 비구들이 소심한 태도로 모여들었을 때 부처님은 제자들에게 말씀하셨다.

"탁발한다는 것은 가장 낮은 형태의 생계 수단이지만 훌륭한 가문의 아들들이 타당한 이유에서 그런 삶의 길을 선택하였다. 그대들이 선택한 삶의 길은 왕이 강요해서도 아니며 강도에게 쫓겨서도 아니며 빚을 졌기 때문도 아니며 두려움 때문도 아니며 생계를 유지하기 위함도 아니다. 그러면 무슨 이유 때문인가? 나는 생로병사에 헤매며 슬픔과 고통과 절망에 빠져 있다. 나는 괴로움에 빠져 있고 괴로움에 싸여 있다. 이 모든 괴로움 덩어리의 종식을 알아야겠다는 이유 때문이다. 이렇게 출가한 훌륭한 가문의 아들들이 아직도 탐욕스러운 마음이 있고 감각적 쾌락의 욕망으로 불타고 있다. 악의와 증오로 가득 차서 마음은 혼란하여 갈피를 못 잡고 선명한 마음을 집중 못하고 정신은 흩어지고 감각 기관의 통제를 잃어버린다. 이와 같은 사람은 이미 가정의 즐거움도 잃었고 또한 사문의 목표도 성취하지 못한다. 이 세상에는 비난받지 않고 집착할 수 있는 것은 아무것도 없다. 그대들은 이같이 자신을 돌이켜 살펴보고 깨닫는 일에 정진하여야 한다."

나는 이렇게 들었다. 어떤 비구가 지나치게 오랜 시간을 재가의 집에서 보냈기에 다른 비구들이 오랫동안 머물지 말라고 충고하였다. 그러나 그는 충고를 듣지 않아서 비구들은 이 일을 부처님께 말씀드렸다.

"여기에 어떤 비구가 아침에 가사를 입고 발우를 들고 탁발하러 마을에 간다. 생각과 말과 행동을 절제하지 않고 마음을 다스리지 않으며 감각 기관을 절제하지 않을 때 그는 가볍게 옷을 걸친 여인을 보게 되면 욕정의 마음이 공격하기 시작한다. 그래서 치명적인 고통을 당하게 되는 것은 훌륭한 제자의 계율에서 죽음이다. 즉 그는 수행을 거부하고 저급한 삶으로 돌아가는 것은 치명적인 고통이다. 그러므로 그대들은 이같이 자신을 단련하여야 한다. 우리는 생각과 말과 행동을 절제하고 마음을 다스리고 감각 기관을 절제하고 마을에 탁발하러 갈 것이라고 다짐하여야 한다."

어느 때 로히니의 아버지가 말하였다.
"너는 잠이 들 때도 잠을 깰 때도 사문의 칭찬을 입에 달고 있으니 너는 출가하여 수행하는 비구니가 되겠구나. 너는 많은 양의 음식과 음료를 보시하는데 어째서 그토록 사문을 좋아하는지 말해보아라. 그들은 일하는 걸 좋아하지 않고 게으르고 남이 주는 것으로 살며 갈망으로 가득하고 맛있는 것들을 찾는다. 그런데 너는 어째서 그토록 사문을 좋아하느냐?"
"사랑하는 아버지는 오랫동안 사문에 대하여 말했습니다. 그래서 저는 그들의 계와 행과 지혜와 정진에 대하여 찬탄하겠습니다. 그들은 일하기를 좋아하고 게으르지 않으며 훌륭한 일을 하고 욕망과 성냄을 끊었습니다. 그래서 저는 사문을 좋아합니다. 그들은 세 가지 악의 뿌리를 남김없이 제거하고 청정한 행을 닦아 모든 악을 버렸습니다. 그들은 몸과 말과 생각에 의한 행이 청정합니다. 그들은 티가 없고 진주조개처럼 안과 밖이 청정하고 깨끗한 특성으로 가득합니다. 그들은 학식이 많고 가르침을 지니고 거룩하고 가르침대로 살아가고 목표와 진리를 가르칩니다. 그들은 하나로 집중된 마음으로 마음을 챙김에 머물며 먼 길을 행각하고 지혜롭게 산란하지 않으며 괴로움의 소멸에 이르는 길을 압니다. 어떤 마을이든지 떠날 때는 어떤 것도 뒤돌아보지 않고 아무 미련 없이 떠납니다. 그들은 재물을 창고나 단지나 바구니에 저장하지 않으며 완전하게 조리한 음식만 탁발합니다. 그들은 동전이나 금과 은을 지니지 않고 탁발한 것으로 살아갑니다. 그들은 여러 다른 가문에서 다른 지역에서 왔지만 서로 친근하게 대합니다."

"사랑하는 로히니야! 너는 정말로 우리들의 행복을 위해서 이 집에 태어났구나. 너는 부처님과 가르침에 신뢰심이 있고 승가에 참으로 깊이 존경하는구나."

"아버지는 괴로움이 두렵고 달갑지 않으시다면 부처님과 가르침과 승가에 귀의하십시오. 그리고 계율과 공덕행을 지키시는 것이 행복으로 이끌 것입니다."

"나도 그처럼 훌륭하신 부처님과 가르침과 승가에 귀의하겠고 계율과 공덕행을 지키겠다. 그것은 나를 행복으로 이끌 것이다."

어느 때 부처님이 바라나시에 있는 사슴의 동산에 계셨다. 부처님이 제자들에게 가르치신 후 자리에서 일어나 거처로 들어가셨을 때 사리푸트라 존자는 비구들에게 이렇게 말하였다.

"벗들이여! 여래이시며 온전히 깨달으신 분은 사슴의 동산에서 인간이든 신이든 이 세상 누구에 의해서도 결코 멈추어질 수 없는 위없는 법률을 굴리셨습니다. 그것은 네 가지 거룩한 진리의 선언이며 가르침이며 설정이며 설립이며 열어 보임이며 해설이었습니다. 거룩한 진리는 괴로움의 근원의 원인과 괴로움의 소멸의 진리와 괴로움의 소멸에 이르는 길의 거룩한 진리입니다.

거룩한 진리는 태어남도 괴로움이고 늙음도 괴로움이고 죽음도 괴로움이고 슬픔, 한탄, 고통, 비탄, 절망도 괴로움입니다. 구하여도 얻을 수 없는 것이 괴로움이고 집착의 무더기가 괴로움인 것이 거룩한 진리입니다.

괴로움의 근원은 갈망과 애착으로서 윤회를 가져오고 쾌락과 욕망을 동반하며 여기저기서 쾌락을 추구합니다. 애욕에는 감각적 쾌락에 대한 갈망과 애착이 있고 존재에나 비존재에 대한 갈망과 애착이 있습니다. 이것이 괴로움의 근원입니다.

괴로움의 소멸의 거룩한 진리는 갈망과 애착을 남김없이 소멸하고 놓아버리고 벗어나는 게 괴로움의 소멸의 진리입니다.

괴로움의 소멸에 이르는 길은 바로 여덟 가지 바른길입니다. 바른 견해, 바른 생각, 바른말, 바른 행동, 바른 생활수단, 바른 정 바른 마음의 다스림, 바른 집중입니다. 바른 견해는 괴로움에 대하여 알고 괴로움의 근원에 대하여 알고 괴로움의 소멸에 대하여 알고 괴로움의 소멸에 이르는 길에 대하여 아는 것입니다.

바른 견해와 바른 생각은 욕망을 떠난 생각과 사악함을 떠난 생각과 해침을 떠난 생각을 말합니다. 바른말은 거짓말을 하지 않으며 이간질하지 않고 악담하지 않고 쓸데없는 말을 하지 않는 것입니다. 바른 행동은 살아있는 생명을 죽이지 않고 주지 않는 것을 훔치지 않고 감각적 쾌락을 위하여 그릇된 행실을 하지 않는 것입니다. 바른 생활수단은 잘못된 생활을 버리고 바른 생활을 하는 것입니다. 바른 정진은 나쁜 성향을 일어나지 않도록 애써 노력하며 나쁜 성향은 버리려고 애써 노력하며 좋은 성향은 일어나게 애써 노력하며 좋은 성향은 발전시키고 유지하려고 애써 노력하는 것입니다. 바른 마음의 다스림은 열성을 가지고 온전히 깨어있음과 세상에 대한 탐욕과 낙담을 던져버리고 몸을 몸으로 느낌을 느낌으로 마음을 마음으로 진리로 관찰하며 머무는 것입니다. 바른 집중은 감각적 쾌락과 바람직하지 못한 모든 것에서 벗어나 사유와 숙고가 있으며 홀로 고요함에서 오는 환희와 기쁨이 있는 선정에 머무는 것이 괴로움의 소멸로 이끄는 길의 거룩한 진리입니다."

"바른 견해라고 말하는데 거룩한 제자가 어떻게 하면 바른 견해를 갖게 됩니까? 어떻게 하면 견해가 바른길에서 벗어나지 않고 가르침에 완전한 신뢰의 마음을 가지며 진정한 가르침에 도달합니까?"

"벗들이여! 거룩한 제자가 불건전하고 건전한 것의 양쪽 모두 알고 뿌리를 알 때 그는 바른 견해를 가지며 견해가 바른길에서 벗어나지 않으며 가르침에 완전한 신뢰의 마음을 가지며 진정한 가르침에 도달합니다."

"그러면 불건전한 것은 무엇이며 불건전한 것의 뿌리는 무엇입니까?"

"살아있는 존재를 죽이는 것과 주지 않는 걸 훔치는 것과 감각적 쾌락으로 인하여 잘못된 음행을 하는 게 불건전한 것입니다. 거짓말하는 것이나 이간질하는 것과 악담하는 것과 잡담하는 것이 입으로 짓는 불건전한 것입니다. 탐욕과 성냄과 어리석음이 마음으로 짓는 불건전한 것입니다. 이같이 불건전한 뿌리는 탐욕과 성냄과 어리석음입니다."

"그러면 건전한 것은 무엇입니까?"

"살아있는 존재를 죽이지 않는 것과 주지 않는 것을 훔치지 않는 것과 감각적 쾌락으로 인하여 잘못된 음행하지 않는 것입니다. 거짓말하지 않는 것이나 이간질하지 않는 것과 악담하지 않는 것이나 잡담하지 않는 것입니다. 탐욕과 성냄과 어리석음이 없이 지혜로운 것들이 건전한 것입니다. 건전한 것의 뿌리는 탐욕과 성냄과 어리석음이 없이 지혜로운 것입니다."

브라만 자눗소니는 방랑 수행자와의 대화를 통하여 부처님에 대한 큰 신뢰심이 일어나 방문하였는데 부처님은 그에게 사문의 수행 단계에 대하여 말씀하셨다.

"브라만이여! 장자나 장자의 아들 또는 다른 가문의 사람들이 가르침을 듣습니다. 그 가르침을 들어서 여래를 믿고 가정생활을 하는 것은 제한된 삶이고 티끌의 삶이며 출가 생활은 광활한 공간의 삶이라는 생각을 합니다. 완전하고 청정한 거룩한 삶을 산다는 것은 집에서 사는 사람에게는 쉬운 일이 아닙니다. 그러니 출가 생활을 하는 것이 어떨지 크고 작은 재물을 버리고 가족과 친척을 떠나 출가합니다. 이같이 출가한 수행자의 삶에 대한 수련이 주어지면 살아 있는 것을 죽이는 일을 멈춥니다. 몽둥이나 칼을 치워버리고 모든 살아 있는 것들에게 친절하고 우호적이고 자비로운 마음으로 대합니다. 그리고 주는 것만을 가지며 청정하게 살아가고 독신생활을 준수하며 음행하지 않습니다. 거짓말을 하지 않고 진실만을 말하며 진실에 뿌리내리고 신뢰가 있으며 믿음을 말합니다. 이간질하지 않으며 사람을 갈라놓기 위하여 여기에서 들은 말을 저기에 옮기지 않습니다. 갈라진 사람들을 화해시키고 우정을 돈독히 하며 악담을 버리고 부드러운 말과 마음에 닿는 말을 하며 예절이 바르고 사람들이 환영할만한 말을 합니다. 잡담하지 않으며 말해야 할 적당한 때에 말하며 사실을 말하며 목표와 가르침과 계율에 따라서 말합니다. 가치가 있는 말과 타당한 말과 유익한 말을 적절한 때에 말합니다. 술을 마시거나 취하게 하는 물질을 금하고 오전에만 식사하고 밤에는 먹지 않습니다. 춤과 노래를 멀리하며 화환을 걸거나 향수를 바르거나 화장하지 않고 높고 큰 침상을 사용하지 않습니다. 육신을 보호하기 위한 법복으로 만족하며 장을 유지하기 위한 탁발 음식으로 만족하며 금이나 은을 받지 않습니다. 새가 어디로 가든지 짐이라고는 날개만 가지고 날아가듯이 비구는 이처럼 어디로 가든지 가사와 발우만을 가지고 갑니다. 이와 같은 여러 가지 훌륭한 계율을 갖추고 안으로 티 없는 행복을 느낍니다."

"여섯 감각 기관을 비구들은 어떻게 다스립니까?"

"눈으로 물질의 모양을 보고서 그 외형에 도취하지 않으며 모양과 특성에 집착하지 않습니다. 만일 눈을 다스리지 않으면 탐욕과 낙담과 악하고 좋지 못한 것들이 침입하기 때문에 눈을 절제하고 다스립니다. 귀로 소리를 들을 때 코로 냄새를 맡을 때 혀로 맛볼 때 몸으로 촉감을 느낄 때 마음으로 대상을 지각할 때도 마찬가지입니다. 만일 귀와 코를 혀와 몸과 마음을 다스리지 않으면 탐욕과 낙담의 악하고 좋지 못한 것들이 침입하기 때문에 절제하고 다스려야 합니다. 이와 같은 감각 기관을 훌륭하게 절제함으로써 티 없는 행복을 느낍니다."

"수행할 때 비구들은 마음을 어떻게 다스립니까?"

"비구들은 잠들 때도 깨어날 때도 말할 때도 침묵할 때도 온전히 깨어있는 마음을 잃지 않습니다. 이와 같은 계와 행을 갖추고 여섯 감각 기관을 절제하고 마음을 다스리고 온전히 깨어있는 마음을 가지고 숲이나 나무 아래나 산과 계곡 언덕의 동굴 묘지 울창한 삼림 속에 확 트인 곳 등과 같은 한적한 수행장소로 갑니다. 그는 탁발에서 돌아와 식사를 마친 후 앉아서 등을 곧게 세우고 진리에 대하여 사유하며 마음을 다스립니다."

"비구들은 다섯 가지 장애를 어떻게 버립니까?"

"비구들은 세상에 대한 탐욕을 버리고 탐욕에서 벗어나고 탐욕으로부터 마음을 정화합니다. 악의를 버리고 악의에서 벗어나 인자함에 머물며 살아있는 모든 것들의 이익을 위하여 자비로움에 머뭅니다. 그리고 악의로부터 마음을 정화합니다. 게으름과 무기력함을 버려서 벗어나고 온전히 깨어있으며 마음을 정화합니다. 흥분과 회한을 버리고 안으로 평화로움으로 고요함에 머물고 마음을 정화합니다. 의심을 버리고 바람직한 것에 의혹이 없으며 마음을 의심으로부터 초월해서 정화합니다."

"비구들은 네 가지 선정을 어떻게 닦습니까?"

"이같이 비구들은 지혜를 둔하게 만드는 마음의 번뇌인 다섯 가지 장애를 버립니다. 감각적 쾌락으로부터 불건전한 것들로부터 멀리 떠나서 바람직하지 못한 모든 것에서 벗어납니다. 사유와 숙고가 있으며 홀로 고요함에서 오는 환희와 기쁨이 있는 첫 번째 선정에 머뭅니다. 사유와 숙고를 멈추고 안으로의 평온함과 마음의 집중됨이 있으며 사유와 숙고 없이 삼매에서 오는 환희와 기쁨이 있는 두 번째 선정에 머뭅니다. 환희가 사라진 후 평정한 마음과 분명한 알아차림과 육신의 행복을 느끼며 머뭅니다. 거룩한 이들이 말하는 평정과 마음을 다스림에 머무는 사람은 행복하게 하는 세 번째 선정에 머뭅니다. 고통과 쾌락도 버리고 전에 있던 행복도 불행도 버리고 괴로움도 즐거움도 없고 평정으로 도달한 마음의 다스림으로 순수함이 있는 네 번째 선정에 머뭅니다. 이같이 알고 볼 때 그들의 마음은 감각적 쾌락에서 벗어나며 존재의 괴로움에서도 벗어나며 어리석음의 번뇌에서 벗어납니다. 태어남은 부수어졌고 청정한 삶은 성취되었으며 해야 할 일을 모두 마치고 더 이상 윤회하는 일은 없다고 분명히 압니다."

부처님이 말씀하시자 브라만 자눗소니는 가르침을 찬탄하며 부처님께 귀의하여 재가 신도가 되었다.

어느 때 자이나 교단의 개조인 니따뿟다가 얼마 전에 죽었다. 그가 죽자 제자들은 둘로 분열되어 싸우고 격심하게 서로 말로 논쟁했다. 가르침과 계율을 너는 이해하지 못하지만 나는 이해한다고 서로 싸운다. 너의 길은 틀렸고 나의 길이 옳다거나 나는 한결같고 너는 그렇지 못하며 먼저 말해야 할 것을 나중에 말하고 나중에 말해야 할 것인데 먼저 말한다. 그렇게 서로가 거꾸로 된 것이라고 다투었다. 마치 제자 가운데는 오직 살인자만 있는 것처럼 보였다. 흰옷을 입은 재가 제자들은 그들의 소행에 혐오감을 느꼈고 낙담하고 실망하였다. 그때 춘다는 우기를 보낸 후 나와 함께 부처님이 계신 곳에 가서 그들에게 있었던 일들을 말했다.

"부처님께서 열반하시면 승가에는 논쟁이 일어나지 말아야 합니다. 그런 논쟁은 사람들을 불행하게 하고 해악을 주고 고통을 주기 때문이라고 생각하였습니다."

"아난다야. 내가 깨달아 비구들에게 가르친 것들에 대하여 두 비구라도 다른 주장을 하는 것을 보았는가?"

"아직은 보지 못하였으나 부처님이 열반하시면 승가의 생활과 계율에 대하여 논쟁이 있을 것입니다. 그런 논쟁은 사람들에게 해를 끼치고 고통과 불행을 가져올 것입니다."

"아난다야. 승가의 생활과 계율에 대한 논쟁이 있다면 사소한 것이다. 그러나 승가에서 깨달음과 같은 바른 수행의 길에 연관된 가르침에 대한 논쟁이 일어난다면 사람들에게 해를 주고 고통을 주고 불행을 줄 것이다. 논쟁에는 뿌리가 있다. 분노와 원한을 가지고 있으며 혹독하고 자비가 없다. 시기심이 많고 인색하며 교활하고 남을 속인다. 악의가 있고 잘못된 견해를 가지고 있으니 완고하고 집요하다. 이런 사람은 스승과 가르침과 승가에 대하여 존경이나 공경하지 않고 수행을 충실히 마치지 않는다. 이런 사람은 승가에 논쟁을 일으킨다. 그것은 많은 사람을 해롭게 하고 불행하게 하고 고통스럽게 한다. 만일 네가 그런 논쟁의 뿌리를 자신의 안에서 또는 밖에서 보게 되면 논쟁의 악한 뿌리를 잘라버리도록 노력해야 한다. 그러나 자신의 안팎에서 그런 논쟁의 뿌리를 발견치 못하였다면 미래에 그런 논쟁이 다시는 일어나질 않도록 수행하고 정진하여야 한다."

"비구들끼리 어떻게 서로를 대해야 하겠습니까?"

"아난다야. 여기에 사랑과 존경심을 일으키고 협조와 화합과 일치로 이끄는 몇 가지를 기억하여야 할 것이다. 동료들에게 자애로운 말과 마음과 행동으로 대한다. 청정한 삶의 계와 행을 지니는 동료와 법답게 얻은 것은 무엇이든지 심지어 탁발하여 얻은 것까지도 나누는 것을 기뻐한다. 청정한 삶의 동료들과 깨지지 않고 손상됨 없는 현자가 찬탄하고 집중으로 이끄는 계와 행에 일치하여 머문다. 청정한 삶의 동료들과 거룩하고 해탈로 이끄는 견해와 이런 견해에 따라 수행하는 사람들을 괴로움의 완전한 소멸로 이끄는 견해에 일치하여 머문다. 이것들은 기억하여야 할 자질로서 사랑과 존경심을 일으키고 협조와 화합과 일치로 이끈다. 비구들이 이같이 실천하면 사소하거나 크거나 간에 참지 못할 어떤 말이 있겠느냐?"

"참지 못할 어떤 말도 없습니다. 부처님."

"그러므로 아난다야. 이런 중요한 자질을 기억하고 실천하면 비구들을 오랜 세월 동안 행복과 안락함으로 이끌 것이다."

어느 때 부처님은 비구들과 함께 코살라국을 유행하여 마을에 도착했다. 부처님에 대한 좋은 평판이 자자하게 퍼져 있었다. 사카족에서 출가한 사문 고타마는 온전히 깨달으신 여래이시고 지혜와 덕행을 갖춘 분이며 신과 인간의 스승이시다. 그의 가르침은 훌륭하고 완전한 성스러운 삶을 보여준다는 이야기를 브라만 장자들은 들었다. 그래서 그들은 깨달은 여래를 만나는 건 좋은 일이라고 하면서 찾아가서 인사를 드리고 말하였다.

"고타마님! 왜 어떤 사람들은 죽은 후에 심하면 지옥에 태어나며 왜 어떤 사람들은 죽은 후에 행복한 가장 좋은 곳인 천상에 태어납니까?"

"장자들이여! 그것은 진리의 가르침대로 행하지 않고 바르게 행하지 않기 때문에 죽은 후에 심하면 지옥에 태어납니다. 또한 진리의 가르침에 따라서 행하고 바르게 행한다면 죽은 후에 행복한 천상에 태어납니다."

"고타마님! 너무 간략히 말씀하셔서 상세한 뜻을 잘 모르겠습니다. 상세한 뜻을 저희가 이해할 수 있도록 가르침을 주시면 좋겠습니다."

"장자들이여! 가르침에 어긋나고 옳지 않은 행으로 몸으로 짓는 세 가지와 입으로 짓는 네 가지 마음으로 짓는 세 가지가 있습니다. 옳지 않은 행으로 몸으로 짓는 세 가지 행위는 첫째는 살아있는 생명을 죽입니다. 살아있는 생명에 대한 자비심이 없이 잔인하고 살생하고 해치는 일에 열중합니다. 둘째는 주지 않는 것을 갖습니다. 마을이나 숲에서 도둑질하여 다른 사람의 재산을 갖습니다. 셋째는 삿된 음행을 합니다. 부모와 형제나 자매 그리고 친척의 보호를 받고 있거나 남편이 있거나 심지어 약혼의 표시로 화환을 건 여인과 음행하는 것입니다. 가르침에 어긋나고 옳지 않은 것으로 입으로 짓는 네 가지 행이 있습니다. 첫째는 거짓말을 합니다. 법정이나 회합에

증인으로 소환되었을 때 친척이나 조합이나 귀족의 앞에서 증인으로 질문을 받았을 때 당신이 알고 있는 것을 말하라고 묻습니다. 그때 알지 못하면서도 안다고 말하고 알면서도 알지 못한다고 하고 보지 못하고 보았다 하고 보고서도 보지 못하였다고 합니다. 이같이 자신을 위해 다른 사람을 위해 또는 물질적인 이득을 위해 의도적으로 거짓말을 합니다. 둘째는 이간질합니다. 여기서 들은 말을 저기서 하여 이들을 갈라놓고 저기서 들은 말을 여기서 하여 이들을 갈라놓습니다. 일치된 사람들을 갈라놓고 분열을 만들고 남의 불화를 즐기고 불화를 기뻐하고 불화를 일으키는 말을 합니다. 셋째는 악담합니다. 거친 말과 심한 상처를 주는 말과 모욕적인 화나게 하는 말과 정신 집중을 깨뜨리는 말을 합니다. 넷째는 쓸데없는 잡담을 하고 적합지 않은 때에 말하고 사실이 아닌 것을 말하고 가르침과 계율에 어긋난 말을 합니다. 가치 없고 조리에 맞지 않고 절제 없고 이익되지 않는 말이 적절치 않은 때의 말입니다."

"마음으로 짓는 악에 대하여 말해 주십시오?"

"가르침에 어긋나고 옳지 않은 것으로 마음으로 짓는 세 가지 행이 있습니다. 첫째는 다른 사람의 부유함과 재산을 보고는 저것들이 내 것이었으면 얼마나 좋을까 하고 탐욕을 부립니다. 둘째는 증오심을 가지고 생각하기를 이것들이 살해되기를 바라고 씨도 안 남고 파괴되기를 바라며 악의를 품습니다. 셋째는 잘못된 생각으로 왜곡된 견해를 가집니다. 보시의 공덕도 없고 선행이나 악행의 결과도 없고 이 세상도 저세상도 없고 윤회도 없다고 합니다. 자신의 뛰어난 지혜로 깨달아 훌륭하고 바르게 수행하는 사문이나 브라만도 이 세상에 없다고 말합니다. 장자들이여! 이같이 가르침대로 따르지 않고 바르게 행하지 않기에 행복하지 않으며 죽은 후에 심하면 지옥에 태어납니다."

"몸으로 짓는 바른 행위를 말해 주십시오?"

"장자들이여! 가르침에 합당하고 옳은 행으로 몸으로 짓는 세 가지와 입으로 짓는 네 가지와 마음으로 짓는 세 가지 행이 있습니다. 가르침에 합당하고 옳은 행으로 몸으로 짓는 세 가지 행이 있습니다. 첫째는 살아있는 생명을 죽이지 않습니다. 몽둥이나 무기를 치워버리고 부드럽고 친절하게 살아있는 모든 존재에게 자비로 대합니다. 둘째는 주지 않는 것을 갖지 않습니다. 마을이나 숲에서 다른 사람의 부와 재산을 도둑질하여 갖지 않습니다. 셋째는 삿된 음행하지 않습니다. 부모와 형제의 보호를 받고 있거나 남편이 있거나 약혼의 표시로 화환을 건 여인과 음행하지 않습니다."

"입으로 짓는 바른 행위를 말해 주십시오?"

"가르침에 합당하고 옳은 것으로 입으로 짓는 행은 거짓말을 하지 않고 이간질하지 않으며 악담하지 않고 쓸데없는 잡담을 하지 않습니다. 적절한 때에 말하며 사실을 말하며 좋은 말을 하며 가르침과 계율에 합당한 말을 합니다. 적절한 때에 하는 말은 가치가 있고 조리에 맞고 절제가 있고 이익이 되는 말입니다."

"마음으로 짓는 바른 행은 무엇입니까?"

"가르침에 합당하고 옳은 것으로 마음으로 짓는 행은 탐욕을 부리지 않고 악의를 품지 않으며 증오심에서 벗어나 존재들이 고통과 근심에서 벗어나고 행복하게 살기로 합니다. 바른 견해로 보시의 공덕도 있고 선행이나 악행의 결과도 있고 윤회도 있다고 말합니다. 자신의 뛰어난 지혜로 깨달아 훌륭하고 바르게 수행하는 사문이나 세상에 있다고 말하며 진리의 가르침대로 따르고 바르게 행하면 죽은 후에 행복한 천상에 태어납니다."

이같이 나는 들었다. 일주일에 한 번 한 달에 네 번 행하는 행사로 보름과 그믐날에 출가수행자들이 한곳에 모여 계율을 읽고 지은 죄를 참회하는 포살(布薩) 날이다. 설산에 사는 사람이 부처님께 물었다.

"세상 사람들이 해를 당하고 있는 집착이란 어떤 것이며 떠나는 길을 말씀해주십시오. 어떻게 하면 괴로움에서 벗어날 수 있겠습니까?"

"세상에는 오욕의 대상인 색, 소리, 향기, 맛, 촉감 그리고 의식의 대상이 여섯 번째가 된다. 이들에 대한 탐욕을 떠나면 괴로움에서 벗어날 수 있다. 이제 세상에서 괴로움에서 벗어날 수 있는 길을 여실히 설명하고 제시하였다."

"세상에서 사나운 물결인 윤회를 헤치고 의지할 곳 없이 깊은 심연 속에도 가라앉지 않는 사람은 누구입니까?"

"언제나 계율을 지키며 지혜가 있고 마음을 통일하여 스스로 보살피며 생각하는 바가 있는 자는 건너기 어려운 물결을 건널 수 있다. 애욕을 떠나서 온갖 집착의 매듭을 초월하여 환락을 소멸시킨 자는 깊은 심연 속에 가라앉지 않는다."

"스승이시여! 깊은 지혜가 있고 미묘한 뜻을 통달하시며 아무것도 갖지 않고 삶에 집착하지 않으며 해탈하신 위대한 선인은 뜻을 통달하시고 지혜를 가르쳐주십니다. 욕망의 집착에서 떠나 모든 것을 알고 현명하여 성스러운 길을 가는 위대한 선인이여! 우리는 사나운 물결을 건너 번뇌의 때가 묻지 않은 깨달은 자를 만났기 때문에 태양을 보고 아름다운 새벽하늘을 맞이하여 상쾌한 기분으로 일어났습니다. 저희는 깨달은 자와 뛰어난 진리 앞에 고개 숙여 예배하겠습니다."

어느 때 브라만이 부처님에게 물었다.
"어떻게 하는 것이 자비를 실천하는 가르침입니까?"

"험한 여행길의 친구처럼 조금 있어도 나누어 주는 사람은 죽은 자들 가운데서 죽지 않는 것은 옛날부터의 원리이다. 어떤 이는 조금 있어도 베풀고 어떤 이는 많아도 베풀지 않으니 조금 있어도 베푸는 보시는 천 배의 가치가 있다. 나누어 주기 어려운 것을 주는 사람들이나 일하기 어려운 것을 하는 사람들이다. 그러나 옳지 못한 사람은 흉내 낼 수 없으니 옳은 사람의 가르침은 따르기 쉽지 않다. 옳지 못한 사람과 옳은 사람은 죽은 후 가는 곳이 다르니 옳은 사람은 좋은 곳으로 가고 옳지 못한 사람은 나쁜 곳으로 간다. 베풀면 좋은 결실을 얻지만 베풂이 없으면 좋은 결실이 없다. 도둑들이 훔쳐 가고 왕들이 빼앗아 가거나 불타서 사라진다. 재산과 함께 이 몸도 끝내는 버려야 하니 지혜로운 이는 이러한 사실을 알아 자신도 즐기고 보시도 한다. 음식을 베푸는 사람은 남에게 힘을 주는 사람이며 의복을 베푸는 사람은 남에게 아름다움을 주는 사람이다. 탈것을 베푸는 사람은 남에게 편안함을 준다. 등불을 베푸는 사람은 남에게 밝은 눈을 주는 사람이며 여래의 가르침을 베푸는 사람은 남에게 윤회를 해방을 주는 사람이다."

"누구에게 보시해야 공덕이 밤낮으로 늘어납니까?"

"동산과 숲을 조성하고 나무를 심어 그늘을 드리워 지친 나그네 쉬어가게 하고 다리를 놓아 물을 건너가게 하고 우물가 정자를 세우고 우물을 파 목마른 사람에게 마시게 하고 객사를 지어 나그네에게 쉬어가게 하는 이런 이에게 공덕은 밤낮으로 늘어난다. 악행은 나중에 후회를 가져오니 악행을 하지 않는 것이 좋다. 선행은 후회할 일이 없으니 선행은 힘써 행함이 더 좋다. 마치 꾸사 풀잎을 잘못 잡으면 손을 베듯이 수행자가 행동을 잘못하면 스스로 지옥으로 이끈다. 되는대로 행동하고 맹세한 것을 지키지 않아 청정한 삶에 자신이 없으면 좋은 결실을 가져올 수 없다."

"사물에 통달하고 통찰력을 갖추려는 사람은 자비를 어떻게 보여야 하는지요?"

"사물에 통달한 통찰력을 갖추려는 사람이 평안의 경지에 이르기 위해 해야 할 일은 다음과 같다. 모름지기 슬기롭게 정직하며 바르고 말씨는 부드러우며 잘난 체하지 않는 자가 되는 것이다. 만족할 줄 알고 욕심을 기르지 말며 잡일을 줄이고 생활은 간소하게 하라! 여러 감관(感官)이 안정되고 총명하여 마음이 흐트러지지 않으며 남의 집에 가서도 탐욕을 부리지 말라! 유식한 자들의 비난을 사는 비열한 행동은 결단코 삼가야 한다. 모든 중생은 모두 행복하고 태평하고 안락하며 어떤 생물이든 보이지 않는 것이든 이미 태어난 것이든 앞으로 태어나려고 하는 것이든 일체중생은 행복해야 한다. 상대방이 누구든 속여서는 안 되며 어디를 가나 남을 멸시하지 말며 또한 남을 골려줄 생각으로 화를 내어 남을 괴롭혀서도 안 된다. 마치 어머니가 목숨을 다하여 자기의 외아들을 지키듯 일체중생에 대하여 무한한 자비심을 베풀어야 한다. 또한 온 세계에 대하여도 끝없는 자비심을 베풀며 장애와 원한과 적의가 없도록 자비를 행하라! 앉아서나 걸으나 앉으나 눕거나 잠자지 않는 한 자비의 마음씨를 굳게 가지는 상태의 마음을 숭고한 경지라 한다. 모든 그릇된 견해에 사로잡히지 말고 계율을 지키며 이치에 밝아 온갖 탐욕에서 벗어난 자는 결코 다시 모태로 돌아가는 일이 없을 것이다."

어느 때 부처님은 기원정사에 계셨을 때 왕이 부처님을 찾아와서 왕의 직무인 해야 할 일과 세속적인 분주함을 이야기하였다. 이에 부처님은 왕에게 말씀하셨다.

"대왕님. 늙음과 죽음이 대왕을 덮치고 있다는 사실을 아셔야 합니다. 늙음과 죽음이 덮치고 있으니 진리에 따라 살고 올바르게 살며 착한 일을 하고 공덕을 쌓는 이외에 다른 무엇이 있겠습니까?"

"그렇습니다. 늙음과 죽음이 닥칠 때 해야 할 일은 진리에 따라 살고 공덕을 쌓는 것입니다. 하늘을 찌를 듯한 거대한 바위산이 사방에서 산을 뭉개면서 다가오는 것같이 늙음과 죽음은 그렇게 살아 있는 것들에게 덮쳐옵니다. 왕족, 브라만, 상인, 노예, 천민, 청소부 누구를 막론하고 모든 것을 뭉개버립니다. 어떤 군대로도 막을 수 없고 속임수로도 꺾을 수 없고 재물로도 매수할 수 없습니다. 그러므로 지혜로운 이는 자신을 위하여 확고한 마음으로 최상의 깨달음을 얻은 여래와 여래의 가르침과 승가에 믿음을 둡니다. 생각과 말과 행동으로 가르침을 실천하는 사람이야말로 이 세상에서도 칭찬받고 죽은 후에 좋은 곳에서 즐겁게 살 것입니다."

어느 때 스승께서 제타 숲속 장자의 동산에 계실 때였다. 재가 신도인 담미카가 스승에게 인사하고 여쭈었다.

"지혜가 많으신 분이시여! 가르침을 듣고 싶은 자로 집을 나와 출가하는 것과 집에서 믿는 신도와는 어느 쪽이 더 좋습니까? 당신께서 밝혀주신 이치는 평안을 가져오니 저희에게 설법해주십시오?"

"번뇌에서 벗어나는 참된 이치를 그대들에게 말할 것이니 그대들은 각자 이를 잘 지키라. 재가 신도는 뜻을 보는 수행자에게 배우라."

"당신께서 깨달으시고 모든 중생을 불쌍히 여기시며 지식과 이치를 가르치십니다. 세상에 뒤덮여 있는 것을 벗겨주시고 티 없이 온 세상을 밝히시는 눈뜬 자라고 합니다. 재가 신도는 수행자에게 무엇을 배워야 합니까?

"수행자는 때가 아닌데 나돌아다니지 않고 정한 시간에 탁발을 위해 마을로 나간다. 그 이유는 집념에 사로잡힐 수 있기 때문이므로 수행자는 때가 아닌데 나돌아다니지 않는다. 갖가지 색·소리·맛· 향·촉감은 사람을 도취시킨다. 이들에 대한 욕망을 버리고 정한 시간에 탁발을 위하여 마을로 들어간다. 수행자는 정한 시간에 시주한 음식을 가지고 혼자 앉아서 자신을 억제하고 생각을 안으로 돌려 마음을 밖으로 보내지 않는다. 만일 가르침을 들으려는 사람이나 다른 수행자들과 함께 이야기할 기회가 있으면 그들에게 훌륭한 진리를 보여준다. 흔히 자기를 비방하는 말에 곧잘 반발하므로 남을 이간시키거나 비방하는 말을 해서는 안 된다. 논쟁에 대한 집착이 여기저기서 일어나 자신을 속박하므로 각자의 마음을 밖으로 멀리 떠나보내게 한다. 지혜가 뛰어난 자의 제자는 행복한 자의 설법을 듣고 음식과 거처와 침구와 의복의 때를 씻을 물을 주의해서 사용한다. 마치 연잎에 얹힌 물방울과 같이 수행자는 음식과 침구와 의복의 먼지를 없애기 위한 물에 집착하여 더럽혀지는 일이 없다."

"집에 있는 사람이 해야 할 일에 대하여 말하여 주십시오?"
"이같이 실행에 옮기는 자는 훌륭한 가르침을 듣는 자이다. 순수한 출가한 수행자의 규정을 소유의 번거로움이 있기에 재가 신도가 지키기가 쉬운 일이 아니다. 생명 있는 것을 해쳐서는 안 되며 죽여서도 안 된다. 그리고 남들이 살해하는 걸 묵인해서도 안 된다. 세상에서 난폭한 것을 겁내는 모든 생물에 대해 폭력을 거두라. 가르침을 받는 사람은 주지 않는 건 무엇이나 어디 있던 갖지 말라. 또 남을 시켜 가지거나 다른 사람이 갖는 것도 묵인하지 말라. 주지 않는 건 무엇이든 가져서는 안 된다. 지혜롭게 음탕한 행위를 피하라. 마치 붉게 타오르는 불을 피하듯 만일 음행은 바로잡을 수 없더라도 남의 아내를 범해서는 안 된다. 모임에서나 집단 속에서나 누구도 남에게 거짓말을 해서는 안 된다. 다른 사람을 시켜 거짓말을 해서도 안 된다. 또 다른 사람이 거짓말하는 것을 묵인해도 안 된다. 모든 허망한 말을 피하라. 술을 마시지 말라. 이 가르침을 기뻐하는 재가자는 남에게 술을 마시게 해도 안 된다. 남이 술 마시는 것을 묵인해서도 안 된다. 이는 끝내 사람을 취하게 함으로써 정신을 빼앗아가는 것임을 알라. 어리석은 자들은 취함으로써 악을 행하며 또 남들을 게으르게 만들어 역시 악을 저지르게 한다. 이러한 불행이 일어나지 않도록 미리 피하라. 술은 사람을 취하게 하고 정신을 흐리게 하는데 어리석은 자들은 이를 즐긴다."

"재가 신도는 계율을 어떻게 행해야 합니까?"
"첫째, 생명 있는 것을 해치지 말라. 둘째, 주지 않는 것을 가지려 하지 말라. 셋째, 거짓말을 하지 말라. 넷째, 술을 마시지 말라. 다섯째, 부정한 행동인 음행에서 떠나라. 여섯째, 밤참을 먹지 말라. 일곱째, 꽃다발을 갖거나 향수를 사용하지 말라. 여덟째, 땅바닥에 마련한 잠자리에 눕도록 하라. 이것이 여덟 부분으로 이루어진 계율이니 괴로움에서 벗어난 여래가 가르치는 바이다."

"재가 신도도 포살을 행해야 합니까?"
"각각 포살을 행하고 또 특별한 달에는 깨끗한 마음씨로 청정한 마음으로 행하라. 포살을 행한 자는 다음 날 이른 아침에 밝고 깨끗한 마음으로 수행자들에게 음식을 베풀어주라. 법에 따라 얻은 재물로 부모를 부양하라. 정당하게 장사하라. 이같이 힘써 살아가는 재가자는 죽은 후에 스스로 모든 신들과 함께 태어나리라."

"출가한 수행자는 어떻게 행동해야 하는지요?"
"내가 어째서 무슨 생각 끝에 즐거이 출가했는지 말하리라. 집에서의 생활은 비좁고 답답하며 번거롭고 먼지가 쌓이는 곳이다. 그런데 출가는 드넓은 들이기 때문에 번거로움이 없다는 생각에서 출가한 것이다. 출가한 다음에는 육신에 대한 악행은 버렸다. 말에 의한 악행도 버리게 되어 깨끗하게 생활하게 되었다."

어느 때 스승께서 제타 숲속 장자의 동산에 계실 때였다. 코오살라 땅에 사는 대부호인 바라문은 나이가 들어 늙었으나 스승이 계신 곳으로 와서 앉았다.

"고타마여! 대체 오늘의 바라문들은 옛 바라문들이 지켜온 계율에 따르고 있다고 보십니까?"

"오늘의 바라문은 옛 바라문들의 계율을 따르지 않고 있소."

"그렇다면 옛날 바라문들이 지킨 법을 별 지장이 없으시다면 저희에게 말씀해주십시오?"

"그럼 내가 말할 터이니 주의해 들으시오! 옛 선인은 자신을 억제하는 고행자였소. 그들은 오욕의 대상을 버리고 자기의 참된 의(義)를 행하였고 가축이나 황금 곡식도 없었습니다. 베다를 낭독하는 것으로 재산과 보물로 삼고 곡식으로 생각하여 브라만의 창고를 지켰소. 그들을 위해 집마다 문 앞에 마련해 놓은 음식을 신도들은 바라문에게 주려고 생각했지요. 여러 색깔로 아름답게 물들인 옷과 침실 그리고 집들을 많이 가지고 영광을 누리는 지방이나 나라 사람들은 모두 바라문에게 경례했습니다. 그들은 법의 보호를 받고 있었기 때문에 그들을 살해하거나 이겨서도 안 되었소. 그들이 문 앞에 서 있는 것을 아무도 막을 수도 없었소. 옛 바라문들은 동정(童貞)의 순결을 지켜왔고 지(知)와 행(行)을 탐구했습니다. 바라문은 다른 종족의 여인을 아내로 맞지 않았고 또한 그들은 아내를 사들이지도 않았습니다. 다만 서로 사랑하고 동거하며 화목하고 즐겁게 동거하였으나 아내를 월경 때문에 멀리해야 할 때는 절대로 성의 접촉을 하지 않았습니다. 그들은 음행하지 않고 고행하며 계율을 지키고 정직하며 온순하고 온유하며 상해하지 않고 참고 견디는 것을 찬양하였습니다. 그들 가운데서 용감하고 으뜸가는 바라문은 성적인 교접을 꿈에도 생각하지 않았소. 이 세상에 있는 일부 지혜로운 자들은 그들의 행동을 본받아 음행하지 않고 계율을 지키며 참고 견디는 것을 찬양하였습니다. 쌀과 침구와 의복과 버터와 기름 등을 얻어 법도들이 모아 제사를 지냈고 절대로 소를 잡는 일은 없었습니다. 소를 죽이지 않았던 것은 부모 형제나 친족들처럼 소는 우리들의 최상의 친구이며 소한테서는 우유와 같은 약이 생긴다. 소한테서 얻은 약은 식료품이 되고 기력을 주며 피부를 윤나게 해주며 소에게는 이익이 있음을 알기 때문이었습니다. 바라문은 손발이 깨끗하고 몸집이 크며 용모가 단정하고 수려하며 명성이 있고 자기 임무에 따라 해야 할 일을 하고 결코 해서는 안 되는 일은 하지 않습니다. 그들이 이 세상에 살아있는 동안에는 세상 사람들은 안락하고 영광을 누렸습니다."

"그런데 왜 그들에게 뒤바뀐 견해가 일어났는지 말씀해주십시오?"

"점점 왕자와 같은 영화와 옷차림이 화려한 부인들을 눈여겨보게 되었소. 준마가 끄는 마차와 아름다운 옷과 여러 가지로 설계되어 부분적으로도 잘 지어진 주택들을 보게 되었소. 그들은 소의 무리가 번창하고 미녀들에게 에워싸인 인간의 즐거움을 얻고 싶어 하기를 열망했습니다. 그들은 베다 신의 주문을 편찬하고 감자왕에게 말하기를 재산과 보물과 식량이 풍부하니까 제사를 지내라고 했습니다. 수레와 군병의 주인인 왕은 바라문들의 권유를 받아들여 제사를 지내고 재물을 주었소. 소와 침구, 의복 그리고 성장한 부녀자, 준마와 잘 만든 수레, 아름답게 채색된 수놓은 옷과 아름다운 저택에 여러 가지 식량과 함께 재물을 주었소. 이같이 재물을 얻게 된 그들은 이를 저장하기를 원하였습니다. 그들은 욕심에 빠져 더 많이 갖고 싶어 하여 다시 베다 신주를 편찬하여 감자 왕에게 갔소. 물과 땅과 황금과 재물과 식량이 중생의 일용품이듯이 소는 인간들의 일용품이니 그대의 재산은 많으니까 제사를 지내십시오. 이에 왕은 바라문들의 권유로 수천 마리의 소를 희생하여 잡게 했습니다. 다리나 뿔 그 밖의 무엇으로도 해치는 일이 없는 소는 양처럼 온순하며 항아리가 넘치도록 젖을 짤 수 있는데 왕은 뿔을 잡고 칼로 찔러 소를 죽이게 했습니다. 칼로 소를 찌르자 모든 신들도 법도에 어긋나는 일이라고 외쳤습니다. 옛날에는 탐욕과 굶주림과 노쇠의 세 가지 병밖에 없었으나 제사 지내기 위해 여러 가지 가축들을 죽였기 때문에 여러 가지 병이 생기게 되었습니다. 아무런 해도 끼치지 않는 소를 죽여서 제사를 지내는 자들은 법에 어긋나고 있었습니다. 예부터 내려온 좋지 못한 풍습은 지혜로운 자들의 비난을 받아 왔습니다. 일반 사람들도 살생을 볼 때마다 제사 지내는 자들을 비난하게 되었습니다. 이렇게 법이 무너질 때 노예와 서민이 분열되고 여러 왕족이 분열되었으며 아내는 남편을 멸시하게 되었습니다. 제도에 따라 지켜지고 있는 다른 사람들도 생에 대한 말씀을 저버리고 욕망에 지배되기에 이르렀습니다."

"훌륭하고 놀라운 말씀이십니다. 마치 쓰러진 자를 일으키시듯 덮인 것을 벗겨주듯 길 잃고 헤매는 자에게 길을 인도하듯 혹 눈 있는 자는 빛을 보리라 하며 어두운 속에서 등불을 비춰주듯이 여러 가지로 법을 밝혀주셨습니다. 오늘부터 부처님께 귀의한 저희를 목숨이 다할 때까지 재가의 신도로 받아주십시오!"

어느 날 부처님께서는 라훌라를 깨우치셨다.

"누구나 다른 사람으로부터 법을 배워서 알게 되었을 때 그 사람을 마치 천상의 신들을 공경하듯 해야 한다. 학식이 풍부한 사람은 존경받게 되면 즐거운 마음으로 진리를 드러내게 된다. 현자는 이를 잘 듣고 이해하여 법에 따라 가르침을 실천하고 그런 학식이 있는 사람에게 가까이하면 사리를 분별할 줄 아는 자가 되며 또한 총명한 자가 된다. 아직 사물에 대하여 이해하지 못하고 질투하는 마음이 있는 소인이나 어리석은 자를 가까이하면 이치를 분별할 줄 모르게 되며 의혹에서 벗어나지 못하고 죽음에 이르게 된다. 마치 사람이 강물에 빠지면 사나운 물결에 휩쓸려버리는 것과 같다. 그런 자가 어찌 다른 사람을 건너게 할 수 있겠는가! 그와 마찬가지로 진리를 분별할 줄 모르고 학식이 많은 분에게 의(義)를 듣지 않으면 스스로 알 수도 없고 의혹에서 벗어날 수도 없다. 그런 자가 어찌 남의 마음을 움직일 수 있겠는가! 견고한 배를 타고 노와 키가 갖추어진 다음 그 배를 저을 줄 아는 경험자는 다른 여러 사람을 태워서 건너게 할 수 있다. 그와 마찬가지로 진리에 통달하고 자신을 수양하여 아는 것이 많으며 동요되지 않는 성격을 가진 자는 진리를 몸소 알고 있다. 그러기에 가르침에 귀 기울이며 단정히 앉아 있는 사람들의 마음을 움직일 수 있다. 그러므로 참으로 지식 있고 학식 있는 성실한 사람과 가까이하라! 사물을 알고 이를 실천에 옮기며 진리를 터득한 자는 안락을 얻게 되리라!"

"어떠한 행동을 하는 것이 도덕적이며 어떠한 행위를 부지런히 해야만 사람들이 바르게 서고 또 최상의 진리에 도달할 수 있는 것입니까?"

"어른을 공경하고 질투하지 말며 스승을 만나 뵐 기회를 얻어 법의 말씀을 들을 기회를 얻어서 정성껏 들으라! 고집을 버리고 겸허한 태도로 때를 맞추어 스승을 찾아가라. 진리와 자제와 깨끗한 행동을 마음에 두고 실행하라. 진리를 즐기고 기뻐하며 안주하여 참뜻을 알고 해치는 말을 입 밖에 내지 말라. 훌륭한 설법의 진실에 따라 생활하라. 웃음·농담·울음·혐오·거짓말·사기·탐욕·오만·격분·난폭·더러움·탐닉하는 일 없이 교만을 버리고 스스로 편히 서서 행하라. 훌륭한 설법을 듣고 이해한 것은 정신의 안정을 바로잡는 근원이 되고 힘이 된다. 사람이 성급하거나 게으르면 지혜도 학식도 얻을 수 없게 된다. 성자의 말씀인 진리를 배우고 기뻐하는 자는 말과 생각과 행동이 최상의 것이 된다. 그들은 안락과 평화와 고요함 속에 안주하게 되어 학식과 지혜의 진수에 도달한다."

"어떻게 정진(精進)해야 합니까?"
"단정히 앉아 마음을 고요하게 해서 법을 사유하라. 잠만 자면 무슨 이익이 있겠는가. 화살에 맞아 고뇌 속에 있는 자들이 잠에 빠지니 일어나서 마음의 안정을 얻기 위하여 오직 배우라. 죽음의 왕은 게으르기에 힘에 굴복한 것을 알고 있다. 너를 미혹에 빠지게 하지 말라. 신들과 인간들은 애착에 사로잡혀 욕심을 버리지 못하고 있으니 집착을 초월하라. 얼마 되지 않는 시간을 헛되이 보내지 말고 시간을 헛되이 보내는 자는 지옥에 떨어져 비통에 젖게 되리라. 게으름은 먼지나 때와 같으니 먼지나 때는 게으름에서 일어난다. 힘써 닦은 밝은 지혜로 자기에게 박힌 화살을 뽑도록 하라. 라훌라야! 너는 가까이서 늘 함께 있는 습성에 젖어 현자를 경멸하지는 않았느냐? 여러 사람을 위해 횃불을 올리는 자를 너는 존경하고 있느냐?"

"저는 가까이서 늘 함께 있는 습성에 젖어도 현자를 경멸하지 않습니다. 여러 사람을 위해 횃불을 올리는 자를 저는 언제나 존경하고 있습니다."

"자랑스럽고 즐거움이 되는 오욕의 대상을 버리고 신앙심으로 집을 나와 괴로움을 멸하는 자가 되도록 하라. 좋은 친구와 사귀고 마을에서 떠나 조용한 곳에 거주하며 음식의 양을 아는 자가 되며 옷과 얻은 음식과 물건과 거처에 대해 욕심을 내지 말라. 다시 속세에 들어가지 말라. 계율의 규정을 지키고 오관을 지켜 너의 육신을 바로 보라. 참으로 속세에 싫증을 느끼는 자가 되고 애욕 때문에 아름답게 보이는 모든 외형적인 것을 버리고 생각을 골똘히 하라. 그리하여 부정한 몸인지를 통찰하고 마음을 하나로 통일하라. 마음에 형상을 두지 말며 마음속에 숨어 있는 오만을 버리게 되면 너는 마음이 안정된 나날을 보내게 되리라."

어느 때 부처님께서 코오살라의 강가에 계실 때였다. 바라문 순다리카가 강가에서 성화를 올려 제사를 지내고 있었다. 그는 불에 공양을 올리고 자리에서 일어나 사방을 두루 살피면서 말했다. 이 공물의 나머지를 누구에게 주면 좋을지 생각하고 있을 때 멀지 않는 곳에 스승이 어떤 나무 아래서 옷을 머리까지 둘러쓰고 앉아 있는 것을 보았다. 그는 왼손에는 공물의 나머지를 들고 오른손에는 물병을 들고 스승에게 다가갔다. 스승은 그 발소리를 듣고 머리에 둘러썼던 옷을 내렸다. 이 사람은 삭발한 분이 틀림없다고 생각하고 되돌아가려 했으나 다시 생각하기를 머리를 깎고 있다고 해도 누구인지 가까이 가서 그의 출신을 물어보았다.

"당신은 어느 가문의 태생이며 당신은 바라문입니까? 공물을 바치기를 원해서 묻는 것입니다."

"나는 바라문도 아니며 몸에 가진 것이 하나도 없다. 나는 최상의 깨달음을 이룬 여래이며 세상에 있는 진리를 있는 그대로 보고 걸어갈 뿐이다. 나는 중의를 걸치고 집도 없이 머리와 수염을 짧게 깎고 마음을 편안히 하고 세상에 물드는 일이 없이 세상을 걸어간다. 그대가 내게 성을 묻는 것은 마땅치 않다."

"바라문은 자기와 비슷한 사람을 만나면 바라문이 아닌지 묻기 마련입니다."

"만일 그대가 바라문이라면 나에게 말하라. 내 그대에게 설법하리니 귀를 기울이라! 태어난 가문을 묻지 말고 행위를 물어야 한다. 불은 온갖 섶에서 일어난다. 천한 집에서 태어난 자도 성자와 같이 도에 대한 뜻이 굳고 참회하는 마음으로 근신하면 고귀한 인간이 된다. 진실로써 자신을 다스리고 여러 감각 기관을 억제하며 베다의 오묘한 뜻에 통달하여 깨끗한 행동을 닦는 자들인 그들에게 때때로 공물을 바치라. 복과 덕을 구하는 바라문은 그들을 공양하라. 온갖 욕망을 버리고 집 없이 걸어가며 능히 자기 자신을 억제하고 곧고 올바른 자들인 그들에게 때때로 공물을 바치라. 복과 덕을 구하는 바라문은 그들을 공양하라. 탐욕을 떠나 여러 기관이 평정을 누리고 벗어나듯 속박되는 일이 없는 자들인 그들에게 때때로 곡물을 바치라. 복과 덕을 구하는 바라문은 그들에게 공양하라. 집착하는 일이 없이 언제나 마음을 가다듬어 자기 소유로 생각하던 것을 다 버리고 세상을 걸어가는 자들인 그들에게 때때로 공물을 바치라. 복과 덕을 구하는 바라문은 그들을 공양하라."

"어떠한 사람이 공양받을 만한 자격이 있습니까?"

"온갖 욕망을 다 버리고 탐욕을 이겨 가며 삶과 죽음의 끝을 알고 마음의 평안으로 돌아가 맑기가 호수와 같은 완전한 자인 여래(如

來)는 공양받을 자격이 있다. 눈뜬 자이고 완전한 자이며 깨달은 자인 여래는 평등하지 않은 자와는 마음이 다르다. 그는 끝없는 지혜를 가지고 있으며 이 세상이나 저세상에서 더러운 물이 드는 일이 없다. 속이거나 오만하지 않고 탐욕에서 벗어나 이것이라고 집착하는 일이 없으며 욕심이 없고 노함이 없으며 우울의 때를 씻어버린 완전한 자는 공양을 받을 만하다. 마음의 집착을 끊고 아무것에도 사로잡히지 않으며 이 세상에 있어서나 저세상에 매이지 않는 완전한 자는 공양을 받을 만하다. 마음을 언제나 고요히 하고 사나운 물결을 건너 최상의 지혜로운 법을 알아 번뇌의 때를 멸하여 최후의 육신을 가지고 있는 완전한 자는 공양을 받을 만하다. 생존의 더러움과 거친 말을 제거하고 멸하여 존재하지 않는 해탈한 완전한 자는 공양을 받을 만하다. 집착을 넘어서 오만하지 않고 바탕을 알고 아울러 번뇌를 잘 알고 있는 완전한 자는 공양을 받을 만하다. 욕망에 끌리지 않고 멀리 떠나는 것을 보고 남이 가르치는 다른 견해를 초월하여 어떤 일에도 사로잡히지 않는 완전한 자는 공양을 받을 만하다. 사물의 의미를 깨달아 마음의 평안에 돌아가 집착을 버리고 해탈한 완전한 자는 공양을 받을 만하다. 번뇌의 속박과 이 세상의 생존을 없애버린 경지를 보고 애욕의 길을 남김없이 끊어버려 깨끗하고 결함이 없으며 더러움이 없이 투명하고 완전한 자는 공양을 받을 만하다. 자기가 자기 자신을 알고 인정하지 않으며 마음이 언제나 가라앉아 육신이 똑바르고 스스로 안주하여 흔들리는 일이 없으며 마음이 거칠지 않고 의혹을 모르는 완전한 자는 공양을 받을 만하다. 미망에 의한 장애가 어디에도 존재하지 않고 모든 사물에 대하여 지혜로운 눈을 가지고 있으며 최후의 육신을 지니고 복된 무상의 도를 깨친 것만으로 인간은 깨끗해질 수 있는 완전한 자는 공양을 받을 만하다."

"당신과 같은 분을 만났으니 저의 공물은 헛되지 않겠습니다. 하늘의 범천에서 증인이 되어 살펴주소서. 스승이시여! 원하오니 저의 공양을 받아주소서!"

"시를 읊어서 얻은 것으로 공양받는 것을 눈뜬 자들은 물리친다. 일에도 도리가 있으니 이것이 생활의 방도이다. 완전한 자인 여래에게 번뇌의 때를 벗어버리고 악행을 소멸한 자에게는 다음 음식을 바쳐라. 이것은 공덕을 바라는 자의 복된 밭이기 때문이다."

"스승이시여! 저와 같은 사람의 보시를 받을 수 있는 분이며 공양할 만한 분인 당신의 가르침을 받아 자세히 알고 싶으니 가르쳐주소서!"

"격렬함을 떠나 마음에 때가 묻지 않았고 모든 욕망을 떠나 두려움을 없앤 자에게 공양하라. 한계의 번뇌를 억제하고 생사를 다 알며 성자의 덕성을 몸에 지닌 자가 왔을 때 그를 대해 눈을 찌푸려 내려다보지 말고 합장하여 그를 예배하며 공양하라. 그에게 준 보시는 뜻을 이루게 되며 공덕을 가져올 것이다."

"눈뜬 자인 당신은 공양받아 마땅합니다. 당신은 최상의 복된 밭이며 온 세상의 보시를 받으신 분입니다. 놀랍습니다. 스승이시여! 저는 부처님께 출가하여 완전한 계율을 받겠습니다."

그리하여 바라문 순다리카는 출가하여 계율을 받았다. 그러더니 얼마 후 홀로 멀리 떠나서 꾸준히 정진하기에 힘써 깨끗한 행동으로 집을 나와 집 없는 상태에 들어가는 것을 현세에서 스스로 깨달았다. 동시에 이를 증명하고 구현하며 나날을 보냈다. 깨끗한 행은 이미 완성되었으니 다시는 생존을 받는 일은 없을 것이라고 깨달은 순다리카는 수행자의 한 사람이 되었다.

어느 재가 신도가 아들을 잃고 애통한 나머지 7일간이나 음식을 먹지 않는 것을 보고 부처님이 불쌍히 여긴 나머지 그 신도의 슬픔을 제거하기 위해 설법했다.

"이 세상에서 인간의 생명은 정해 있지 않아 언제까지 살지 알 수 없으며 비참하고 짧아 고뇌로 연결되어 있다. 태어난 생명은 늙으면 언제나 죽음에 대한 두려움이 있다. 잘 익은 과일은 빨리 떨어질 우려가 있듯이 생명을 가지고 태어난 자들의 운명은 죽음을 면할 길이 없다. 이를테면 도공이 만든 그릇이 결국은 다 깨어지고 말듯이 진실로 인간의 생명도 그와 같다. 젊은이든 장년이든 어리석은 자든 현자든 모두 죽음에 굴복하며 누구나 반드시 죽는다. 그들은 죽음에 붙잡혀 가야 하겠지만 아비도 그 자식을 구할 수 없으며 친족도 그 친족을 구하지 못한다. 친족들이 비통한 마음에 잠겨 있지만 한 사람 한 사람 도살장에 끌려가는 소처럼 사라져 간다. 이처럼 세상 사람들은 죽음과 늙음으로 인해 침해당하기 마련이다. 그러나 현명한 자는 세상의 참모습을 알고 슬퍼하지 않는다. 그대는 온 자의 길을 모르며 또 간 자의 길도 모른다. 삶과 죽음의 양극을 보지 못하고 헛되이 울고만 있다. 미망에 붙들려 자기를 해치고 있는 자가 눈물과 슬픔에 잠겨 무슨 이득이 있다면 현자도 그렇게 할 것이다. 울고 슬퍼한다고 해서 마음의 평안을 얻을 수는 없다. 오직 괴로움만이 더하여 몸만 쇠퇴하며 스스로 자신을 해쳐 여위고 추하게 될 뿐이다. 그렇게 한다고 죽은 자가 어떻게 되지도 않는다. 울고 슬퍼하는 것은 헛된 일이며 우환을 버리지 못하는 자는 점점 더 고뇌를 갖기 마련이다. 죽은 자를 생각하여 흐느껴 우는 건 우환에 사로잡혀 있기 때문이다. 또한 자기의 업에 좇아 죽어가는 자들을 보라. 그들 생명 있는 자들은 죽음에 사로잡혀 떨고 있지 않은가. 사람들이 여러 가지 소망을 갖더라도 결과는 다르게 나타난다. 또 기대에 어긋나는 것도 이와 같으니 세상의 모습을 보라. 비록 사람이 백 년 혹은 그 이상을 산다 해도 결국 친족들을 떠나 이 세상에서 생명을 버리게 된다. 그러므로 존경하는 사람의 말씀을 듣고 죽은 자를 보았을 때는 이미 내 힘이 미치지 못하는 존재라고 깨닫고 비통한 생각을 버려라. 가령 불난 집을 물로 끄듯이 지혜롭고 총명한 현자들은 우환이 일어나면 그것을 곧 지워버린다. 마치 바람이 솜을 날려버리듯이 자기 자신의 즐거움을 구하는 자는 비애와 탐욕과 우환을 버려라. 번뇌의 화살을 뽑아버리고 거리낌 없이 마음의 평안을 얻게 되면 모든 우환을 초월하여 근심 없는 자가 되며 평안으로 돌아간 자가 된다."

나는 이같이 들었다. 남을 위해 걱정하고 앞날의 최상의 청정을 미리 내다본 아시타 선인의 말대로 온갖 착한 근본을 쌓은 나아라카는 위대한 승자를 기다리면서 자기 자신을 지키며 살아갔다. 드디어 위대한 승자가 법륜을 굴린다는 소문을 듣게 되자 아시타 선인의 예언이 실현되었을 때 그는 가장 뛰어난 성자를 찾아보고 기뻐하며 성스러운 행위에 대하여 가르침을 물었다.

"고타마시여! 스승께서 태어나셨을 때 아시타 선인이 한 말을 저는 분명히 알겠습니다. 그러하오니 사물의 이치에 통달하신 스승에게 묻겠습니다. 저는 출가한 몸으로 탁발의 행을 쌓으려 하오니 저에게 성스러운 행위와 최상의 도에 대하여 말씀해주십시오?"

"나는 그대에게 성스러운 행을 가르치니 이것은 행하기 어렵고 이루기 어렵다. 내 그대를 위해 이를 말하겠으니 의연하고 마음을 굳게 하라. 마을에 가서는 욕설을 듣거나 존경받거나 똑같은 태도로 취해야 한다. 욕설을 들어도 화내지 말며 존경받아도 냉정하고 우쭐거리지 말라. 비록 동산의 숲속에 있어도 불꽃 같은 갖가지 정념이 일어난다. 때때로 부녀자가 성자도 유혹한다. 그러니 수행자는 부녀자로 하여 유혹하게 하지 말라. 성관계에서 멀리하며 갖가지 욕망을 버리고 약하고 강한 모든 생명 있는 것에 대하여 적대하지 말고 애착도 느끼지 말라. 그들은 나와 같으며 나도 그들과 같다고 생각하고 생명 있는 것을 죽여서는 안 되고 타인으로 하여 죽이게 해서도 안 된다. 평범한 자들이 사로잡히는 욕망과 집념에서 떠나 올바른 눈을 가진 자는 참된 길을 걸어가라. 그리하여 지옥에서 벗어나라. 음식을 절제하여 탐내는 일이 없도록 하라. 욕망을 버리면 마음이 평안을 얻는다. 구도자는 탁발을 위해 돌아다닌 후 숲으로 돌아와 나무 아래에 앉아야 한다. 또한 마음의 안정을 누리는데 마음을 다하여 숲속에서 즐기고 나무 아래에서 고요함에 잠겨 스스로 사유하며 만족해야 한다. 날이 밝으면 마을을 찾아가라. 그들로부터 초대받거나 마을 사람들이 음식을 준다고 해도 결코 기뻐해서는 안 된다. 마을에 이르러 급하게 집마다 찾아다녀서는 안 된다. 침묵을 지키고 음식을 구한다고 말하지 말라. 음식을 얻어서 잘됐다 얻지 못한 것도 또한 잘된 일이다. 생각하고 완전한 자는 그 어느 경우에도 태연한 마음으로 돌아와야 한다. 마치 과일을 구하려고 과일나무 밑에 간 자가 과일을 얻거나 얻지 못해도 태연히 돌아오듯이 해야 한다. 바리때를 손에 들고 돌아다니니 벙어리로 생각할지도 모른다. 그리고 주는 것이 적다고 야속하게 생각해도 안 되며 주는 이를 멸시해서는 더욱 안 된다."

스승께서는 높고 낮은 갖가지 도를 설법하셨다.
"저희에게 구도자의 길을 말씀해주십시오?"
"구도자는 다시 피안에 이르는 일이 없지만 단번에 피안에 이르는 일도 없다. 윤회의 흐름을 끊어버린 수행승에게는 집착이 존재하지 않는다. 해야 할 것과 해서는 안 될 것도 다 버렸기에 번뇌가 존재하지 않는다. 나는 그대에게 구도자의 길을 말하리라. 음식을 얻을 때 면도날의 비유로써 혀로 윗입술을 누르고 배에 들어갈 음식을 절제하라. 마음이 괴롭거나 슬픔을 느껴서는 안 된다. 또한 쓸데없이 많은 걸 생각해서도 안 된다. 버릴 것이 없고 걸림이 없는 깨끗한 행으로 깨달음을 이루어야 한다. 혼자 앉아 있는 일과 도인을 섬기는 것을 배우라. 구도자의 길은 혼자 있는 데서 시작된다고 할 수 있다. 혼자 있으면서 즐거울 수 있어야 한다. 이렇게 욕망을 버리고 고요함에 잠겨 있는 여러 현자의 명성을 들으면 내 제자들은 부끄러움을 느끼고 믿음이 더욱 일어나리라. 이 일을 깊은 늪과 얕은 개울물의 비유로 알라. 얕은 개울물은 소리를 내며 흐르지만 큰 강물은 소리 없이 흐르는 법이다. 모자라는 것은 소리를 내지만 가득한 것은 조용하다. 어리석은 자는 물이 절반쯤 든 병과 같으며 현명한 자는 물이 가득한 연못과 같다. 구도자가 뜻깊은 말을 많이 하는 것은 스스로 알고 설법하기 때문이다. 스스로 알고 자기를 억제하여 여러 말을 하지 않는다면 그는 구도자로서의 행에 맞다. 그런 자는 구도자의 행을 체득한 것이다."

어느 때 스승께서 왕사성의 산봉우리에 계셨을 때 마아가라는 청년이 스승이 계신 곳으로 찾아가 앉았다.
"고타마시여! 저는 참으로 베풀며 누구에게나 구하는 자에게 기꺼이 응답하고 법에 어긋나지 않게 재물을 구합니다. 그리하여 한사람에게도 주고 많은 사람에게도 나누어 주는 제가 이렇게 주고 바치면 얼마나 많은 복과 덕을 얻겠습니까?"
"젊은이여! 그대가 참으로 그렇게 주고 바친다면 복과 덕을 얻게 되리라. 누구나 베푸는 자로서 주는 것을 요구하는 자에게 기꺼이 응하고 법에 따라 재물을 마련하여 한 사람에게 주고 나아가 백 사람에게도 주며 많은 사람에게도 주면 많은 복과 덕을 얻게 되리라."

"가사를 걸치고 집 없이 다니시는 고타마께 묻겠습니다. 베푸는 것을 요구하는 자에게 응하는 복과 덕을 구하고 공물을 바치면 제사를 올릴 때 누구에게 바치는 공물이 가장 깨끗합니까?"

"보시를 구하는 자에게 복과 덕을 구하고 공양을 바치는 자는 이 세상에서 음식을 남에게 주는 참된 보시를 받아야 할 자들을 기쁘게 할 것이다."

"마땅히 보시받을 만한 사람을 제게 말해 주십시오?"

"참으로 집착하는 일이 없이 세상을 걸어가고 가진 것 하나 없이 자기를 억제하는 완전한 그들에게 때때로 공물을 바치라. 복과 덕을 구하는 사람은 그들을 공양하라. 모든 속박에서 벗어나 스스로 억제하며 해탈하여 괴로움을 모르고 욕심이 없는 그들에게 때때로 공물을 바치라. 복과 덕을 구하는 사람은 그들을 공양하라."

"당신께선 제게 보시받을 사람들에 대하여 말씀하셨습니다. 당신께선 이치를 알고 계시기 때문에 이 세상의 모든 것을 통찰하십니다. 세상에서 남에게 음식물을 줄 때 완전한 공양을 올릴 때 어떻게 해야 하는지 말해 주십시오."

"공양을 올릴 때 언제 어디서나 마음을 깨끗이 해야 하며 마음을 안정시키고 악을 버린다. 탐욕을 떠나 악을 억제하고 끝없는 자비심을 일으켜 밤낮을 가리지 않고 언제나 한결같이 자비심을 사방에 가득히 차게 한다."

"누가 깨끗한 마음을 가지고 해탈하게 되며 어떻게 하면 범천계에 태어날 수 있습니까?"
"세 가지 자세를 갖춘 완전한 공양을 올릴 수 있는 자는 보시 받는 자들을 기쁘게 한다. 보시를 구하는 자에게 응하는 자가 이렇게 올바르게 공양하면 범천계에 태어날 수 있다."
마아가라는 목숨이 다할 때까지 재가의 신도로 받아 달라고 했다.

어느 때 바라문들이 사는 마을에 스승께서 숲에 계실 때 두 청년이 피로를 풀기 위하여 무릎을 펴고 거닐다가 토론하기 시작했다.
"바라문이란 도대체 무슨 뜻인가?"
"아버지 쪽이나 어머니 쪽 양쪽 다 함께 태생이 올바르고 유서 깊은 순결한 모태에서 7대 조상에 이르기까지 혈통에 아직 아무런 문제가 없으며 비난받은 일도 없는 사람이 바라문이다. 사람들이 계율을 지키고 덕행을 갖춘 사람을 바라문이라 할 수 있다. 사카족의 후손인 고타마께서는 출가하여 이곳 숲속에 살고 있다. 스승에게는 존경할 만한 자, 눈뜬 자, 밝은 지혜와 원만한 행을 갖춘 자, 복된 자, 세상을 아는 자, 가장 위대한 자, 사람들을 화목하게 하는 인도자, 신들과 인간의 스승, 눈이 열린 부처, 거룩한 스승, 이런 훌륭한 명성을 가지고 있다. 그러니 우리는 고타마의 분명한 대답을 듣고 그대로 따름이 좋을 것이다."
이리하여 두 청년은 스승이 계신 곳으로 찾아갔다. 스승께 절하고 나서 한쪽에 앉았다.
"저희 두 사람은 베다의 학자라고 인정하고 있으며 스스로 이렇게 생각하고 있습니다. 저희는 베다의 어구와 문법에 정통하며 낭송은 스승과도 대등합니다. 저희는 태생에 대하여 논쟁하였습니다. 친구는 혈통에 따라 바라문이 된다고 주장하는 반면 저는 행위로 바라문이 된다고 주장하였습니다. 두 사람은 상대방을 설득할 수가 없습니다. 눈뜬 자로 널리 알려진 스승께 묻고 싶어 왔습니다. 사람들이 둥근달을 향해 합장하고 경배하듯이 세상 사람들은 고타마를 존경하고 경배하니 세상의 눈으로 나타나신 분께 우리는 묻습니다. 혈통에 따라 바라문이 되는지 아니면 행위로 인하여 바라문이 되는지 알지 못하는 저희에게 알 수 있도록 말씀해주십시오?"

"그대들을 위해 갖가지 생물들의 태생에 따른 구별을 차례대로 설명하리라. 그들의 태생이 여러 가지로 다르기 때문이다. 풀이나 나무에도 종류에 따라 구별이 있음을 알라. 우리는 풀이라거나 나무라고 주장하지 않으며 그 특징은 태생에 따라 생기는 게 태생이 여러 가지로 다르기 때문이다. 구더기나 귀뚜라미와 개미에 이르기까지 벌레에도 그 종류에 따라 구별이 있음의 특징도 태생이 여러 가지로 다르기 때문이다. 작은 것이든 큰 것이든 네발의 짐승에도 종류에 따라 구별이 있음을 알라. 그 특징은 태생이 여러 가지로 다르기 때문이다. 등이 길고 배로 땅 위를 기어 다니는 뱀 같은 종류의 구별이 있음도 태생에 따라 생긴다. 물속에서 나서 물속에서 사는 물고기에도 종류에 따라 구별이 있음도 태생이 여러 가지로 다르기 때문이다. 공중을 날고 있는 새들에도 종류에 따라 구별이 있음도 태생이 여러 가지로 다르기 때문이다. 이처럼 생물에 있어서는 태생에 따라 여러 가지 특징이 있다."

"인간에게는 태생에 따라 특징이 여러 가지로 다르다고 할 수 없습니까?"

"인간은 머리나 머리카락, 귀나 눈, 입이나 코, 입술이나 눈썹에 대해서도, 목이나 어깨, 배나, 엉덩이나 가슴, 음부에 대해서도, 손이나 발, 손가락이나 손톱, 종아리나 무릎, 얼굴이나 음성에 대해서도 다른 생물들처럼 태생에 따라 생기는 특징의 구별이 인간에게는 없다. 몸을 받은 생물 사이에는 각각 구별이 있지만 인간에게는 이러한 구별이 없다. 인간에게서 구별이 나타나는 건 오직 그 명칭뿐이다. 인간 중에서 소를 길러서 생활하는 자가 있다면 그는 농부이다. 인간 중에서 갖가지 기능으로 생활하는 자가 있다면 그는 공인이다. 인간 중에서 매매하여 생활하는 자가 있다면 그는 상인이며 남에게 고용되어 생활하는 자가 있다면 그는 고용인이다. 인간 중에서 주지 않은 걸 가지고 생활하는 자가 있다면 그는 도적이지 바라문이 아님을 알라. 인간 중에서 무술로 생활하는 자가 있다면 그는 무사이며 사제직으로 생활하는 자가 있다면 그는 제관이다. 인간 중에서 고을이나 나라를 차지한 자가 있다면 그는 왕이다."

"어떤 사람을 바라문이라 부릅니까?"
"우리는 바라문인 여자의 태에서 생겨나고 또 그 어머니로부터 태어난 자도 바라문이라 하지 않는다. 어떤 소유물에 사로잡혀 있다. 아무것도 갖지 않고 집착이 없는 사람을 바라문이라 부르며 모든 속박을 끊고 두려움을 모르며 모든 집착을 초월하여 사로잡히지 않으며 장애를 없앤 사람을 바라문이라 부른다. 화내는 일이 없고 도덕을 지키며 계율을 받들고 욕심을 부리는 일이 없이 몸을 수양하여 최후의 육신에 도달한 자를 바라문이라고 부른다. 연잎의 이슬처럼 송곳 끝의 겨자씨처럼 갖가지 욕정에 더럽혀지지 않는 자를 바라문이라 부른다. 이 세상에서 이미 자기의 고뇌가 멸했음을 알며 무거운 짐을 내리고 사로잡히는 일이 없는 자를 바라문이라 부른다. 지혜가 깊고 총명하며 온갖 도에 통달하여 최고의 목적에 도달한 자를 바라문이라 부른다. 재가자나 출가자와도 어울리지 않고 집 없이 편력하며 욕심이 적은 사람을 바라문이라 부른다. 강하거나 약한 어떤 생물에게도 폭력을 쓰지 않고 죽이지도 않고 죽게 하지도 않는 자를 바라문이라 부른다. 적의를 갖는 자들 속에서도 적의를 품지 않고 폭력을 사용하는 자들 속에서도 마음이 온유하며 집착하는 자들 속에서도 집착하지 않는 자가 바라문이다. 겨자씨가 송곳 끝에서 떨어지듯이 애착과 증오와 거만과 은폐를 제거한 자를 바라문이라 부른다. 난폭하지 않고 말을 전하는 데 진실하며 말로써 남의 감정을 상하게 하지 않는 자를 바라문이라 부른다. 이 세상에서 길고 짧거나 가늘거나 굵고 깨끗하거나 더럽거나를 막론하고 주지 않는 것을 가지려고 하지 않는 자를 바라문이라 부른다. 이 세상에서나 저세상에서도 바라지 않으면 욕구도 걸림도 없는 자를 바라문이라 부른다. 무엇에도 매이는 일이 없이 일체를 깨달아 의혹에서 벗어나 결코 죽는 일이 없는 경지에 도달한 자가 바라문이다. 이 세상의 화와 복 어느 것에도 사로잡히지 않으며 근심 걱정이 없고 더러움에 물들지 않은 깨끗한 사람이 바라문이다. 구름에 가리지 않은 달처럼 맑고 깨끗하여 흐려 있지 않으며 환락의 생활을 버린 자를 바라문이라 부른다. 이 힘들고 험난한 길과 윤회와 미망을 떠나 거센 물결을 건너 피안에 도달하고 정신을 안정시켜 욕심과 의혹과 집착함이 없이 마음이 편안한 자를 바라문이라 부른다."

"이 세상에서 애착과 욕망을 끊고 출가하여 편력하며 애착에 젖은 생활을 버린 자도 바라문이라 부릅니까?"

"인간의 굴레를 버리고 하늘의 굴레도 벗어나 모든 굴레에서 떠난 자를 바라문이라 부른다. 쾌락과 쾌락이 아닌 것도 버리고 깨끗하고 맑아져 사로잡히는 일이 없이 온 세계를 이긴 영웅을 나는 바라문이라 부른다. 살아있는 모든 것들의 생사를 알고 집착함이 없는 복된 깨달은 자가 바라문이다. 신들이나 인간도 그의 행방을 알 수 없는 사람이나 번뇌의 때를 씻어버린 사람을 바라문이라 부른다. 과거나 현재나 미래에도 가진 것이 없으며 집착하지 않는 사람을 바라문이라 부른다. 이 세상에서 부르는 이름이나 성은 통칭에 지나지 않으며 사람이 태어났을 때 그때마다 임시로 붙여 전해지는 것이다. 성명이 임시로 붙여진 것을 모르는 자들은 그릇된 선입관을 오랫동안 갖게 된다. 알지 못하는 사람들은 말한다. 태생에 따라 바라문이 되는 것이 아니며 태생에 따라 바라문이 안 되는 것도 아니다. 행위에 따라 바라문이 되기도 하고 행위에 따라 바라문이 안 되기도 한다. 행위에 따라 농부가 되고 행위에 따라 공인이 된다. 행위에 따라 상인이 되며 행위에 따라 고용인이 된다. 행위에 따라 도적이 되고 행위에 따라 무사가 된다. 현자는 이렇게 행위를 있는 그대로 본다. 그는 그 근원을 보는 자이며 행위와 과보(果報)를 잘 알고 있다. 세상은 행위로 인해 존재하며 사람들도 행위로 인해 존재한다. 살아있는 모든 것들은 업에 매여 있다. 마치 굴러가는 수레가 축(軸)에 연결되어 있듯이 고행과 청정한 행위와 감각과 기관의 억제와 자제로 되는 게 가장 훌륭한 바라문이다. 베다를 갖추고 마음이 평안하여 다시는 이 세상에 태어나는 일이 없는 모든 아는 자들이 하늘의 세계로 가게 된 줄 알아야 한다."

이같이 말씀을 듣고 두 청년은 스승을 향해 귀의하겠다고 말하고 목숨이 다할 때까지 재가의 신도로 받아주기를 원했다.

어느 때 존귀하신 스승에서 제타 숲속 장자의 동산에 계실 때 수행승 코오칼리야가 스승이 계시는 곳으로 가서 말했다.

"존귀하신 스승이시여! 사리푸트라와 목갈라나는 사악한 생각이 있으며 나쁜 욕심에 사로잡혀 있습니다."

"그렇게 말하지 말라. 사리푸트라와 목갈라나를 믿고 사랑하라. 그들은 선량한 사람들이다."

"저는 스승님을 믿고 의지하고 있지만 그들은 사악한 생각이 있으며 나쁜 욕심에 사로잡혀 있습니다."

"그렇게 말하지 말라. 사리푸트라와 목갈라나를 믿고 사랑하라. 그들은 선량한 사람들이다."

이에 코오칼리야는 자리에서 일어나 스승에게 배례하고 오른쪽으로 돌아 나가버렸다. 그가 나가자 곧 몸에 겨자씨만 한 부스럼이 돋아났다. 처음에는 겨자씨만 하던 게 점점 녹두 알만 해지더니 콩알만큼 커지고 다시 대추 씨만큼 커졌다. 나중에는 다 익은 모과만큼 커지더니 터져서 고름과 피가 쏟아져 나와서 결국 그 병 때문에 죽었다. 그는 사리푸트라와 목갈라나에게 적의를 가졌기에 죽어서는 홍련 지옥에 태어난 사실을 사바세계의 주인인 범천이 알려주었다. 스승께서는 날이 밝자 수행승들에게 말씀하셨다.

"수행승들이여! 어젯밤 사바세계의 범천이 자정이 지났을 무렵 내가 있는 곳에 이르러 코오칼리야는 사리푸트라와 목갈라나에게 적의를 가졌기에 죽어서 홍련 지옥에 태어났다고 말하고 자리에서 사라졌다."

스승의 이야기를 듣고 한 수행승이 말했다.

"존귀하신 스승이시여! 홍련 지옥에서의 수명은 얼마나 됩니까?"

"홍련 지옥에서의 수명은 길다. 이를 몇백 년이나 몇천 년이라고 수를 세기가 어려우니라."

"홍련 지옥에서의 수명을 비유로 설명하실 수 있지 않겠습니까?"

"예컨대 깨가 한 수레가 있는데 한 사람이 한 알씩 모두 꺼내더라도 지옥이 끝나지 않는다. 그런데 코오칼리야는 사리푸트라와 목갈라나에게 적의를 가졌기에 홍련 지옥에 태어난 것이다. 사람이 태어날 때 입 안에 도끼를 가지고 나온다. 어리석은 자는 더러운 말을 함으로써 그 토끼로 자기 자신을 찍는다. 비방 받을 자를 찬양하고 찬양해야 할 자는 비방하는 입으로 죄를 거듭하기에 즐거움을 누리지 못한다. 도박으로 재산을 잃는 자는 비록 자기 자신을 포함하여 모든 것을 잃는다고 할지라도 그러한 불행을 대단한 게 아니다. 그러나 완전한 경지에 도달한 자들에 대하여 악의를 품는 죄는 실로 무거운 것이다. 악의를 가지고 더러운 말로 성자를 비방하는 자는 최고의 지옥에 떨어진다. 거짓말을 하는 자는 실제로 하고도 나는 하지 않았다고 말하는 자와 같다. 이들은 다 비열한 행위자로서 죽은 뒤에는 같은 내세를 더듬게 지옥에 떨어지게 된다. 마음이 깨끗하여 남을 해치려 하지 않는 때 묻지 않은 자를 미워하는 어리석은 자에게는 반드시 그러한 악이 되돌아온다. 이는 바람을 거슬러 먼지를 날리는 것과 같다. 갖가지 탐욕을 일삼으며 믿음이 없고 인색하며 불친절하고 이기적이며 이간질하는 말을 일삼는 자는 말로써 남을 때린다. 입버릇이 나쁘고 성실치 못한 천한 자나 생명을 죽이고 사악하여 악행을 일삼는 자는 야비하고 불량하며 덜된 자이니 너무 입만 놀리는 자들은 지옥에 떨어진다. 그런 자들은 사방에 먼지를 뿌려 해를 불러들이고 어진 사람들을 비난하여 죄를 지으며 악한 일을 많이 하여 오랫동안 깊은 구렁에 떨어질 것이다."

"어떻게 하여야 지옥을 벗어날 수 있겠습니까?"
"어떤 업도 멸하는 일이 없다. 그것은 반드시 되돌아와 그 업을 이룬 그 임자가 받기 마련이다. 어리석은 자는 죄를 짓고 내세에서 그 고통의 결과를 받는다. 지옥에 떨어진 자는 쇠 송곳에 꿰이고 날카로운 칼이 달린 철창에 찔리는 것같이 스스로 고통을 느끼게 된다. 또한 벌겋게 단 쇳덩이를 일찍이 지은 업만큼 음식으로 받아야 한다. 지옥에 떨어진 자들은 활활 타오르는 무서운 불 속으로 들어가게 되는 것처럼 고통을 느낀다. 그리하여 이윽고 깜깜한 암흑 속에 이르며 안개처럼 끝없이 퍼져 있는 지옥에 떨어진 자들은 불이 타오르는 구리로 만든 가마솥에 들어가듯이 고통스럽다. 어리석은 이들은 나쁜 일을 하고 죄를 범함으로써 그곳으로 떨어진다. 죄를 범한 자가 받게 되는 지옥살이는 참으로 비참하다. 그러므로 누구나 이 세상에서 삶을 누리고 있는 동안 모쪼록 마땅히 해야 할 일을 할 것이며 결코 소홀히 해서는 안 된다. 홍련 지옥에 떨어진 자의 수명은 수레에 가득 실은 깨알만큼 된다고 지혜로운 자들은 헤아렸으나 햇수는 헤아릴 수가 없다. 여기서 말하는 괴로움은 아무리 오래 계속된다고 해도 지옥에 머물러야 한다. 그러므로 누구나 깨끗하고 어질고 착한 미덕을 위해 항상 그 말과 마음을 가다듬어야 한다."

부처님이 열반에 드신 지 오래지 않았을 무렵 나는 죽림정사에 있었다. 나는 탁발하기에는 너무 이르다고 생각되어 브라만 고파카가 일하는 곳으로 갔다. 그는 나를 환영하면서 자리를 권하였다.

"아난다 존자님! 궁금한 것이 있는데 부처님의 제자 중에 온전히 깨달으신 부처님의 모든 자질을 갖춘 제자가 한 사람이라도 있습니까?"
"온전히 깨달으신 부처님의 모든 자질을 갖춘 제자는 한 사람도 없습니다. 부처님은 일어나지 않은 길을 일으킨 분이고 없던 길을 만든 분이며 선포되지 않은 길을 선포한 분입니다. 부처님은 길을 아는 분이며 길을 발견한 분이며 길에 통달한 분입니다. 그런데 지금 제자들은 길을 따라서 수행한 후에 그 길을 성취하게 됩니다."
우리 두 사람의 대화는 마가다국의 대신이며 브라만의 등장으로 중단되었는데 일을 감독하다가 나를 찾아왔다.
"아난다 존자님! 무슨 이야기를 하고 계셨으며 중단된 이야기는 무엇입니까?"

우리는 하고 있던 대화를 말해 주었다.

"아난다 존자님! 부처님이 세상을 떠나면 이 사람이 그대들의 의지처가 될 것이고 그에게 의지하라고 지명하신 제자가 한 사람이라도 있습니까?"

"부처님께서 의지하라고 지명한 제자는 한 사람도 없습니다."

"부처님이 열반하시면 우리의 의지처가 될 것이며 의지하라고 승단에서 동의하고 장로와 비구들에 의해 지명된 비구가 한 명이라도 있습니까?"

"승가에서 동의하고 많은 장로 비구들에 의하여 지명된 비구는 없습니다."

"의지처가 없다면 무엇이 화합의 이유입니까?"
"브라만이여! 우리에게 의지처가 없는 것이 아닙니다. 부처님의 가르침이 우리의 의지처입니다."

"가르침이 의지처라고 하신 말의 뜻을 어떻게 이해해야 하겠습니까?"
"브라만이여! 정해진 수련 규칙이 있습니다. 온전히 깨달으신 부처님은 제자들을 위하여 계율을 정하셨습니다. 매월 두 번 계율 준수일에 같은 지역과 마을에 사는 우리는 함께 모입니다. 모였을 때 계율을 외울 사람을 요청합니다. 계율을 외우고 있는 동안 만약 어떤 비구가 가르침을 어긴 게 생각나면 잘못을 고백하고 우리는 배운 바에 따라서 가르침에 따라서 잘못을 처리합니다. 그 사람의 잘못을 처리하는 건 우리가 아니고 부처님의 가르침입니다."

제4부
석가모니의 가르침

석가모니의 가르침

어느 때 부처님은 기원정사에 계셨을 때 비구들에게 말씀하셨다.
"비구들이여! 그대들에게 연기(緣起)에 대하여 설하리라. 연기란 무엇인가? 어리석음이 있기에 형성이 있으며 형성이 있기에 의식이 있으며 의식이 있기에 이름과 모양이 있다. 이름과 모양이 있기에 여섯 감각 기관이 있으며 여섯 감각 기관이 있기에 접촉이 있으며 접촉이 있기에 느낌이 있다. 느낌이 있기에 갈망과 애착이 있으며 갈망과 애착이 있기에 집착이 있으며 집착이 있기에 존재가 있으며 존재가 있다. 태어남이 있으며 태어남이 있기에 늙음, 죽음, 슬픔, 한탄, 고통, 불쾌, 절망이 있다. 이같이 해서 괴로움의 전체 덩어리가 일어나는 것을 연기법이라 한다."

"어떻게 해야 괴로움의 전체 덩어리가 소멸합니까?
"어리석음이 없으면 형성이 없으며 형성이 없으면 의식이 없으며 의식이 없으면 이름과 모양이 없으며 이름과 모양이 없으면 여섯 감각 기관이 없으며 여섯 감각 기관이 없으면 접촉이 없으며 접촉이 없으면 느낌이 없다. 느낌이 없으면 갈망과 애착 없으며 갈망과 애착이 없으면 집착이 없으며 집착이 없으면 존재가 없으며 존재가 없으면 태어남이 없으며 태어남이 없으면 늙음, 죽음, 슬픔, 고통, 불쾌. 절망이 없다."

사왓티에서 부처님은 제자들에게 가르쳤다.
"그대들에게 연기의 가르침을 자세하게 분석하겠다.
무엇이 늙음과 죽음인가? 여러 가지 존재하는 것들이 노쇠하고 이가 빠지고 머리는 백발이 되고 피부는 주름지고 원기가 줄어들고 감각 기관이 퇴화하는 것을 늙음이라 한다. 여러 가지 존재하는 것들이 사망하고 죽고 오온(五蘊)이 흩어지고 버려지고 흩어지고 사라지는 것을 죽음이라 한다.
무엇이 태어남인가? 여러 가지 존재하는 것들이 잉태하여 태어나서 오온이 나타나고 감각기관들이 생기는 것을 태어남이라 한다.
무엇이 존재인가? 세 가지 종류의 존재인 감각(感覺)의 존재, 형상(形相)의 존재, 무형상(無形相)의 존재가 있다.
무엇이 집착인가? 집착에는 감각적 쾌락에 대한 집착, 견해에 대한 집착, 규율이나 제식 관례 의식에 대한 집착, 자아 이론에 대한 집착이다.
무엇이 갈애(渴愛)인가? 갈망과 애착에는 보이는 형상에 대한 갈망과 애착, 들리는 소리에 대한 갈망과 애착, 냄새에 대한 갈망과 애착, 맛에 대한 갈망과 애착, 촉감에 대한 갈망과 애착, 마음이 바깥 현상을 접촉했을 때의 갈망과 애착이 있다.
무엇이 느낌인가? 느낌에는 눈에 보이는 느낌, 귀에 들리는 느낌, 코에 의한 냄새의 느낌, 혀에 의한 맛의 느낌, 몸에 의한 만져지는 느낌, 마음에 의한 인식하는 느낌이다.
무엇이 접촉인가? 접촉에는 눈, 귀, 코, 혀, 몸, 마음의 접촉이 있다.

무엇이 여섯 감각 기관인가? 눈, 귀, 코, 혀, 몸, 마음의 감각이다. 무엇이 이름과 모양인가? 느낌, 지각, 의도, 접촉, 주의, 집중을 이름이라 한다. 지, 수, 화, 풍, 네 가지 큰 요소에서 온 모양이 있다.

무엇이 의식인가? 의식에는 눈으로 보고 귀로 듣고 코로 냄새 맡고 혀로 맛보고 몸으로 닿아서 일어나고 마음으로 느끼어 일어남이 있다.

형성(形成)에는 생각으로 업을 짓고 말로 업을 짓고 행동으로 업을 짓는다.

무엇이 어리석음인가? 괴로움을 알지 못하고 괴로움의 근원을 알지 못하고 괴로움의 소멸을 알지 못하고 괴로움의 소멸에 이르는 길을 알지 못하는 것을 어리석음이라 한다."

아나타핀디카 장자는 부처님께 여쭈었다.
"지혜로써 철저하게 꿰뚫어 보고 선명하게 보는 훌륭한 방법은 무엇입니까?"
"장자여! 나의 거룩한 제자들은 연기의 가르침을 철저하고 치밀하게 이같이 살핍니다. 이것이 있으면 저것이 있고 이것이 없으면 저것이 없다. 이것이 일어나면 저것이 일어나고 이것이 소멸하면 저것이 소멸한다. 이 연기의 도리가 바로 나의 거룩한 제자가 진리를 철저하게 꿰뚫어 보고 선명하게 보는 훌륭한 방법입니다."

어느 때 부처님은 기원정사에 계셨을 때 제자들에게 이같이 가르치셨다.
"그대들에게 여덟 가지 거룩한 길에 대하여 분석하겠다. 여덟 가지의 거룩한 길은 바른 견해, 바른 생각, 바른말, 바른 행동, 바른 생활수단, 바른 정진, 바른 마음, 바른 집중이다.

바른 견해는 괴로움에 대하여 알고 괴로움의 근원을 알고 괴로움의 소멸을 알고 괴로움의 소멸에 이르는 길에 대하여 아는 것이다.

바른 생각은 악을 행하지 않으려는 생각과 남을 해치지 않으려는 생각을 말한다.

바른말은 거짓말하지 않고 이간질하지 않고 악담하지 않고 쓸데없는 잡된 말을 하지 않는 것이다.

바른 행동은 살아있는 생명을 죽이지 않고 주지 않는 건 갖지 않고 삿된 음행 하지 않는 것을 말한다.

바른 생활수단은 잘못된 방법으로 생계를 유지하지 않고 바른 방법으로 생계를 유지하는 것을 말한다.

바른 정진은 악한 생각이 장차 일어나지 않도록 하고 악한 생각을 버리도록 최선을 다하여 노력하며 선한 생각을 일으키도록 하며 선한 생각을 더욱 성장하도록 최선을 다하여 노력하는 것이다.

바른 마음은 열성적으로 분명하게 알아차리고 세상에 대한 탐욕과 낙담을 버리고 몸과 느낌과 마음을 관찰하며 진리를 있는 그대로 관찰하며 머문다.

바른 집중은 감각적 쾌락과 바람직하지 못한 모든 것에서 벗어나 사유와 숙고가 있으며 홀로 고요함에서 오는 환희와 기쁨이 있는 선정에 머문다."

"어떻게 하여야 바르게 집중하고 사유하여 괴로움과 절망을 벗어날 수 있습니까?"

"사유와 숙고를 멈추고 안으로의 평온함과 마음의 집중됨이 있으며 사유와 숙고가 없이 환희와 기쁨이 있는 선정에 머문다. 환희가 사라진 후 평정한 마음과 분명한 알아차림과 육신의 행복을 느끼며 머문다. 거룩한 이들이 말하는 평정과 마음을 다스리는 사람은 행복하게 머문다고 하는 선정에 머문다. 고통도 쾌락도 버리고 전에 있던 행복도 불행도 버리고 괴로움도 즐거움도 없고 평정으로 도달한 마음의 순수함이 있는 선정에 머문다. 감각적 욕망, 악한 생각, 해치려는 생각은 원인 없이 일어나지 않는다. 이것들이 일어나는 것은 악한 마음으로 감각적 욕망과 해치려는 생각과 말과 행동이 잘못된 행동이다. 마치 어떤 사람이 활활 타는 횃불을 마른풀의 정글에 떨어뜨렸다고 할 때 만일 재빨리 손발로 불을 끄지 않으면 풀에 사는 생물들과 나무들은 재난을 만날 것이다. 이와 마찬가지로 옳지 않은 생각을 재빨리 내버리지 않고 흔적조차 없애지 않고 완전히 말살시키지 않으면 그는 이 세상을 괴로움과 절망을 가지고 고통 속에서 살게 된다. 또한 죽은 후에도 나쁜 곳에 가게 된다. 자비로운 생각이나 친절한 생각도 또한 원인 없이 일어나지 않는다. 수행자가 옳지 않은 생각을 재빨리 내버리고 흔적조차 없애고 완전히 말살시키면 괴로움과 절망이 없으며 이 세상을 행복하게 살게 된다."

어느 때 부처님은 기원정사에 계셨을 때 부처님은 라훌라에게 이렇게 가르치셨다.
"라훌라야! 물질은 영원한가? 아니면 무상한가?"
"무상합니다."
"무상한 것은 괴로운가? 아니면 행복한 것인가?"
"괴로운 것입니다."
"무상하고 괴롭고 변화하는 것을 나의 것이라거나 나 자신이라고 생각하는 것은 옳은가?"
"옳지 않습니다."
"느낌과 지각과 형성과 의식은 영원한가? 무상한가?"
"무상합니다."

"무상한 것은 괴로운가? 행복한 것인가?"
"괴로운 것입니다."
"무상하고 괴롭고 변화하는 것을 나의 것이라거나 나 자신이라고 생각하는 것은 옳은 것인가?"
"옳지 않습니다."
"이같이 무상한 줄 알기 때문에 잘 배운 거룩한 제자들은 물질에 집착하지 않고 느낌에 집착하지 않고 지각과 형성과 의식에 집착하지 않는다. 집착하지 않기 때문에 욕망에서 벗어난다. 욕망에서 벗어남을 통하여 해탈을 얻는다."

"어떻게 알고 보아야 의식을 가지고 있는 육신과 모든 바깥 대상에서 헛된 자만심에서 벗어나 평화롭고 훌륭한 해탈에 이릅니까?"
"라훌라야! 어떤 종류의 물질이든 즉 과거 현재 미래 중 어디에 속하든 밖에 있든 안에 있든 거칠거나 미세하거나 열등하거나 우수하거나 멀리 있거나 가까이 있거나 모든 물질들을 나의 것이 아니다. 나 자신이 아니라고 바른 지혜로 보는 사람은 집착 없는 해탈에 이른다. 어떤 종류의 느낌도 모두 나의 것이 아니고 나 자신이 아니라고 바른 지혜로서 있는 것을 있는 그대로 실상을 보아야 한다."

어느 때 부처님은 사슴 동산에 계셨을 때 나이 많은 장자가 부처님께 와서 인사를 드리고 말씀드렸다.
"저는 나이가 많고 생의 마지막 단계에 이른 늙은이입니다. 육신의 병은 항상 저를 괴롭혀서 내 마음을 풍요롭게 해주시는 부처님이나 비구들을 거의 친견할 수도 없습니다. 제가 오랫동안 이익과 행복을 누릴 수 있도록 활기와 안락함을 주십시오?"
"장자여! 정말 그대의 육신은 쇠약하고 그대에게 고통을 주고 있습니다. 이런 육신을 끌고 다니는 사람이 잠깐의 건강을 건강하다고 말한다면 어리석은 일입니다. 그러므로 그대는 몸이 병들어도 마음은 병들지 않았으니 이같이 자신을 단련하여야 합니다.”

장자는 기쁘게 부처님의 말씀을 듣고서 사리푸트라에게 갔다.

"장자여! 그대의 감각과 기관은 고요하며 안색은 깨끗하고 밝습니다. 부처님 앞에서 가르침을 들었습니까?”

"방금 부처님의 훌륭하신 가르침을 들었습니다.”

장자는 부처님과 대화의 내용을 말하니 사리푸트라는 이렇게 말하였다.

"장자여! 무엇이 몸과 마음이 병드는 것이고 무엇이 몸은 병들어도 마음은 병들지 않는 것인지 부처님께 여쭈어보지 않았습니까?”

"사리푸트라 존자님께 그 뜻을 들으려고 이렇게 왔습니다. 선명하게 뜻을 말해 주신다면 정말 좋겠습니다.”

"장자여! 무엇이 몸도 병들고 마음도 병드는 것입니까? 가르침을 모르는 범부들은 물질은 나의 것이라는 생각에 사로잡혀 있기에 물질이 변하는 본성 때문에 물질이 변하고 바뀔 때 슬픔과 괴로움이나 한탄과 절망이 일어납니다. 이것이 몸도 마음도 병드는 것입니다. 몸은 병들어도 마음은 병들지 않는 것은 가르침을 잘 배운 훌륭한 제자들은 물질은 나의 것이라고 집착하지 않기에 변하고 바뀌어도 슬픔과 괴로움이나 한탄과 절망이 일어나지 않습니다. 물질은 무상한 것이며 무상한 것은 괴로운 것이다. 괴로운 것은 무아이며 무아인 것은 나의 것이 아니다. 이것은 내가 아니며 나의 자아가 아니라고 있는 그대로 사실을 지혜로 보는 사람은 번뇌에 집착하지 않고 욕망에서 벗어납니다. 느낌과 지각과 형성과 의식은 무상하며 무상한 것은 괴로운 것이다. 괴로운 것은 나의 자아가 아니라고 있는 그대로 사실을 보아야 합니다. 이같이 바른 지혜를 가지고 있는 것을 있는 그대로 보는 사람은 번뇌에 집착하지 않음으로 욕망에서 벗어납니다."

어느 때 부처님은 갠지스강둑에서 제자들에게 가르치셨다.
"갠지스강물이 흐름에 따라 거대한 거품 덩어리를 실어 내린다고 하자. 그런데 시력이 좋은 사람이 이것을 관찰하고 주의 깊게 조사하면 거품 덩어리의 실체는 비어 있고 실체가 없음을 발견할 것이다. 이와 마찬가지로 어떤 종류의 물질이 있다 하더라도 그것을 잘 관찰하고 주의 깊게 조사해 보면 물질은 비어 있고 실속이 없고 실체가 없음을 발견할 것이다. 거품 덩어리의 실체는 가을에 굵은 빗방울이 떨어질 때 물거품이 일어났다가 물의 표면에서 사라질 때 만일 예리한 시력으로 거품 덩어리의 실체를 잘 관찰하고 주의 깊게 조사해 보면 비어 있고 실체가 없음을 발견할 것이다. 이와 마찬가지로 어떤 종류의 느낌이 있다 하더라도 늦여름 한낮에 어른거리는 아지랑이가 피어오를 때 실체가 없음을 발견할 것이다. 이와 마찬가지로 어떤 종류의 지각이 있다 하더라도 실체가 없음을 발견할 것이다. 지각의 실체는 어떤 사람이 단단한 나무의 심을 찾아서 날카로운 도끼로 높이 솟은 큰 파초 둥치를 보고는 뿌리를 베어서 자르고 한 꺼풀씩 껍질을 벗겨내었으나 속 안에 부드러운 나무줄기도 발견하지 못하는데 어찌 단단한 나무의 심을 발견하겠는가. 파초를 관찰하여도 실체가 없음을 발견할 것이다. 이와 마찬가지로 어떤 종류의 형성이 있다 하더라도 실체가 없음을 발견할 것이다. 마술사가 속임수의 마술을 보여준다고 하여도 실체가 없음을 발견할 것이다. 이와 마찬가지로 어떤 종류의 의식이 있다 하더라도 실체가 없음을 발견할 것이다. 여래의 가르침을 잘 배운 거룩한 제자들은 물질에 집착하지 않고 느낌에 집착하지 않고 지각에 집착하지 않고 형성에 집착하지 않고 의식에 집착하지 않는다. 집착하지 않기 때문에 욕망에서 벗어나 해탈한다."

부처님은 이어서 게송으로 말씀하셨다.
"물질은 거품 덩어리 같고 느낌은 물거품 같고 지각은 아지랑이 같고 형성은 파초 둥지 같고 의식은 마술과 같다. 이같이 태양의 후예가 가르치셨네. 그러나 찬찬히 관찰하고 주의 깊게 조사하여 보면 그것은 비어 있고 실체가 없는 것이네."

부처님은 오온이 비어 있음을 관찰하는 것에 대하여 말씀하셨다.
"부지런한 정진력으로 이같이 오온을 관찰하여야 한다. 낮이든 밤이든 마음을 다스려 알아차려라. 모든 속박을 끊어버리고 자기 자신을 의지처로 삼아 불멸의 길을 열망하면서 머리에 불이 붙은 것같이 수행하여라. 눈, 귀, 코, 혀, 몸, 마음은 무상하다. 무상한 것은 괴로운 것이다. 괴로운 것은 나의 것이 아니다. 이것은 나의 자아가 아니라고 있는 그대로 보아야 한다. 이같이 보기 때문에 가르침을 잘 받은 훌륭한 제자는 여섯 감각 기관인 눈, 귀, 코, 혀, 몸, 마음에 집착하지 않으며 집착하지 않기에 욕망에서 벗어나 해탈한다. 모양, 소리, 냄새, 맛, 촉감, 마음의 대상은 무상하다. 무상한 것은 괴로운 것이나 나의 것이 아니라고 있는 그대로 보아야 한다. 이같이 보기 때문에 가르침을 잘 받은 훌륭한 제자는 물질의 모양, 소리, 냄새, 맛, 촉감, 마음의 대상에 집착하지 않으며 집착하지 않기에 욕망에서 벗어나 해탈한다. 접촉의 감각기관들을 잘 길들이지 않고 지키지 않고 절제하지 않으면 괴로움을 가져온다. 눈을 잘 길들이지 않고 지키지 않고 절제하지 않으면 괴로움을 가져온다. 마찬가지로 귀, 코, 혀, 몸, 마음도 잘 길들이지 않고 지키지 않고 절제하지 않으면 괴로움을 가져온다. 그러나 만일 감각 기관을 잘 길들이고 지키고 절제하면 행복을 가져온다. 눈을 잘 길들이고 지키고 절제하면 행복을 가져온다. 마찬가지로 귀, 코, 혀, 몸, 마음도 잘 길들이고 지키고 절제하면 행복을 가져온다."

이어서 부처님은 게송으로 말씀하셨다.

"여섯 가지 감각 기관을 길들이지 않으면 괴로움을 겪는다. 이것들을 절제할 줄 아는 사람은 믿음을 벗 삼아 타락함 없이 머문다. 즐거움을 주거나 즐거움을 주지 않는 어떤 대상을 보았을 때 즐거움을 주는 대상에 대한 욕망을 버려라. 내게 즐거움을 주지 않는다고 생각함으로써 마음을 타락하게 하지 말라. 유쾌한 소리를 듣거나 불쾌한 소리를 들었을 때 유쾌한 소리에 매혹되지 말라. 불쾌한 소리의 싫어함을 버려라. 나를 불쾌하게 한다고 생각함으로써 마음을 타락하게 하지 말라. 향기롭고 기분 좋은 냄새를 맡거나 썩은 악취 냄새를 맡았을 때 썩은 악취 냄새의 싫어함을 버려라. 또한 좋은 냄새에 대한 욕망을 버려라. 달고 맛있는 음식을 즐기거나 쓴맛을 맛볼 때 달콤한 맛을 욕심스럽게 즐기지 말며 쓴맛을 싫어하는 마음을 내지 말라. 기분 좋은 감촉에 매혹되지 말고 괴로운 감촉에도 흔들리지 않으며 유쾌하거나 괴롭거나 어느 쪽에도 치우치지 않으니 좋다고 취하고 싫다고 내치지 않는다. 집착에 묶인 범부들이 집착된 줄 알면 모든 세속의 저열한 묶임을 벗어버리고 벗어남의 길을 간다. 이 같이 마음이 여섯 감각 기관에 잘 수행이 되어 있으면 더 이상 마음은 흔들리지 않는다. 그대들은 욕망과 증오를 모두 극복하여 태어남과 죽음을 넘어 저 언덕으로 가라."

어느 때 사리푸트라는 마가다의 어느 마을에 있었을 때 방랑 수행자 잠부카다카가 물었다.

"벗이여! 열반을 말하는데 열반이란 무엇입니까?"

"최상의 깨달음을 이루신 여래께서 말씀하시는 열반이란 탐욕을 소멸하고 성냄을 소멸하고 어리석음을 소멸한 경지입니다."

"그러면 열반에 이르는 길은 무엇입니까?"
"벗이여! 성스러운 여덟 가지 열반에 이르는 길이 있습니다. 즉 바른 견해, 바른 생각, 바른말, 바른 행동, 바른 생활수단, 바른 정진, 바른 마음의 다스림, 바른 집중입니다. 바른길은 열반에 이르는 훌륭한 길이며 정진하기에 합당합니다."

"사리푸트라여! 무엇이 아라한과입니까?"
"아라한과란 탐욕을 소멸하고 성냄을 소멸하고 어리석음을 소멸한 경지입니다. 여덟 가지 길이 아라한과를 얻는 길입니다. 즉 바른 견해, 바른 생각, 바른말, 바른 행동, 바른 생활수단, 바른 정진, 바른 마음의 다스림, 바른 집중입니다."

어느 때 방랑 수행자가 부처님께 이렇게 말하였다.
"고타마여! 자아(自我)가 있습니까?"
이에 부처님은 아무 대답 없이 침묵하고 계셨다.
"그러면 자아가 없습니까?"
두 번째도 역시 부처님은 침묵하고 계셨다. 그러자 왓차고타는 일어나 떠나갔다. 나는 부처님께 여쭈었다.
"질문에 대답하지 않으신 이유는 무엇인지요?"
"아난다야. 그가 자아가 있는지 질문했을 때 내가 만일 자아가 있다고 대답한다면 그것은 영원한 자아를 믿는 수행자들이나 브라만들의 이론에 찬동하는 격이다. 또한 만일 자아가 없다고 대답한다면 그것은 무아 수행자들이나 브라만들의 이론에 찬동하는 격이다. 그가 자아가 있는지 질문했을 때 만일 자아가 있다고 대답한다면 그것은 모든 것은 무아라는 나의 이론과 일치하는가?"

"일치하지 않습니다."

"왓차고타가 자아가 없는지 질문했을 때 만일 자아가 없다고 대답한다면 그는 전에 나는 자아가 있었다. 그러나 지금 나는 더 이상 자아가 없다고 이미 혼란에 빠진 그는 더욱더 혼란에 빠질 것이다."

어느 때 부처님은 사왓티에 계셨을 때 어떤 비구가 부처님께 여쭈었다.

"청정한 삶이란 어떤 것이며 그 목표는 무엇입니까?"

"청정한 삶이란 바로 탐욕을 쳐부수고 성냄을 쳐부수고 어리석음을 쳐부수는 게 청정한 삶의 목표이다. 마치 항아리가 받침대가 없으면 쉽게 넘어지고 받침대가 있으면 넘어지기 어려운 것처럼 마찬가지로 마음도 받침대가 없으면 쉽게 넘어지고 받침대가 있으면 넘어지기 어렵다. 마음의 받침대와 사문의 삶은 바로 성스러운 여덟 가지 길이다. 만약 다른 종파의 방랑 수행자들이 그대들에게 고타마 아래에서 청정한 삶을 사는 이유가 무엇이냐고 묻거든 이렇게 대답하여야 한다. 그것은 탐욕을 제거하기 위함이며 속박을 끊기 위함이며 잠재적 성향을 뿌리째 뽑기 위함이며 번뇌를 끊기 위함이며 참된 지혜의 해탈을 얻기 위함이며 바른 지혜와 식견을 얻기 위함이며 집착이 없는 완전한 열반에 이르기 위함이다. 그러면 그들이 다시 이것들로 이끄는 수행은 무엇인지 묻거든 이렇게 대답해야 한다. 어떤 비구라도 계와 행을 갖추고 선정을 갖추며 지혜를 갖추고 해탈을 갖추며 해탈지견을 갖춘 수행자를 보기만 하는 것으로도 많은 이득을 가져온다고 나는 말한다."

"깨달은 분의 가르침을 듣거나 친견하는 것이나 가르침을 기억하는 것이나 그런 분을 따라 출가를 하는 것이 많은 도움이 된다고 말하는 이유는 무엇입니까?"

"깨달은 자로부터 가르침을 들으면 두 가지의 초연함에 머문다. 하나는 육신의 초연함이며 또 하나는 마음의 초연함이다. 이런 초연함에 머물 때 너희는 가르침을 기억하고 곰곰이 생각해 본다. 마음을 잘 다스려 깨달음의 요소가 일어나는 것을 잘 연마하면 그 성취에 이른다. 이같이 마음을 챙기고 머물면서 지혜로 가르침을 탐구하고 관찰한다. 이때 탐구의 깨달음의 요소가 일어나는 것을 잘 연마하면 성취에 이른다. 이같이 지혜로 가르침을 탐구하고 관찰할 때 해이함 없는 에너지가 솟아오른다. 이때 정진의 깨달음의 요소가 일어나는 것을 잘 연마하면 성취에 이른다. 이같이 에너지가 일어날 때 영적인 환희가 일어난다. 이때 환희의 깨달음의 요소가 일어나는 것을 잘 연마하면 성취에 이른다. 이같이 환희로 가득 차서 그의 몸과 마음은 평온해진다. 이때 평온의 깨달음의 요소가 일어나는 것을 잘 연마하면 성취에 이른다. 몸과 마음이 평온하고 행복하면 마음은 집중하게 된다. 이때 집중의 깨달음의 요소가 일어나는 것을 잘 연마하면 성취에 이른다. 이같이 집중된 마음으로 면밀한 관찰자가 될 때 평정이 생긴다. 집중된 마음에 평정의 마음을 가지고 면밀하게 관찰할 때 평정의 깨달음의 요소가 일어나는 것을 잘 연마하면 성취를 얻는다."

어느 때 부처님은 사왓티에 계셨을 때 어떤 비구가 부처님께 여쭈었다.

"부처님은 깨달음의 요소를 말씀하는데 어떤 의미에서 깨달음의 요소라고 불립니까?"

"그것들은 깨달음으로 인도하기에 깨달음의 요소라고 불린다. 일곱 가지 깨달음의 요소를 수행하고 연마하였을 때 이것만큼 번뇌를 효과적으로 끊게 하는 것을 보지 못하였다. 깨달음의 요소는 마음을 다스리고 탐구하며 정진하고 환희하며 평온과 집중과 평정의 깨달음의 요소이다. 금의 순수성을 잃게 하는 요소는 철이나 구리, 주석, 납, 은 등이 섞인 금은 유연하지 않고 부드럽지 않고 빛나지 않고 부러지기 쉽고 가공하기에 적합지 않다. 이같이 마음을 타락시키는 건 감각적 욕망, 악한 마음, 게으름과 무기력, 흥분과 회한, 의심이다. 이같이 마음이 타락되면 마음은 유연하지 않고 부드럽지 않고 빛나지 않고 부러지기 쉽고 번뇌를 부수기 위해 바른 집중을 하지 못한다."

"제자의 믿음의 능력이란 무엇입니까?"
"거룩한 제자는 여래의 깨달음에 대한 믿음을 가지고 있다. 여래는 온전히 깨달은 자이며 지혜와 덕행을 갖추고 바른길을 간다. 세상을 잘 알고 누구와 견줄 수가 없는 자이며 사람을 길들이고 신과 인간의 스승이며 깨달은 존귀한 자이다. 이것을 믿음의 능력이라고 한다."

"수행자의 정진의 능력이란 무엇입니까?"
"거룩한 제자는 좋지 못한 성향은 버리고 좋은 성향은 얻으려는 굳건한 정진력을 가지고 머문다. 그는 좋은 성향을 연마하려는 책임감을 기피 하지 않고 노력에 있어 확고부동하고 견고하다. 그는 악한 생각이 일어나지 않도록 최선을 다하여 노력하며 악한 생각을 버리도록 최선을 다하여 선한 생각을 일으키도록 최선을 다하여 선한 생각이 더욱 성장하도록 최선을 다하여 노력하는 것이 정진의 능력이다."

"제자들이 마음을 다스리는 능력이란 무엇입니까?"

"거룩한 제자는 열성과 선명한 알아차림과 마음을 다스리고 세상에 대한 탐욕과 걱정을 버린다. 몸을 몸으로 있는 그대로 관찰하며 느낌과 마음을 있는 그대로 관찰하며 현상을 현상으로 있는 그대로 관찰하며 머무는 것이 마음을 다스리는 능력이다."

"배우는 제자가 어떻게 마음을 집중해야 합니까?"

"거룩한 제자는 마음의 대상을 놓아버리고 집중을 얻는다. 감각적 쾌락과 바람직하지 못한 모든 것에 벗어나 사유와 숙고가 있으며 홀로 고요함에서 오는 환희와 기쁨이 있는 첫 번째 선정에 머문다. 사유와 숙고를 멈추고 안으로의 평온함과 마음의 집중됨이 있으며 사유와 숙고가 없이 삼매에서 오는 환희와 기쁨이 있는 두 번째 선정에 머문다. 환희가 사라진 후 평정한 마음과 분명한 알아차림과 육신의 행복을 느끼며 머문다. 거룩한 이들이 말하는 평정과 마음을 다스리는 사람은 행복하게 머문다고 하는 세 번째 선정에 머문다. 고통도 쾌락도 버리고 전에 있던 행복도 불행도 버리고 괴로움도 즐거움도 없고 평정에 도달한 마음을 다스려 순수함이 있는 네 번째 선정에 머무는 게 집중의 능력이다."

"지혜의 능력이란 무엇입니까?"

"거룩한 제자는 이같이 지혜를 가지고 있다. 그는 사물의 생성과 소멸에 대한 지혜를 갖추었으며 그 지혜는 성스럽고 꿰뚫어 보는 지혜이며 괴로움의 완전한 소멸로 이끄는 지혜이다. 그는 괴로움이라고 알고 괴로움의 근원이라고 알며 괴로움의 소멸이라고 알고 괴로움의 소멸로 이끄는 길이라고 아는 것을 지혜의 능력이라고 한다."

어느 때 부처님께서 비구니들에게 무소유에 대하여 말씀하셨다.

"비구니들이여! 소유하여 가질 목적이 아닌 강을 건너기 위한 목적인 뗏목에 비유한 가르침을 그대들에게 설하겠다. 어떤 사람이 긴 여행을 하고 있었는데 크고 깊고 넓은 강물을 만났다고 하자. 그런데 그가 있는 쪽은 두렵고 위험한 곳인데 건너편 언덕은 안전하고 위험이 없었다. 거기에는 저쪽으로 건너가는 다리도 배를 탈 수도 없었다. 그는 이렇게 생각할 것이다. 저편 언덕은 안전하다. 그런데 건널 수 있는 다리도 배를 탈 수도 없다. 그러니 갈대 나무 막대기 나뭇가지 나뭇잎들을 모아 뗏목을 만들면 좋을 것 같다. 그리고 뗏목에 의지하여 손과 발의 힘으로 저쪽 언덕으로 안전하게 건너가면 어떨까? 그래서 그는 강을 건널 것이다. 강을 건너 저쪽 언덕에 도착하여 그는 이렇게 생각할 것이다. 이 뗏목은 나에게 큰 도움이 되었다. 나는 이 뗏목에 의지하여 손과 발의 힘으로 저쪽 언덕에 무사히 도착하였다. 그러니 이제 나는 이 뗏목을 머리에 이든지 어깨에 짊어지고 내가 가고 싶은 곳으로 가면 어떨까? 그대들은 어떻게 생각하는가? 뗏목을 짊어지고 가는 것이 그가 취해야 할 뗏목에 대한 바른 태도인가?"

"아닙니다. 부처님."

"그러면 어떻게 하는 것이 그 뗏목에 대한 바른 태도인가? 강을 건너 저쪽 언덕에 도착한 그 사람은 이렇게 생각할 것이다. 이 뗏목은 나에게 큰 도움이 되었다. 나는 이 뗏목에 의지하여 손과 발의 힘으로 저쪽 언덕에 무사히 도착하였다. 이제 이 뗏목을 마른 땅으로 끌어 올려서 다른 사람이 사용하게 하고 내 갈 길을 가면 어떨까? 이렇게 하는 것이 바로 그 사람이 해야 할 뗏목에 대한 바른 태도이다. 그러므로 나는 그대들에게 소유하여 가질 목적이 아닌 강을 건너기 위한 수단인 뗏목에 비유한 가르침을 설하였다. 가르침이 뗏목과 비슷함을 안다면 좋은 것에 집착하는 것도 버려야 하거늘 하물며 나쁜 것들이야 말할 필요가 있겠는가!"

어느 날에는 비구들에게 무소유를 가르치셨다.
"비구들이여! 만일 영원하고 영속하고 변하지 않는 것으로 영원토록 지속될 어떤 것이 있다면 아마도 그대들은 그런 것들을 소유물로 가질 것이다. 그러나 그와 같이 영원하고 영속하고 변하지 않는 소유물을 본 적이 있는가?"

"변하지 않는 소유물을 본 적이 없습니다. 부처님."
"나도 또한 그와 같이 영원하고 영속하고 변하지 않는 것으로서 영원토록 지속되는 어떤 것도 본 적이 없다. 그대들은 만일 자아에 집착하는 사람에게 슬픔, 한탄, 고통, 절망을 일으키지 않는 그런 자아가 있다면 그것에 집착할지도 모른다. 그러나 절망을 일으키지 않는 그런 자아를 본 적이 있는가?"

"그런 자아를 본 적이 없습니다. 부처님."
"나도 또한 자아에 집착하는 사람에게 슬픔, 고통, 한탄, 절망을 일으키지 않는 그런 자아를 본 적이 없다. 비구들이여! 잘 배운 훌륭한 제자는 인간을 구성하는 물질적 요소인 오온(五蘊)에 집착하는 어리석은 꿈에서 깨어나 눈뜨게 된다. 이런 깨달음에 의하여 평온을 얻으며 평온을 통하여 해탈한다. 해탈했다는 지혜가 생기며 태어남은 부수어졌고 청정한 삶은 성취되었고 해야 할 일을 다 마치고 더이상 윤회하는 일이 없다고 안다. 그는 어리석음을 버린 사람이며 다시 태어나지 않는 생사의 윤회를 벗어난 사람이며 갈망과 애욕을 끊어버린 사람이며 나의 집착된 교만을 버린 사람이다. 그래서 이런 어리석음과 생사윤회가 다시는 일어나지 않도록 완전히 뿌리째 뽑아버린 사람이다. 사실에 근거하지 않고 거짓되게 쓸데없이 진실이 아닌 것으로 나를 잘못 말하는 사문이나 브라만들이 있다. 고타마는 사람들을 잘못 인도하며 존재하는 것의 파괴를 가르친다고 말한다. 하지만 나는 그렇게 말하지 않았기 때문에 그들은 나를 잘못 말하고 있다. 예전이나 지금이나 여래가 가르치는 것은 괴로움과 괴로움의 소멸이다. 만일 다른 사람들이 이런 가르침에 대하여 여래를 욕하고 비난하고 집요하게 공격해도 그 때문에 분개하거나 불평하지 않는다. 또한 만약 다른 사람이 이런 가르침에 대하여 여래를 존중하고 공경해도 기뻐하거나 즐거워하지 않으며 우쭐대지 않는다. 그러므로 만일 다른 사람들이 그대들을 욕하고 비난하고 집요하게 공격해도 그로 인하여 분개하거나 불평하지 말아야 한다. 그리고 또한 만일 다른 사람들이 그대들을 존중하고 공경해도 그로 인하여 기뻐하거나 즐거워하지 말며 우쭐대지 말아야 한다."

어느 날 세 가지 베다에 통달하였고 문법에 숙달하였으며 세간의 철학과 훌륭한 사람의 특징에 능통한 브라만이 부처님께 이렇게 여쭈었다.
"고타마님이여! 어떻게 진리를 깨닫게 됩니까?"
"어떤 비구가 한 마을에 의지하여 머물고 있다. 그때 마을에 사는 한 장자가 탐욕과 성냄과 어리석음에 사로잡혀 알지도 못하면서도 안다고 하고 보지 못하면서도 본다고 과장하지 않는지 비구를 살핀다. 또는 사람들을 해롭고 괴로움을 가져오는 길로 잘못 인도하는 것은 아닌지 살핀다고 비유하자. 얼마 후 장자는 이 비구에게서 탐욕이나 성냄과 어리석음으로부터 나오는 행동이나 말을 발견하지 못한다. 그리고 이 비구가 가르치는 법은 심오하고 평화롭고 탁월하며 탐욕과 성냄과 어리석음에 사로잡혀 있는 사람이 벗어났음을 보고 그에 대한 믿음과 존경심을 갖는다. 존경심에 가득 차서 가르침을 듣고는 기억하여 그 뜻을 새기고는 그 뜻을 자기의 삶에 비추어 보아 받아들인다. 이렇게 받아들였을 때 열성이 샘솟는다. 열성이 샘솟으면 마음을 쏟아 매진한다. 마음을 쏟아 매진하고 면밀한 관찰과 함께 숙고하면 분발력이 생긴다. 굳건한 분발력으로 그는 최상의 진리를 깨닫게 되고 실상을 꿰뚫어 보게 된다. 그러나 아직 완전히 진리에 도달하지는 못한다."

"고타마님이여! 어떻게 마침내 진리에 도달합니까?"
"진리에 최종적으로 도달하는 길은 똑같은 것을 반복적으로 꾸준히 계속할 때 이루어지며 그것을 발전시키고 연마할 때 이루어진다. 이렇게 해서 마침내 진리에 도달하게 된다."

"고타마님이여! 그러면 진리에 도달하는 데에 가장 도움이 되는 것은 무엇입니까?"
"힘들어도 스스로 노력하는 것이 진리에 도달하는 데에 가장 도움이 된다. 만약 이런 노력이 없다면 그는 진리에 도달하지 못할 것이다."

"그러면 노력에 가장 도움이 되는 것은 무엇입니까?"
"빈틈이 없는 면밀한 관찰과 숙고가 가장 도움이 된다. 만약 면밀한 관찰과 숙고가 없다면 그는 노력하지 않을 것이다."

"고타마님은 저희에게 진리를 깨닫는 길과 진리에 도달하는 길에 대하여 훌륭히 가르쳐 주셨습니다. 저희는 고타마님의 말씀에 동의하고 수용하고 만족합니다. 저희에게 사문에 대한 사랑과 믿음과 존경을 불러일으켰습니다."

어느 때 브라만 자눗소니가 부처님께 와서 인사를 드리고 말하였다.
"고타마님은 청정한 독신생활의 삶을 산다고 천명하십니까?"
"브라만이여! 어떤 사람에 대하여 말하기를 그는 깨지지 않고 얼룩지지 않은 온전하고도 청정한 독신생활의 삶을 산다고 말한다면 바로 나를 두고 하는 말일 것입니다."

"그러면 어떤 것이 청정한 독신생활의 삶에서 깨지고 얼룩진 삶입니까?"
"브라만이여! 여기에 어떤 사문이나 브라만은 온전히 청정한 독신생활의 삶을 산다고 합니다. 그리고 그는 실제로 여인과 성행위를 하지 않으나 여인에게 몸에 기름 바르게 하고 목욕하게 하고 여인의 마사지와 안마를 받는 것을 즐기고 기다리고 만족을 느낍니다. 이것은 청정한 독신생활의 삶에서 깨지고 얼룩진 삶입니다. 그는 청정하지 못한 독신의 삶을 사는 사람이고 성적인 사슬에 묶여 있는 사람이라고 불립니다. 그는 생로병사와 슬픔이나 고통과 절망에서 헤어나지 못합니다. 그는 괴로움에서 벗어나지 못한다고 나는 말합니다. 어떤 사문이나 브라만은 완전하게 독신생활을 한다고 주장하고 실제로도 그렇게 합니다. 그러나 여인과 농담을 주고받으며 놀이를 즐기고 만족을 느끼는 것도 또한 청정한 독신생활의 삶에서 깨지고 얼룩진 삶입니다. 브라만이여! 어떤 사문이나 브라만은 완전하게 독신생활을 한다고 주장하고 실제로도 그렇게 합니다. 그러나 그는 여인들의 눈을 응시하는 것을 즐기고 기다리고 만족을 느낍니다. 이것도 또한 청정한 독신생활의 삶에서 깨지고 얼룩진 삶입니다. 브라만이여! 어떤 사문이나 브라만은 완전하게 독신생활을 한다고 주장하고 실제로도 그렇게 합니다. 그러나 벽 뒤에서 아니면 울타리를 통하여 여인들의 웃음소리와 말소리와 노랫소리나 우는소리를 귀 기울여 듣는 것을 즐기고 기다리고 만족을 느낍니다. 이것도 또한 청정한 독신생활의 삶에서 깨지고 얼룩진 삶입니다. 브라만이여! 어떤 사문이나 브라만은 완전하게 독신생활을 한다고 주장하고 그는 실제로 그렇게 합니다. 그러나 그는 과거에 여인과 웃고 떠들고 놀던 때를 회상하는 것을 즐기고 기다리고 만족을 느낍니다. 이것도 또한 청정한 독신생활의 삶에서 깨지고 얼룩진 삶입니다. 브라만이여! 나는 이 중에 내 안에 버려지지 않은 성적인 속박을 하나도 발견하지 못하였습니다. 나는 이 세상에서 위없는 완전한 깨달음을 이루었다고 천명하였습니다. 나의 해탈은 확고부동합니다."

이렇게 말씀하시자 브라만 자눗소니는 부처님을 찬탄하였다.

어느 때 부처님은 비구들과 함께 있을 때 어느 비구가 물었다.
"부처님이시여! 괴로움은 어떻게 태어나는 것입니까?"
"사람이 세상에 태어나면 늙고 죽는다. 태어남이란 존재의 무리에서 다양한 존재들의 탄생과 존재하게 됨과 새로운 형태의 생김과 다섯 가지 무더기의 나타남과 여섯 가지 감각 기관의 얻음이 있는 것을 태어남이라 한다."

"늙음이란 무엇입니까?"
"시들고 노쇠하고 부서지며 백발과 주름살이 생기고 목숨이 줄어듦과 감각 기관의 붕괴를 늙음이라 한다."

"죽음이란 무엇입니까?"

"존재에서 떨어져 나감과 붕괴로 사라짐과 생명의 끝이며 생명의 마침이고 오온(五蘊)의 부서지고 육신의 버려지는 것이다."

"슬픔, 한탄, 고통, 고뇌, 절망은 무엇입니까?"
"슬픔이란 내면의 깊은 비애와 마음의 아픔과 불행으로 괴로움을 겪는 사람의 내면의 비참함을 말하며 한탄은 울고 탄식하고 울부짖고 불행으로부터 괴로움을 겪는 사람의 탄식을 말한다. 고통이란 육체적인 고통과 육신의 불편함과 육신과의 접촉에서 생기는 불편함을 말하며 고뇌란 정신적 고통과 정서적인 불편함과 정신적인 접촉에서 생기는 불편함을 말한다. 절망이란 낙담의 상태로 불행으로부터 고통을 겪는 사람의 가망 없는 상태를 말한다."

"어떤 것이 싫어하는 것들과 만나야 하는 괴로움입니까?"
"원하지 않고 달갑지 않은 불쾌한 눈에 보이는 대상과 들리는 소리, 냄새, 맛, 촉감, 마음의 대상을 만나야 한다. 악의를 가진 사람과 해치려는 사람 그리고 불쾌감을 주는 사람이나 정신적 번뇌의 해로운 묶임을 주는 사람들과 교제하고 연대를 갖고 합치하고 만나야 한다. 이것이 싫어하는 것들과 만나야 하는 괴로움이다."

"무엇이 사랑하는 것들과 헤어져야 하는 괴로움입니까?"
"원하고 좋아하고 유쾌한 눈에 보이는 대상 들리는 소리, 냄새, 맛, 촉감, 마음의 대상과 헤어져야 한다. 선의를 가진 사람과 이익을 주는 사람과 유쾌함을 주는 사람이나 정신적 번뇌의 해방을 주는 사람들과 헤어져야 한다. 그리고 어머니와 아버지, 형제와 자매, 친척 친구 동료들과 교제하고 연대를 갖고 만나는 게 박탈된다. 이것이 사랑하는 것들과 헤어져야 하는 괴로움이다."

"무엇이 원하는 것을 구하지 못하는 괴로움입니까?"
"태어남의 대상인 존재들에게 이런 염원이 일어난다. 우리는 태어남의 대상이 되지 않기를 태어남이 없기를 염려한다고 얻어지는 것이 아니며 원하는 것을 구하지 못하는 것이다. 늙고, 병들고, 죽고, 슬픔, 한탄, 고통, 고뇌, 절망의 대상인 존재들에게 이런 열망이 일어난다. 우리는 늙음의 대상이 아니기를 병듦의 대상이 아니기를 늙음이 우리에게 오지 않기를 원한다. 그러나 이것들은 원한다고 이루어지는 것이 아니며 원하는 걸 구하지 못하는 괴로움이다."

"무엇이 집착의 대상이 되는 다섯 가지 무더기의 괴로움입니까?"
"집착의 대상이 되는 물질 요소로서의 육체에 대한 집착이 있다. 감정과 감각과 같은 고통이나 쾌락을 느끼는 감수 작용도 있다. 감각으로 획득한 현상이 마음으로 지각된 형상으로 드러내어 나타내는 정신작용도 있다. 마음의 의지로 일으키는 형성으로 지각하는 작용도 있다. 그리고 마음속에서 일으키는 의식의 무더기도 있다. 이것들이 집착의 대상이 되는 다섯 가지 무더기의 괴로움이다."

"무엇이 괴로움의 근원의 진리입니까?"
"괴로움의 근원은 갈망과 애착으로 윤회를 가져오며 쾌락과 욕망을 수반하며 여기저기서 즐거움을 찾는다. 예를 들면 감각적 쾌락에 대하여 존재와 비존재에 대한 갈망과 애착이다."

"어느 곳에서 갈망과 애욕이 일어나며 자리를 잡는 것입니까?"
"세상에서 무엇이든지 사랑스럽고 기분 좋은 것으로부터 갈망과 애착이 일어나 자리를 잡는다. 눈, 귀, 코, 혀, 몸, 마음은 세상에서 사랑스럽고 기분 좋은 것이다. 여기에서 갈망과 애착이 일어나 자리를 잡는다.

 눈에 보이는 광경, 귀에 들리는 소리, 코에 맡아지는 냄새, 혀로 느껴지는 맛, 피부에 닿는 감촉, 마음에 오는 느낌은 세상에서 사랑스럽고 기분 좋은 것이다. 여기에서 갈망과 애착이 일어나 자리를 잡는다.

 눈으로 보고 귀로 듣고 코로 냄새 맡으며 혀로 맛보고 몸에 닿으며 마음에 오는 의식 작용은 세상에서 사랑스럽고 기분 좋은 것이다. 여기에서 갈망과 애착이 일어나 자리를 잡는다.

 눈으로 보고 귀에 닿는 소리와 코가 느끼는 냄새 그리고 혀가 느끼는 맛과 몸이 접촉하는 닿음과 마음과 현상과의 접촉은 세상에서 사랑스럽고 기분 좋은 것이다. 여기에서 갈망과 애착이 일어나 자리를 잡는다.

 눈으로 대상을 본 느낌, 귀로 소리를 들은 느낌, 코로 냄새를 맡은 느낌, 혀로 맛본 느낌, 몸에 닿은 느낌, 마음에 온 현상의 느낌은 세상에서 사랑스럽고 기분 좋은 것이다. 여기에서 갈망과 애착이 일어나 자리를 잡는다.

 눈으로 보이는 대상과 귀로 들리는 소리와 코로 맡은 냄새와 혀로 느낀 맛과 몸에 닿은 감촉과 마음의 현상을 지각함은 세상에서 사랑스럽고 기분 좋은 것이다. 여기에서 갈망과 애착이 일어나 자리를 잡는다.

 눈과 귀로 코와 혀로 몸에 닿은 느끼는 마음의 현상에 대한 의지 작용은 세상에서 사랑스럽고 기분 좋은 것이다. 여기에서 갈망과 애착이 일어나 자리를 잡는다.

 눈으로 본 대상에 대하여 귀로 들은 소리에 대하여 코로 맡은 냄새에 대하여 혀로 맛본 맛에 대하여 몸에 닿은 감촉에 대하여 마음에 온 느낌에 대하여 갈망과 애착이 세상에서 사랑스럽고 기분 좋은 것이다. 여기에서 일어나 자리를 잡는다.

　눈으로 보는 대상을 생각하거나 귀로 들은 소리에 대하여 생각하거나 코로 맡은 냄새에 대하여 생각하거나 혀로 맛본 맛에 대하여 생각하거나 몸에 닿은 감촉에 대하여 생각하거나 마음에 온 느낌에 대하여 생각하는 것은 세상에서 사랑스럽고 기분 좋은 것이다. 여기에서 갈망과 애착이 일어나 자리를 잡는다.

　눈으로 본 대상과 귀로 들은 소리와 코로 맡은 냄새와 혀로 맛본 맛과 몸에 닿은 느낌과 마음의 느낌에 대하여 곰곰이 생각하는 것은 세상에서 사랑스럽고 기분 좋은 것이다. 여기에서 갈망과 애착이 일어나 자리 잡는 것이 괴로움의 근원의 진리이다."

　"무엇이 괴로움의 소멸의 거룩한 진리입니까?"
　"괴로움을 소멸하는 길은 갈망과 애착을 남김없이 사라지게 하고 소멸하고 버리고 벗어나고 집착하지 않는 것이다. 눈, 귀, 코, 혀, 몸, 마음은 세상에서 사랑스럽고 기분 좋은 것이며 여기에서 갈망과 애착이 버려지고 소멸한다.

　눈으로 본 대상과 귀로 들은 소리와 코로 맡은 냄새와 혀로 맛본 맛과 몸에 닿은 마음의 현상에 오는 느낌은 세상에서 사랑스럽고 기분 좋은 것이다. 여기에서 갈망과 애착이 버려지고 소멸한다.

　눈으로 본 대상과 귀로 들은 소리와 코로 맡은 냄새와 혀로 맛본 맛과 몸에 닿은 마음의 현상에 오는 의식 작용은 세상에서 사랑스럽고 기분 좋은 것이다. 여기에서 갈망과 애착이 버려지고 소멸한다.

　눈으로 본 대상과 귀로 들은 소리와 코로 맡은 냄새와 혀로 맛본 맛과 몸에 닿은 마음의 현상과의 접촉은 세상에서 사랑스럽고 기분 좋은 것이다. 여기에서 갈망과 애착이 버려지고 소멸한다.

　눈으로 본 대상과 귀로 들은 소리와 코로 맡은 냄새와 혀로 맛본 맛과 몸에 닿은 마음의 느낌은 세상에서 사랑스럽고 기분 좋은 것이다. 여기에서 갈망과 애착이 버려지고 소멸한다.

눈으로 본 대상과 귀로 들은 소리와 코로 맡은 냄새와 혀로 맛본 맛과 몸에 닿은 느낌과 마음의 현상을 지각함은 세상에서 사랑스럽고 기분 좋은 것이다. 여기에서 갈망과 애착은 버려지고 소멸한다.

눈으로 본 대상과 귀로 들은 소리와 코로 맡은 냄새와 혀로 맛본 맛과 몸에 닿은 느낌과 마음의 느낌에 대한 의지 작용은 세상에서 사랑스럽고 기분 좋은 것이다. 여기에서 갈망과 애착이 버려지고 소멸한다.

눈으로 본 대상과 귀로 들은 소리와 코로 맡은 냄새와 혀로 맛본 맛과 몸에 닿은 느낌과 마음의 느낌에 대하여 곰곰이 생각하는 것은 세상에서 사랑스럽고 기분 좋은 것이다. 여기에서 갈망과 애착이 버려지고 소멸한다. 이것이 괴로움의 소멸의 거룩한 진리라고 부른다."

"괴로움의 소멸에 이르는 길의 진리는 무엇입니까?"
"괴로움의 소멸에 이르는 길은 바른 견해, 바른 생각, 바른말, 바른 행동, 바른 생활수단, 바른 정진, 바른 마음의 다스림, 바른 집중이다.

바른 견해는 괴로움에 대한 지혜, 괴로움의 근원에 대한 지혜, 괴로움의 소멸에 대한 지혜, 괴로움의 소멸에 이르는 길에 대한 지혜를 말한다.

바른 생각은 감각적 쾌락에서 벗어난 생각과 악의에서 벗어난 생각과 해침에서 벗어난 생각을 말한다.

바른말은 거짓말을 하지 않고 이간질하지 않고 악담하지 않고 잡담하지 않는 것이다.

바른 행동은 살생하지 않고 주지 않는 것을 갖지 않으며 삿된 음행은 하지 않는 것이다.

　바른 생활수단은 잘못된 방법으로 생계를 유지하지 않고 바른 방법으로 생계를 유지하는 것이다.

　바른 정진은 악한 생각이 일어나지 않도록 최선을 다하여 노력하며 악한 생각은 버리도록 최선을 다하여 선한 생각은 일으키도록 최선을 다하며 선한 생각은 더욱 성장하도록 최선을 다하여 노력하는 것이다.

　바른 마음을 다스리는 일은 열성을 가지고 온전히 깨어있음과 마음을 다스림으로 세상에 대한 탐욕과 낙담을 버리고 몸으로 느낌으로 마음으로 현상을 있는 그대로 관찰하여 머문다. 바른 집중은 감각적 쾌락과 바람직하지 못한 모든 것에서 벗어나 사유와 숙고가 있으며 홀로 고요함에서 오는 환희와 기쁨이 있는 선정에 머문다. 사유와 숙고를 멈추고 안으로의 평온함과 마음의 집중됨이 있으며 사유와 숙고가 없이 삼매에서 오는 환희와 기쁨이 있는 선정에 머문다. 환희가 사라진 후 평정한 마음과 분명한 알아차림과 육신의 행복을 느끼며 머문다. 거룩한 이들이 말하는 평정과 마음을 다스리는 사람은 행복함이 있는 선정에 머문다. 고통과 쾌락도 버리고 전에 있던 행복도 불행도 버리고 괴로움도 즐거움도 없고 평정에 도달한 마음을 다스리면 순수함이 있는 선정에 머무는 것을 괴로움의 소멸에 이르는 길이라고 부른다."

"감각적 욕망을 일으켜 더욱 증가하고 강해지는 원인은 무엇입니까?"

"아름다운 대상에서 부적절한 주의를 기울이는 사람에게 감각적 욕망이 일어나고 증가하고 더욱 강해진다."

"악의를 일으키고 악의를 증가하고 악의가 더욱 강해지는 원인은 무엇입니까?"

"불쾌한 대상 때문이다. 불쾌한 대상에 부적절한 주의를 기울이는 사람에게 악의가 일어나고 증가하고 더욱 강해진다."

"게으름과 무기력함을 일으켜 증가하고 더욱 강해지는 원인은 무엇입니까?"

"강력한 원인은 권태로움, 졸음, 하품, 식곤증 그리고 정신적인 나태함 때문이다. 이런 나태한 마음을 가지고 있는 사람에게 게으름과 무기력함이 일어나고 증가하고 더욱 강해진다."

"흥분과 혼란을 일으켜 증가하고 더욱 강해지는 원인은 무엇입니까?"

"강력한 원인은 안주하지 못하는 마음 때문이다. 마음이 안주하지 못하고 들떠 있는 사람에게 흥분과 혼란이 일어나고 증가하고 더욱 강해진다."

"의심을 일으켜 증가하고 더욱 강해지는 원인은 무엇입니까?"

"강력한 원인은 부적절한 주의 집중 때문이다. 어떤 것에나 부적절하게 주의를 기울이는 사람에게 의심이 일어나고 증가하고 더욱 강해진다."

"그러면 욕망을 일으키지 않고 이미 일어난 욕망을 버리는 원인은 무엇입니까?"

"강력한 원인은 추하고 더러운 대상이다. 이런 추하고 더러운 대상에 적절한 주의를 기울이는 사람에게 욕망이 일어나지 않고 일어난 욕망은 사라진다."

"악의를 일으키지 않고 일어난 악의를 버리는 원인은 무엇입니까?"
"강력한 원인은 자애에 의한 마음의 해탈이다. 자애에 의한 마음의 해탈에 적절하게 마음을 기울이는 사람에게 악의가 일어나지 않고 일어난 악의는 사라진다."

"게으름과 무기력함을 일으키지 않고 이미 일어난 게으름과 무기력함을 버리는 원인은 무엇입니까?"
"강력한 원인은 끈기와 노력함의 요소의 단계이다. 이렇게 노력을 일으킨 사람에게 게으름과 무기력함은 일어나지 않고 일어난 게으름과 무기력함은 버려진다."

"흥분과 혼란을 일으키지 않고 이미 일어난 흥분과 혼란을 버리는 원인은 무엇입니까?"
"강력한 원인은 고요한 마음이다. 이렇게 마음이 고요한 사람에게 흥분과 혼란은 일어나지 않고 이미 일어난 흥분과 혼란은 버려진다."

"의심을 일으키지 않고 이미 일어난 의심을 버리는 원인은 무엇입니까?"
"강력한 원인은 적절한 주의를 기울임이다. 어떤 것에 적절한 주의를 기울이는 사람에게 의심은 일어나지 않고 이미 일어난 의심은 버려진다. 비구들이여! 그대들이 여섯 가지의 이익을 보면 예외 없이 모든 현상에서 무아의 개념을 세우는 데 충분하다. 나는 세상으로부터 초연하게 지내겠다. 나에 대한 개념이나 나의 것에 대하여 개념을 버리겠다. 나는 특별한 지혜를 구할 것이다. 나는 원인을 선명하게 이해할 것이다. 원인에서 생긴 현상을 분명하게 이해할 것이다. 탐욕과 증오와 어리석음을 제거하기 위하여 다른 세 가지를 닦아야 한다. 탐욕을 제거하기 위하여 더러움에 대한 마음을 닦아야 한다. 성냄을 제거하기 위하여 자애의 마음을 닦아야 한다. 어리석음을 제거하기 위해 통찰력을 닦아야 한다. 진정으로 세 가지를 제거하기 위하여 세 가지 좋은 것을 닦아야 한다. 악한 생각과 악한 말과 악한 행동을 제거하기 위해서 다른 세 가지를 닦아야 한다. 악한 생각을 제거하기 위하여 좋은 생각을 가져야 하며 악한 말을 제거하기 위하여 좋은 말을 하고 악한 행동을 제거하기 위하여 좋은 행동을 해야 한다."

"좋은 행동을 위하여 청정한 삶을 살아야 합니까?
"옛날에 아라카 교단의 지도자인 스승이 살았는데 그는 감각적 쾌락에서 벗어난 사람이었다. 그는 수많은 제자가 있었고 인생은 짧다고 가르쳤다. 우리의 삶은 제한돼 있고 괴로움과 절망으로 가득 차 있다. 진리를 깨달아서 선을 행하며 청정한 삶을 살아라. 태어난 것들에게 불멸이란 없다. 마치 풀잎 끝의 이슬방울이 해가 뜨면 재빨리 말라버려 잠시도 가지 않듯이 우리의 삶도 또한 이슬방울 같다. 큰 빗방울이 물에 떨어져 물거품이 생겼다가 순식간에 사라져 잠시도 가지 않듯이 우리의 삶도 또한 물거품 같다. 마치 물 위에 막대기로 그은 선이 긋자마자 사라져 잠시도 가지 않듯이 우리의 삶도 또한 물 위에 그린 선과 같다. 마치 산의 계곡물이 재빨리 흘러 모든 것을 휩쓸어 가며 잠시도 순간도 머물지 않고 돌진하며 소용돌이치며 흐르듯이 우리의 삶도 또한 산의 계곡물과 같다. 이같이 사람의 삶은 이슬과 같고 물거품 같고 물 위에 그은 선과 같고 산의 계곡물과 같다. 인생은 짧으며 제한돼 있고 괴로움과 절망으로 가득 차 있다. 이 진리를 깨달아서 선을 행하며 청정한 삶을 살아라. 태어난 것들에게 불멸이란 없으므로 장차 후회하지 않도록 고요한 곳에서 부지런히 정진하는 게 그대들에게 주는 나의 가르침이다."

"사람들이 살생하고 음행하며 거짓말하는 이유는 무엇입니까?"
"살생하는 이유는 탐욕과 성냄과 어리석음 때문이다. 도둑질하며 삿된 음행을 하는 것은 탐욕 때문이며 어리석음 때문이다. 거짓말하며 이간질하며 악담하며 잡담하는 것도 탐욕과 성냄도 어리석음 때문이다. 악의와 잘못된 견해가 일어나는 것도 탐욕과 성냄과 어리석음 때문이다. 그러므로 탐욕과 성냄과 어리석음은 업의 사슬을 만든다. 그러나 탐욕과 성냄과 어리석음을 부수면 업의 사슬은 끊어진다."

부처님께서 마가다국의 수도에 있는 바라문의 마을에 계셨다. 그때 밭을 가는 농부인 바아라드바아자가 씨를 뿌리기 위해 오백 개의 쟁기를 소에게 매었다. 그때 스승께서는 오전에 내의를 입고 중의를 걸친 뒤 바리때를 들고 바라문이 일하는 곳으로 가셨다. 때마침 그는 먹을 것을 나눠주고 있었다. 스승이 그곳에 가까이 가서 한쪽에 멈춰 섰다. 음식을 얻기 위해 서 계신 스승을 보고 말하였다.
"저는 밭을 갈고 씨를 뿌린 뒤에 먹습니다. 당신도 밭을 갈고 씨를 뿌린 뒤에 공양하도록 하시지요?"
"나도 밭을 갈고 씨를 뿌린 다음 먹는다."
"그렇지만 당신께서는 멍에도 쟁기도 쟁기날도 없고 고무래도 소도 찾아볼 수 없습니다. 그런데 어찌 당신은 밭을 갈고 뿌린 다음 먹는다고 하십니까? 당신은 농부라고 자칭하시지만 우리는 당신이 밭을 가는 것을 본 일이 없습니다. 당신이 밭을 갈고 씨를 뿌린다는 것을 우리가 알아들을 수 있도록 말씀해주십시오?"

"진리를 믿는 것이 내 씨앗이고 나의 삶은 비(雨)이다. 지혜는 멍에와 쟁기이며 부끄러운 마음은 쟁기의 대이다. 의지는 밧줄이고 사유하고 관찰하는 것은 내 쟁기의 날과 고무래이다. 나는 몸을 조심하고 있는 것을 있는 그대로 말하며 음식을 절제하여 과식하는 일이 없다. 나는 진실을 김매듯 가꾸고 온유함은 내 멍에를 벗어버리는 것을 뜻한다. 노력은 내 황소로 편안한 곳으로 나를 인도해준다. 뒤로 물러서는 일 없이 앞으로 나아가 그곳에 이르면 근심 걱정이 없다. 이 밭갈이는 이같이 이루어져 감로와 같은 인과의 결과를 가져온다. 이 밭을 갈면 모든 고뇌로부터 해방된다."

그때 밭을 가는 바라문은 큰 청동 그릇에 우유죽을 하나 가득 담아 스승에게 올렸다.

"고타마께서는 감로와 같은 인과응보를 가져오는 밭갈이를 하시는 분이니 이 우유죽을 드시지요!"

"시를 읊어서 얻은 것을 내가 먹어서는 안 된다. 완전한 자이며 여래인 깨달은 자의 생활 방도는 도리(道理)를 따르는 것이다. 번뇌의 더러움을 다 없애고 나쁜 행위가 소멸한 자에 대해서는 다른 음식을 드리도록 하는 것은 공덕을 원하는 자의 복된 터전이기 때문이다."

"세존이시여! 그러면 이 우유죽을 저는 누구에게 드려야 합니까?"

"바라문이여! 실로 인간 그리고 도를 닦는 자 또한 그대를 포함한 모든 중생 가운데서 완전한 여래(如來)와 그의 제자를 제외하고는 이 우유죽을 먹고 능히 소화할 수 있는 자는 없다. 그 우유죽을 풀이 나지 않은 곳에 버리거나 미물이 없는 물속에 버리도록 하라!"

"놀랍습니다. 세존이시여! 마치 넘어진 자를 일으키듯 덮여 있는 것을 벗겨주듯 길잃은 이에게 길을 가리키듯이 혹 눈이 있는 자는 빛깔을 보리라 하여 어둠 속에서 횃불을 비춰주듯 부처님께서는 여러 가지로 법을 분명히 설해주셨습니다."

바라문은 부처님에게 귀의하고 출가하여 완전한 계율을 받고 이윽고 다른 사람들에게서 멀리 떠나 마음을 오직 한곳으로 가다듬어 현세에서 스스로 깨달은 동시에 이를 입증하고 구현하여 나날을 보냈다. 깨끗한 행은 이미 이루어졌으며 마땅히 해야 할 일을 다 했으니 이제 다시는 이러한 삶을 얻을 수는 없다고 깨닫게 되어 장로의 한 사람이 되었다.

어느 날 비구들이 부처님께 수행자의 삶에 대하여 질문했다.
"수행자는 어떻게 이 세상과 저세상을 모두 함께 버립니까?"
"뱀의 독이 몸에 퍼지는 것을 약으로 다스리듯 치미는 분노를 억누르는 수행자는 이 세상과 저세상을 다 함께 버린다. 연못에서 자라는 연꽃을 물속에 들어가 꺾어버리듯 말끔히 애욕을 끊어버린 수행자는 이 세상과 저세상을 다 함께 버린다. 급히 흐르는 애착의 물줄기를 남김없이 말려버린 수행자는 이 세상과 저세상을 다 함께 버린다. 몹시 세차게 흐르는 물이 연약한 갈대가 독을 무너뜨리듯이 교만한 마음을 남김없이 없애버린 수행하는 이 세상과 저세상을 다 함께 버린다. 무화과나무 숲속에서는 꽃을 구해도 얻을 수 있듯이 모든 존재 속에서 견고한 것을 찾아내지 못하는 수행자는 이 세상과 저세상을 다 함께 버린다. 마음속으로 노여움을 모르고 세상의 흥망성쇠를 초월한 수행자는 이 세상과 저세상을 다 함께 버린다. 너무 빨리 달려가지도 않고 또 뒤 늦는 일도 없이 이 세상의 모든 것이 허망한 것을 알고 망령된 생각을 다 초월한 수행자는 이 세상과 저세상을 다 함께 버린다. 너무 빨리 달려가지도 않고 또 뒤 늦는 일도 없이 있는 것을 바르게 알고 탐욕과 증오와 애욕과 미망에서 떠난 수행자는 이 세상과 저세상을 다 함께 버린다. 나쁜 버릇이 조금도 없고 악의 뿌리를 뽑아버린 수행자는 이 세상과 저세상을 다 함께 버린다. 이 세상에 다시 태어나는 인연이 되는 번뇌의 산물을 조금도 갖지 않는 수행자는 이 세상과 저세상을 다 함께 버린다. 사람들의 삶에 붙들어 매는 원인이 되는 애착과 욕망을 조금도 갖지 않는 수행자는 이 세상과 저세상을 다 함께 버린다. 마치 탐욕과 분노와 우울과 들뜸과 의심을 버리고 번뇌가 없고 의혹을 넘어 괴로움이 없는 수행자는 마치 뱀이 묵은 허물을 벗어버리듯이 이 세상과 저세상을 다 함께 버린다."

"수행자는 어떻게 살아가야 합니까?"
"모든 중생에 대하여 폭력을 쓰지 말고 누구라도 괴롭히지 말며 또 자녀를 두려고 원하지도 말아야 하는데 하물며 함께 수행하는 도반을 괴롭히면 되겠느냐! 서로 사귄 사람에게는 애착과 그리움이 발생한다. 애착과 그리움으로 인하여 괴로움이 생긴다. 애착과 그리움에서 우환이 생기는 것을 보고 무소의 뿔처럼 오직 혼자서 걸어가라.

벗을 측은히 생각하여 마음이 흔들리면 자기에게 이로움이 없다. 친밀한 속에는 이런 우려가 있음을 알고 무소의 뿔처럼 오직 혼자서 걸어가라.

자식이나 아내에 대한 애착은 마치 가지가 무성한 대나무가 서로 엉켜있는 것과 같다. 죽순이 다른 것에 달라붙지 않도록 무소의 뿔처럼 오직 혼자서 걸어가라.

마치 숲속에서 묶여 있지 않은 사슴이 먹이를 찾아 여기저기 돌아다니듯이 슬기로운 사람은 독립된 자유를 찾아 무소의 뿔처럼 오직 혼자서 걸어가라.

동반자와 함께 있으면 몸을 쉬거나 일어서거나 걸어가거나 여행하는 데 언제나 참견하게 된다. 남들이 원치 않는 독립과 자유를 찾아 무소의 뿔처럼 오직 혼자서 걸어가라.

　동반자와 함께 있으면 유희와 환락이 있고 자녀에 대한 애정은 더욱 커진다. 사랑하는 사람과 헤어지기 싫더라도 무소의 뿔처럼 오직 혼자서 걸어가라.

　사방으로 돌아다니며 남을 해치려는 마음을 갖지 말고 무엇이든 가진 것으로 만족하여 온갖 고난을 견디며 두려움을 갖지 말고 무소의 뿔처럼 오직 혼자서 걸어가라.

　출가한 몸으로 여전히 불만을 하고 애착이 있는 사람이 있다. 또한 재가자도 마찬가지다. 남의 자녀에게 집념하지 말고 무소의 뿔처럼 오직 혼자서 걸어가라.

　잎이 진 나무처럼 재가자의 증표를 버리고 재가의 속박을 끊고 용기 있는 자는 오직 혼자서 걸어가라.

　만일 그대가 현명하고 잘 협조하며 행실이 올바르고 영민한 동반자를 얻게 되면 모든 재난을 극복하여 기쁜 마음으로 생각을 가다듬고 그와 함께 걸어가라.

　그러나 만일 그대가 현명하고 잘 협조하며 행실이 올바르고 영민한 동반자를 얻지 못하면 마치 왕이 정복한 나라를 버리듯이 무소의 뿔처럼 오직 혼자서 걸어가라.

　우리는 참으로 친구 얻는 행운을 아름답고 훌륭하게 생각한다. 자기보다 뛰어나거나 동등한 친구와는 가까이 지내야 하나 만일 이러한 벗을 얻을 수 없으면 허물을 짓지 말고 무소의 뿔처럼 오직 혼자서 걸어가라.

　금세공이 잘 만들어 낸 번쩍이는 황금 팔찌가 한쪽 팔에서 서로 부딪치는 것을 보게 된다. 이렇게 두 사람이 서로 가까이 있으면 말썽과 갈등이 일어날 것이다. 앞으로 이런 우려가 있음을 알고 무소의 뿔처럼 오직 혼자서 걸어가라.

실로 욕망은 화려하고 감미로우며 유쾌하여 여러 가지로 마음을 교란한다. 욕망의 대상에는 이런 우환이 있음을 알아야 한다. 이것이 나에게는 재앙이고 종기이다. 화근이고 질병이며 화살이고 공포이다. 모든 욕망의 대상에는 이런 두려움이 있음을 알고 무소의 뿔처럼 오직 혼자서 걸어가라.

추위와 더위 굶주림과 갈증 그리고 바람과 뜨거운 햇볕이나 쇠파리와 뱀이나 모든 것을 극복하고 마치 어깨가 잘 발육되어 반점이 있는 큰 코끼리가 그 무리를 떠나서 마음대로 숲속을 돌아다니듯이 무소의 뿔처럼 오직 혼자서 걸어가라.

모임을 즐기는 사람에게는 한때의 해탈에 이를 겨를이 없다. 태양의 후예가 한 말씀을 명심하여 서로 논쟁을 일삼는 철학적 이론을 초월하고 깨달음에 이르는 결론에 도달하여 도(道)를 얻은 자는 지혜를 깨쳤다. 그러니 이제는 남에게 지도받을 필요가 없는 것을 알고 무소의 뿔처럼 오직 혼자서 걸어가라.

탐내지 말고 속이지 말며 갈망하지 말고 남의 덕을 덮어두지 말라. 혼탁과 미망을 버리고 세상에서 모든 애착을 버린 자가 되어 의(義)롭지 못한 것을 보고 비뚤어진 길에 사로잡혀 있는 나쁜 벗을 멀리하라. 탐욕에 빠져 게으른 사람과 친하지 말고 아는 것이 풍부하고 진리를 분간하며 고매하고 영특한 친구와 사귀라. 이는 여러 가지로 이로우니 의혹에서 떠나 무소의 뿔처럼 오직 혼자서 걸어가라.

세상의 유희나 오락과 쾌락에 만족하지 말고 이에 끌리는 일 없이 겉치레를 떠나 진실을 말하고 처자나 부모 친척 그리고 재산이나 곡식 그 밖의 욕망까지도 다 버리고 무소의 뿔처럼 오직 혼자서 걸어가라.

이것은 집착이구나. 여기에는 즐거움과 유쾌함이 적은 대신에 괴로움이 많고 따라서 이것은 물고기를 낚는 낚시라고 깨닫고 현명한 자는 물속의 물고기가 그물을 찢어버리듯이 또한 이미 불이 모두 탄 곳에는 다시 불이 붙지 않듯이 모든 번뇌의 매듭을 끊어버리고 무소의 뿔처럼 오직 혼자서 걸어가라.

우러러보고 정처 없이 헤매지 말며 여러 가지 감각과 지각 작용을 막아 마음을 지켜 번뇌가 흘러나오는 일 없이 번뇌의 불에 타는 일도 없이 잎이 진 나무처럼 재가자의 여러 가지 증표를 버리고 집을 나와 법의(法衣)를 걸치고 무소의 뿔처럼 오직 혼자서 걸어가라.

여러 가지 맛에 탐닉하지 말고 욕구하지 말며 남을 부양하지 말고 문전마다 걸식하라. 어느 집에도 집착하지 말고 마음의 다섯 가지 요소를 부숴버리고 모든 번뇌에서 떠나서 의지하지 말며 애욕을 버리고 무소의 뿔처럼 오직 혼자서 걸어가라.

일찍이 경험한 즐거움과 괴로움 그리고 기쁨과 두려움을 버리고 밝고 고요한 마음으로 최고의 목적을 달성하기 위해 힘쓰며 마음을 늦추지 말라. 행동을 게을리하지 말며 힘차게 활동하여 체력과 지력을 갖추어 홀로 앉아 선정을 버리지 말고 모든 행동을 항상 참된 이치에 좇아서 하라. 여러 가지 삶에 우환이 있음을 분명히 알고 무소의 뿔처럼 오직 혼자서 걸어가라.

애착을 없애기 위해 꾸준히 힘쓰라. 학식이 있고 마음을 안정시켜 이 법을 확실히 알며 자제하고 노력해서 무소의 뿔처럼 오직 혼자서 걸어가라. 큰 소리에도 놀라지 않는 사자와 같이 또한 그물에 걸리지 않는 바람같이 더러운 진흙물에 더럽히지 않는 연꽃처럼 뭇짐승의 왕으로 이빨이 강한 사자가 다른 짐승들을 물리치고 억누르듯이 변경에서 사는 생활에 친숙하고 무소의 뿔처럼 오직 혼자서 걸어가라.

자비와 평정과 연민과 즐거움을 때에 따라 잘 다스려 세상을 등지는 일 없이 탐욕과 증오와 미망을 버리라. 집착의 매듭을 끊어 목숨을 바치는 일이 있더라도 두려워하지 말라. 사람들은 자기의 이익을 위해 사귀며 또 남을 섬긴다. 오늘날 이익을 구하지 않는 친구는 찾아볼 수 없다. 자기 이익만을 아는 사람은 마음이 깨끗하지 않으니 무소의 뿔처럼 오직 혼자서 걸어가라."

부처님께서 제타숲 장자의 동산에 계실 때 신들린 사람이 부처님 곁에 와서 다음과 같이 호소했다.

"파멸된 인간의 일에 대하여 부처님께 묻고자 합니다. 파멸에 이르는 문은 어떤 것인지요."

"번영하는 사람을 알아보기는 쉽지만 이에 못지않게 파멸에 이르는 사람을 알아보기도 쉽다. 참된 이치를 아끼는 자는 성하고 이를 혐오하는 자는 패한다. 이것이 첫 번째의 파멸이다. 착한 사람을 아끼지 않고 악한 사람을 아끼며 버릇을 즐기는 게 두 번째 파멸에 이르는 문이다. 아무 때나 잠자는 버릇이 있고 사람들과 잘 어울리는 버릇이 있으며 분발하여 정진하지 않고 게으르며 걸핏하면 화내는 사람이 세 번째 파멸에 이르는 문이다. 자기는 풍족하게 살고 있음에도 불구하고 늙고 쇠약한 부모를 부양하지 않는 사람이 네 번째의 파멸에 이르는 문이다. 바라문이나 도를 닦는 자와 그 밖의 결식하는 자를 거짓말로 속이는 사람이 다섯 번째 파멸에 이르는 문이다. 여섯 번째 파멸에 이르는 문은 재산이 많아 황금과 식량이 충분한 자가 좋은 음식을 혼자서 먹으면 이는 파멸에 이르는 문이다. 일곱 번째 파멸에 이르는 문은 혈통을 자랑하고 재산을 자랑하며 가문을 자랑하되 자기의 친척을 경멸하는 자가 있으니 이는 파멸에 이르는 문이다. 여덟 번째 파멸에 이르는 문은 주색에 빠지고 도박을 즐기며 얻는 대로 번번이 잃어버리는 자가 있으니 이는 파멸에 이르는 문이다. 아홉 번째 파멸에 이르는 문은 자기 아내에게 만족하지 않고 매춘부와 어울리며 남의 아내와 가까이하는 게 파멸에 이르는 문이다. 열 번째 파멸에 이르는 문은 성년기를 지난 사내가 과일처럼 불룩한 유방을 가진 젊은 여자를 유혹하고 또 그녀에의 질투로 밤잠도 자지 않는 게 파멸에 이르는 문이다. 열한 번째 파멸에 이르는 머무는 문은 술과 고기로만 배를 불리며 재물을 낭비하는 사람에게 가업을 맡기는 것이 파멸에 이르는 문이다. 열두 번째 파멸에 이르는 문은 부자의 집에 태어난 자가 권세는 적지만 욕심은 커서 세상에서 왕위를 얻으려고 하면 이는 파멸에 이르는 문이다. 이 세상에는 여러 가지 파멸이 있음을 알고 현자는 진리를 통찰하여 행복한 세계에 이르는 것이다."

"여러 신과 인간들이 행복을 원하고 축복하는 최상의 복을 말씀해 주십시오?"

"어리석은 자들과 친하지 말라! 현자와 가까이하고 존경할 만한 사람들을 받드는 것이 최상의 복이다. 적당한 장소에 살며 공덕을 쌓아 스스로 올바른 목적을 달성하려고 마음에 다짐하는 것이 최상의 복이다. 사랑과 기술과 훈련을 쌓고 그 위에 언변이 능한 것이 최상의 복이다. 부모를 섬기는 처자를 사랑하며 일에 질서가 있어 혼란을 일으키지 않는 것이 최상의 복이다. 보시와 이 법에 맞는 행위와 친족을 사랑하고 비난받지 않는 행위가 최상의 복이다. 악을 싫어해서 멀리하며 술을 금하고 덕행에 소홀하지 말라는 것이 최상의 복이다. 존경과 겸손과 만족과 감사와 때때로 가르침을 듣는 것이 최상의 복이다. 참고 견디며 양순하고 도를 닦는 사람들과 만나며 때때로 법에 대하여 논의하는 것이 최상의 복이다. 수양과 깨끗한 행위와 성스러운 진리를 보며 안정을 확실히 느끼는 것이 최상의 복이다. 세속의 습관에 부딪혀도 마음이 흔들리지 않고 두려움이 없으며 악에 물들지 않고 마음이 안정하는 것이 최상의 복이다. 이와 같은 일을 행하면 어떤 일에 대하여도 패하지 않는다. 어디를 가나 행복에 도달할 수 있다. 이것이 그들에게는 최상의 복이다."

어느 때 바라문이 부처님께 여쭈었다.
"선생님이 말한 비린 것은 어떤 것이며 비린 것을 먹는 것이 무엇입니까?"
"수수나 야생 콩이나 잎 열매 덩굴 열매 등을 선량한 사람들로부터 바르게 얻어먹으면서 욕심을 부리지 말고 거짓말을 하지 말라. 잘 익고 요리가 잘된 음식을 얻어먹고 맛있는 쌀밥에 입맛을 다시며 먹는 수행자가 비린 것을 먹는 것이다. 바라문인 그대는 요리한 새고기를 반찬으로 밥을 맛있게 먹으면서도 비린 걸 허락하지 않는다고 말한다. 비린 것은 생물을 죽이고 때리고 자르며 결박하는 것이나 도둑질하고 거짓말하는 것이다. 속이는 것과 그릇된 것을 배우며 남의 아내와 가까이하는 게 비린 것이다. 육식은 그렇지 않다. 이 세상에서 욕망을 억제하는 일 없이 맛있는 음식을 탐내는 깨끗하지 못한 생활을 하며 허무한 이론을 믿고 옳지 못한 행위를 하는 완고하고 어리석은 비린 자이다. 난폭하고 잔인하며 남을 험담하고 친구를 배반하며 무자비하고 거만하며 인색하여 남에게 주는 일이 없는 사람이 비린 것이다. 성내고 교만하며 고집이 세고 반항심과 거짓, 질투, 허풍, 극단의 오만함, 불량배와의 사귐이 비린 것이다. 성질이 나쁘고 빚을 갚지 않으며 밀고 하고 거짓 증언을 하며 정의를 가장하고 사악을 저지르는 사람이 세상에서 가장 비열한 자들이 비린 것이다. 이 세상에서 마음대로 살생하고 남의 것을 약탈하고 또한 그들을 해치려고 애쓰며 성질이 나빠 욕심이 많으며 난폭하고 무례한 자들이 비린 것이다. 살아있는 생물에 대해 탐내고 배반하며 부당한 행동을 하고 항상 흉악한 일만 꾸미며 죽어서도 암흑에 이르러 지옥에 거꾸로 떨어지는 자들이다. 육식하지 않더라도 단식이나 나체로 다니며 삭발이나 수염을 기르는 것이다. 먼지와 때 사슴의 가죽을 걸치거나 신전 앞에 곡물을 차려 놓고 섬기는 것 또는 세상에서 불사를 얻기 위한 고행이나 신을 위해 주문을 외우거나 제물 제사나 계절에 따른 고행도 모두 의혹을 초월하지 않으면 그 사람을 깨끗하게 할 수 없다. 몸의 통로인 눈, 귀, 코, 혀, 몸, 의식을 지키고 그 기관을 이겨서 행하라. 참된 법을 확립하여 올바르고 순박한 것을 즐기며 집착을 떠나 모든 괴로움을 벗어버린 현자는 보고 듣는 일로 더럽혀지지 않는다."

이와 같은 말씀을 스승께서는 되풀이해서 말씀하셨다.
"베다에 정통한 바라문은 이것을 알고 있다. 비린 것을 멀리하고 그 무엇에도 걸림이 없어서 그 뒤를 따르고 싶어 하는 성자는 여러 가지 시구로 이를 설법하셨다. 눈을 뜬 자가 가르친 비린 것을 떠나 모든 괴로움을 제거한 지혜로운 말을 듣고 바라문은 경건한 마음으로 온전한 깨달음을 성취한 여래를 예배하고 그 자리에서 출가하기를 원한다."

"부끄러움이 무엇이며 누가 친구입니까?"
"부끄러움을 모르거나 싫어하여 나는 그대의 친구라고 말하면서 자기가 능히 할 수 있는 일인데도 일하지 않는 사람은 친구가 아님을 알아야 한다. 여러 친구에게 실천되지 않을 말만을 그럴듯하게 하는 자는 말뿐이지 실제로 행동하지 않을 자임을 현자는 잘 알고 있다. 언제나 우정이 깨어질까 염려하는 마음에서 아첨하면서도 항상 친구의 결점만을 보는 사람은 친구가 아니다. 자식이 어머니 품에 의지하듯이 그 사람에게 의지하며 다른 사람 때문에 사이가 벌어지는 일이 없는 사람이 참 친구이다. 좋은 결과를 바라는 사람은 힘에 적당한 짐을 지고 기쁨을 낳고 찬양받으며 안락을 가져오는 원인을 닦는다. 멀어지고 떠나는 맛과 평안해지는 맛을 알고 법열(法悅)을 맛보는 사람은 고뇌에서 떠나고 악에서 벗어나 있다."

어느 때 스승께서 가야 마을에 사는 야차의 처소에 계실 때 야차가 말했다.

"도를 닦는 이여! 만일 그대가 나의 질문에 대답 못하면 그대의 마음을 혼란케 하여 심장을 찢고 두 다리를 들어 갠지스강 너머로 던져버리겠소?"

"신들과 악마와 범천을 포함한 세계에서 도를 닦는 자와 바라문과 인간을 포함한 중생들 가운데서 내 마음을 혼란케 하여 심장을 찢고 두 다리를 들어 갠지스강 너머로 던질 수 있는 자를 나는 찾아볼 수 없다. 그대가 묻고 싶은 것이 있으면 무엇이든 물어보라!"

"탐욕과 혐오는 어떤 원인으로 생깁니까? 즐거움과 고통과 소름끼치는 일들은 어디서 생기며 갖가지 망상은 어디서 일어나 마음을 방황케 합니까?"

"탐욕과 혐오는 자신으로부터 일어난다. 즐거움과 고통과 소름 끼치는 일들도 자신으로부터 일어난다. 갖가지 망상도 자신으로부터 일어나 마음을 방황케 한다. 마치 아이들이 까마귀를 놓아 보내듯이 한다. 그것들은 애착에서 일어나고 나 자신으로부터 나타난다. 마치 반얀트리(Banyan Tree)의 가지에서 새로운 어린싹이 움트듯이 널리 온갖 욕망에 집착해 있는 것은 풀 덩굴이 숲속에 벋어 있는 것과 같다. 번뇌가 일어나는 원인을 아는 자는 번뇌를 없앨 수 있다. 그들은 건너기 어렵고 아직은 건넌 사람이 없는 사나운 물결을 건너가며 다시 생존을 받는 일이 없다."

"어떤 수행자가 이치에 맞게 행동하는 것입니까?"
"법에 맞는 행동이나 깨끗한 행동이 최상의 보물이라 일컫는다. 아무리 집을 나온 출가자가 되더라도 만일 난폭한 말을 하며 남을 괴롭히기를 좋아하는 짐승 같은 성격이 있으면 그 사람의 생활은 더욱 악해지고 더러워질 것이다. 이치에 맞지 않는 논쟁을 즐기고 정신이 흐린 수행자는 눈뜬 자의 설법을 듣고도 이해하질 못한다. 그는 무명(無明)에 현혹되어 수양 쌓은 다른 사람들을 괴롭히며 번뇌가 지옥으로 가는 길임을 알지 못한다. 이러한 수행자는 고난에 빠져 모태(母胎)에서 모태로 암흑에서 암흑으로 전생(轉生)하고 죽은 후에도 고통을 받게 된다. 시일이 지남에 따라 마치 똥통에 똥이 가득 차듯이 부정한 사람은 참으로 깨끗하기 어렵다. 이와 같은 출가 수행자는 집에 의지하는 자이며 그릇된 욕망에 사로잡혀 비뚤어진 생각으로 옳지 못한 행위를 하며 나쁜 곳에서 생활하고 있는 자임을 알라! 그대들은 모두 화합해서 그런 사람을 배척하라! 곡식 껍질을 날려 보내듯이 그를 날려 보내라! 그리고 도를 닦는 자가 아닌데도 도를 닦는 자로 자처하는 자도 곡식 껍질을 날려버리듯이 하라. 그릇된 욕망에 사로잡혀 비뚤어진 생각을 하고 옳지 못한 행위를 하며 나쁜 곳에 이른 그들을 밖으로 쫓아버려라. 스스로 깨끗한 자가 되어 서로 생각해주며 깨끗한 자들과 함께 살도록 하라. 그곳에서 사이좋게 지내며 총명을 잃지 말고 고뇌를 없애도록 하라!"

어느 때 방기이사는 스승으로 캅파라는 장로가 세상을 떠난 지 얼마 되지 않았을 때 홀로 깊은 생각에 잠겼다. 나의 스승은 정말로 돌아가셨을까? 아니면 아직 생존해 계실까? 저녁때가 되자 자리에서 일어나 부처님이 계신 곳으로 갔다.

"존귀하신 스승이여! 제가 홀로 앉아서 깊은 생각에 잠겨 있을 때 나의 스승은 정말로 돌아가셨을지 아니면 아직 생존해 계실지 생각이 들었습니다. 세상에서 널리 알려져 있고 명성이 있으며 마음에 평화를 얻은 수행자가 세상을 떠났습니다. 세상에 있는 모든 속박은 미망으로 가는 길이며 무지와 의혹에서 비롯한 것이라고 알고 있습니다. 완전한 깨달음을 이루신 여래를 만나 뵈면 사라지는 것이 인간을 위한 최상의 눈을 가졌기 때문에 알 것이라고 봅니다. 바람이 짙은 구름을 쓸어버리듯 번뇌의 때를 씻어버리지 않으시면 온 세상은 암흑으로 뒤덮이고 빛을 가진 자들도 빛을 내지 못할 것입니다. 부처님은 지혜로운 분이시니 저를 위해 여러 사람 앞에서 죽음에 대해서 분명히 설명해주십시오. 원하건대 아름다운 목소리로 백조가 목을 치켜들고 천천히 노래하듯 밝은 목소리로 말씀해주시면 잡념을 다 버리고 듣겠습니다. 생사를 다 버리시고 악을 털어버리신 분께 간청하니 완전한 예언이 올바른 지자(智者)인 당신으로 인해 유지되었으니 저는 이제 마지막 합장을 드립니다. 캅파가 깨끗한 행동으로 달성하려던 목적은 헛된 일이었는지 아니면 소멸이 되었는지 그렇지 않으면 생존의 근원을 남겨둔 것입니까?"

"그는 이 세상의 모든 명칭과 형태에 대한 애착을 끊었다. 오래 빠져 있던 검은 악마의 흐름을 끊었다."

"지혜가 많고 사나운 물결을 건너 피안에 도달하여 완전한 열반을 얻고 마음의 평화를 얻은 성자에게 묻고 싶습니다. 집을 나와 갖가지 욕망을 버린 수행자는 어떻게 하면 세상을 바르게 편력할 수 있겠습니까?"

"길조나 천지이변을 헤아리는 점이나 해몽과 관상 보는 것과 길흉의 판단을 모두 버린 수행자는 세상을 바르게 편력할 수 있다. 수행자가 생존을 초월하여 참된 이치를 깨치고 인간세계와 하늘 세계의 갖가지 향락에 대한 탐욕을 버린다면 세상을 바르게 편력할 수 있다. 수행자가 분노와 사물에 대한 인색에서 떠나 역경과 집념에서 벗어나면 세상을 바르게 편력할 수 있다. 좋아하는 것과 좋아하지 않는 것을 다 버리고 그 무엇에도 집착을 갖지 말며 또 이를 돌보지 않고 온갖 속박에서 벗어나면 이 세상에서 바르게 편력할 수 있다. 그가 생존을 이루고 있는 요소들 가운데서 굳은 실체를 보지 못하고 온갖 집착에 대한 탐욕을 억제하고 이를 돌보지 않으며 다른 것에도 이끌리지 않으면 세상을 바르게 편력할 수 있다. 말과 생각과 행위에 어긋남이 없고 법을 옳게 알아 열반의 경지를 구하면 세상을 바르게 편력할 수 있다. 수행자가 나를 숭배한다고 생각하여 거만하지 않고 비난받아도 개의치 말며 남들에게서 먹을 것을 얻었다 해서 교만을 부리지 않으면 세상을 바르게 편력할 수 있다. 수행자가 탐욕과 생존에의 욕망을 버리고 다른 생물의 목숨을 끊거나 몸으로 애착에 묶는 일 없이 의혹을 초월하여 번뇌의 화살을 뽑아버리면 세상을 바르게 편력할 수 있다. 수행자가 자기에게 알맞은 것을 알고 세상의 아무것도 해치지 않으며 참으로 법을 알고 있으면 세상을 바르게 편력할 수 있다. 어떤 잠재적 헛된 집념도 갖지 않고 나쁜 뿌리가 뿌리째 뽑혀서 바라는 것이나 구하는 것도 없으면 세상을 바르게 편력할 수 있다. 번뇌의 때를 말끔히 씻어버리고 거만을 버리며 온갖 탐욕의 길을 넘어 스스로 억제하고 안주하여 마음의 평화를 누리면 세상을 바르게 편력할 수 있다. 믿음이 두렵고 학식이 많은 현자가 궁극의 경지에 이르는 정해진 길을 보고 여러 당파 사이에서도 그에 맹종하지 않고 탐욕과 혐오와 분노를 억제하면 세상을 바르게 편력할 수 있다. 깨끗한 행동으로 번뇌를 극복한 승리자로서 가려진 온갖 것을 없애고 온갖 사물을 지배하고 피안에 이르러 흔들리지 않고 생존을 이루는 모든 요소를 정확히 인식하면 세상을 바르게 편력할 수 있다. 과거나 미래에 대한 기대를 초월하여 지극히 맑은 지혜가 있어 변화하는 생존의 영역에서 벗어나 있으면 세상을 바르게 편력할 수 있다. 궁극의 경지를 알고 법을 깨달아 번뇌의 때를 없애고 생존을 이루는 모든 요소를 말하면 그로 인하여 세상을 바르게 편력할 수 있다."

"존귀하신 스승이시여! 진실로 그러합니다. 그와 같이 생활하고 스스로 억제하는 수행자는 모든 속박에서 벗어나 세상을 바르게 편력하리라 생각합니다."

어느 때 부처님께서 제타 숲 동산에 계셨을 때 도를 닦는 여러 사람이 스승께 물었다.
"존귀하신 스승이시여! 지혜로운 사람들이 들어도 비난받지 않을 것이 어떤 것입니까?"
"도를 닦는 자들이여! 네 가지 특징을 가진 말은 훌륭한 설법이며 결코 그릇된 가르침이 아니다. 모든 지혜로운 자들이 들어도 결코 결점이 없어서 비난받지 않을 것이다. 그 네 가지란 훌륭하게 가르친 것만을 말하고 그릇된 가르침을 말하지 않으며 자기가 본 것만 말하고 보지 않은 것은 말하지 않는다. 참다운 이치만을 말하고 그릇된 것은 말하지 않으며 진실만을 말하고 허망한 말은 하지 않는 네 가지 특징을 가진 말을 훌륭한 설법이라 한다. 선한 사람은 훌륭한 설법을 해야 하고 참된 이치를 말하며 진실을 말하고 거짓을 말하지 말라."

"자기를 괴롭히지 않고 남을 해치지 않는 말만을 하라고 하시니 진실로 훌륭한 설법이며 환영받을 말입니다. 진실은 참으로 영원토록 남는 말이며 불멸의 법칙입니다. 선한 사람들은 진실과 진리와 이치에 안주합니다. 평안에 도달하고 괴로움을 없애기 위하여 부처님께서 가르친 말씀은 실로 가장 최상의 것입니다."

어느 때 부처님께서 사아밧티이의 동산에 있는 미가아라 장자의 어머니가 사는 누각에 계실 때였다. 그때 스승께서는 정기적인 집회가 있는 달 밝은 보름밤에 수행승의 무리에 둘러싸여 집 밖에 계시었다. 스승께서는 묵묵히 앉아 있는 수행승의 무리를 돌아보시고 그들에게 이렇게 말씀하셨다.

"수행승들이여! 세속을 떠나 깨달음에 이르는 갖가지 진리가 있다. 그런데 그대들이 선량하고 존귀하게 세속을 떠나 깨달음에 이르는 갖가지 진리를 듣는 것은 무슨 까닭인지 그대들에게 묻는 자가 있으면 그들에게 이렇게 말하라. 두 가지의 진리를 분명히 알기 위함이다. 그렇다면 그대들이 말하는 두 가지란 무엇이냐고 물으면 이것은 괴로움이다. 이것은 괴로움의 원인이라 하는 것이 첫 번째 관찰이며 괴로움의 소멸이다. 이것은 괴로움의 소멸에 이르는 길이라 하는 것은 두 번째 관찰이다. 이렇게 두 가지를 바르게 관찰하여 꾸준히 힘쓰는 수행승에게는 두 가지 결과 중에서 어느 하나의 결과를 기대할 수 있다. 즉 세상에서 지혜를 깨치든가 번뇌가 남아 있는 혼미한 생존으로 다시 돌아오지 않든가 하는 것이다."

그리고 스승께서는 다음과 같이 설법하셨다.

"괴로움을 모르고 괴로움이 일어남을 모르며 또한 괴로움이 남김없이 소멸하는 길도 모르는 그들은 마음의 해탈과 지혜의 해탈을 이룰 수 없다. 그들은 윤회를 끊어버릴 수 없으니 속된 생과 늙음을 받는다. 그러나 괴로움을 알고 괴로움이 일어남을 알며 또 괴로움이 남김없이 소멸하는 길을 아는 그들은 마음의 해탈과 지혜의 해탈을 구현한다. 그들은 윤회를 끊어버릴 수 있으니 속된 생과 늙음을 받는 일이 없다."

"또 다른 방법으로 두 가지 진리를 바르게 관찰할 수 있습니까?"
"괴로움은 모두 업의 원인으로 일어난다. 그 원인에서 완전히 떠나서 이를 없애버리면 괴로움이 일어나는 일이 없다. 수행승들이여! 이렇게 두 가지를 바르게 관찰하여 꾸준히 힘쓰는 수행승에게는 두 결과 중에서 어느 하나를 기대할 수 있다. 이 세상에서 지혜를 깨치든가 번뇌가 남아 있는 혼미한 생존으로 다시 돌아오지 않든가 하는 것이다. 세상에 있는 모든 괴로움은 생존의 원인으로 일어난다. 실로 그것을 모르고 생존의 원인을 만드는 우둔한 자는 되풀이해서 괴로움을 받게 된다. 그러므로 바르게 알고 괴로움이 일어나는 원인을 관찰하여 업을 만들지 말라!"

"또 다른 방법으로 두 가지 진리를 바르게 관찰할 수 있는 것입니까?"
"괴로움은 모두 무명(無明)에서 일어난다. 그러나 무명을 완전히 떠나 이를 없애버리면 괴로움이 일어나는 일이 없다. 이렇게 두 가지를 바르게 관찰하여 꾸준히 힘쓰는 수행승에게는 두 결과 중에서 어느 하나를 기대할 수 있다. 즉 이 세상에서 지혜를 깨치거나 번뇌가 남아 있는 혼미한 생존으로 다시 돌아오지 않든가 하는 것이다. 이 세상에서 다른 상태로 되풀이하여 생사의 윤회를 받는 자는 원인이 무명에 있다. 무명이란 커다란 어리석음의 방황인데 이로 말미암아 영원한 윤회가 나타난다. 그러나 밝은 지혜에 이른 자는 다시는 생존을 받는 일이 없다."

"또 다른 방법으로 두 가지 진리를 바르게 관찰할 수 있습니까?"
"어떤 괴로움이든 모두 행위로 잠재된 업의 힘으로 일어난다. 그러나 업의 힘을 완전히 떠나 이를 없애버리면 괴로움이 일어나는 일이 없다. 이 두 가지를 바르게 관찰하여 꾸준히 수행승에게는 두 가지의 결과 중에서 어느 하나를 기대할 수 있다. 세상에서 지혜를 깨치거나 번뇌가 남아 있는 이 혼미한 생존으로 다시 돌아오지 않거나 하는 것이다. 어떤 괴로움이 일어나더라도 그것은 모두 업의 힘으로 일어난다. 이 갖가지 힘이 소멸하면 괴로움이 일어나는 일이 없다. 괴로움은 업의 힘에서 일어난다는 두려운 사실을 알고 업을 소멸시켜 욕심을 억제하면 괴로움은 소멸이 되는 것을 분명히 알라. 바르게 보고 바르게 알아 베다에 통달한 자들은 악마의 사슬에서 벗어나 다시는 생존을 받는 일이 없다."

"또 다른 방법으로 두 가지 진리를 바르게 관찰할 수 있는 것입니까?"
"어떤 괴로움이든 식별(識)로 일어난다는 것이다. 그러나 식별 작용을 완전히 떠나 이를 완전히 없애버리면 괴로움이 일어나는 일이 없다. 이렇게 두 가지를 바르게 관찰하여 꾸준히 힘쓰는 수행자는 두 가지 과보(果報)의 결과 중에서 어느 하나를 기대할 수 있다. 이 세상에서 지혜를 깨치거나 번뇌가 남아 있는 이 혼미한 생존으로 다시 돌아오지 않거나 하는 것이다. 어떠한 괴로움이 일어나더라도 그것은 모두 식별 작용으로 일어난다. 식별 작용이 소멸이 되면 괴로움이 일어나는 일이 없다. 괴로움은 모두 식별 작용으로 일어난다는 두려운 사실을 분명히 알고 식별 작용을 조용히 가라앉게 한 수행자는 쾌락을 탐내지 않고 평안으로 돌아갈 것이다."

"또 다른 방법으로 두 가지 진리를 바르게 관찰할 수 있는 것입니까?"

"어떤 괴로움도 모두 접촉에서 일어난다. 그러나 접촉을 완전히 떠나 나를 없애버리면 괴로움이 일어나는 일이 없다. 이 두 가지를 바르게 관찰하여 꾸준히 힘쓰는 수행승에게는 두 가지 결과 중에서 어느 하나를 기대할 수 있다. 즉 세상에서 도를 깨치거나 번뇌가 남아 있는 이 혼미한 생존으로 다시 돌아오지 않거나 하는 것이다. 접촉에 사로잡히고 그릇된 길을 가는 자는 속박의 소멸에서 멀리 떠나 있다. 그러나 접촉에 대하여 분명히 알고 평안을 즐기는 자들은 실로 접촉을 모두 없애기 때문에 쾌감을 떠나 평안으로 돌아갈 것이다."

"또 다른 방법으로 두 가지 진리를 바르게 관찰할 수 있는 것입니까?"

"괴로움은 모두 감정을 받아들임에서 일어난다. 그러나 갖가지 감수를 완전히 떠나 이를 모두 없애버리면 괴로움이 일어나는 일이 없다. 이 두 가지를 바르게 관찰하여 꾸준히 힘쓰는 수행승에게는 두 결과 중에 어느 하나를 기대할 수 있다. 이 세상에서 지혜를 깨치거나 번뇌가 남아 있는 혼미한 생존으로 다시 돌아가지 않거나 하는 것이다. 즐거움이나 괴로움도 이것도 저것도 아닌 안팎으로 감수한 모든 것이 고뇌임을 알고 허망한 사물에 접촉할 때마다 없어지는 것을 보고 이에 대한 애착에서 떠나는 것이다. 갖가지 감수가 소멸이 되기에 수행승은 쾌락을 느끼지 않고 평안으로 돌아갈 것이다."

"또 다른 방법으로 두 가지 진리를 바르게 관찰할 수 있는 것입니까?"

"괴로움은 모두 애착에서 일어난다. 그러나 애착을 완전히 떠나 이를 모두 없애버리면 괴로움이 일어나는 일이 없다. 이 두 가지를 바르게 관찰하여 꾸준히 힘쓰는 수행승에게는 두 결과 중에 어느 하나를 기대할 수 있다. 즉 이 세상에서 도를 깨치거나 번뇌가 남아 있는 혼미한 생존으로 다시 돌아오지 않거나 하는 것이다. 애착을 벗으로 삼는 자는 이 상태에서 저 상태로 영원히 유전하여 윤회를 벗어날 수 없다. 애착은 괴로움을 일으키는 원인이라는 두려운 사실을 알고 애착에서 떠나 매이지 말고 바른 생각을 가지고 수행승들은 편력해야 한다."

"또 다른 방법으로 두 가지 진리를 바르게 관찰할 수 있는 것입니까?"

"괴로움은 모두 집착에서 일어난다. 그러나 온갖 집착을 완전히 떠나 이를 완전히 소멸시키면 괴로움이 일어나는 일이 없다. 이러한 두 가지를 바르게 관찰하여 꾸준히 힘쓰는 수행자는 두 결과 중에서 어느 하나를 기대할 수 있다. 즉 이 세상에서 도를 깨치거나 번뇌가 남아 있는 혼미한 생존으로 다시 돌아오지 않거나 하는 것이다. 집착에서 그릇된 생존이 일어난다. 생존하는 자는 괴로움을 받는다. 태어나는 자에게는 죽음이 있다. 이것이 괴로움이 일어나는 원인이다. 그러므로 구도자들은 집착을 없애는 이유를 바르게 알고 태어남에 따른 소멸을 바르게 알아 다시 생존을 받는 일이 없다."

"또 다른 방법으로 두 가지 진리를 바르게 관찰할 수 있는 것입니까?"

"괴로움은 모두 행동에서 일어난다. 그러나 갖가지 옳지 않은 행동을 완전하게 떠나 이를 모두 없애버리면 괴로움이 일어나는 일이 없다. 이러한 두 가지를 바르게 관찰하여 꾸준히 힘쓰는 수행승에게는 두 가지 결과 중에 어느 하나를 기대할 수 있다. 즉 세상에서 지혜를 깨치거나 번뇌가 남아 있는 혼미한 생존으로 다시 돌아오지 않거나 하는 것이다. 어떤 괴로움이 일어나더라도 그것은 모두 행동에서 일어난다. 갖가지 올바른 행동이 아닌 것이 다 없어지면 괴로움이 일어나는 일이 없다. 괴로움은 행동에서 일어난다는 두려운 사실을 알고 모든 올바른 행동이 아닌 것을 버려야 한다. 생존에 대한 애착을 끊고 마음이 진정된 수행승은 삶의 윤회를 벗어난다. 그리고 다시 생존을 받는 일이 없다."

"또 다른 방법으로 두 가지 진리를 바르게 관찰할 수 있는 것입니까?"

"괴로움은 음식의 욕망으로도 일어난다. 그러나 갖가지 음식에 대한 욕심을 완전히 버리고 모두 멸해버리면 괴로움이 일어나는 일이 없다. 이러한 두 가지를 바르게 관찰하여 꾸준히 힘쓰는 수행승에게는 두 결과 중에 어느 하나를 기대할 수 있다. 즉 이 세상에서 도를 깨치거나 번뇌가 남아 있는 이 혼미한 생존으로 다시 돌아오지 않거나 하는 것이다. 어떤 괴로움이 일어나더라도 그것은 음식의 욕망에서 비롯된다. 갖가지 식욕에서 떠나면 괴로움이 일어나는 일이 없다. 괴로움은 식욕으로 일어난다는 두려운 사실을 알고 음식에 대한 욕망을 잘 알아 식욕에 의존하지 말며 갖가지 더러운 번뇌를 소멸함으로써 병이 나지 않음을 바르게 알고 번성하여 음식을 아껴 참된 법에 사는 베다에 이른 자는 방황하는 어리석은 생존자가 아니다."

"또 다른 방법으로 두 가지 진리를 바르게 관찰할 수 있습니까?"
"괴로움은 모두 정신적으로 흔들림에서 일어난다. 그러나 갖가지 정신적으로 흔들림을 완전히 떠나 이를 모두 없애버리면 괴로움이 일어나는 일이 없다. 이러한 두 가지를 바르게 관찰하여 꾸준히 힘쓰는 수행승에게는 두 결과 가운데 어느 하나를 기대할 수 있다. 즉 이 세상에서 지혜를 깨치거나 번뇌가 남아 있는 혼미한 생존으로 다시 돌아오지 않거나 하는 것이다. 어떤 괴로움이 일어나더라도 애착과 교만 그리고 그릇되게 보는 것으로 인하여 번뇌가 시작된다. 갖가지 정신적으로 흔들림이 다 없어지면 괴로움이 일어나는 일이 없다. 괴로움은 정신적으로 흔들림에서 일어난다는 두려운 사실을 알고 수행승은 갖가지 애착을 버리고 업을 태워서 바른 생각을 가지고 편력해야 한다."

"또 다른 방법으로 두 가지 진리를 바르게 관찰할 수 있습니까?"
"걸림이 있는 자는 망설이지만 걸림이 없는 자는 망설이지 않는다. 이렇게 두 가지를 바르게 관찰하여 꾸준히 힘쓰는 수행승은 두 결과 중 어느 하나를 기대할 수 있다. 즉 세상에서 지혜를 깨치거나 번뇌가 남아 있는 혼미한 생존으로 다시 돌아오지 않거나 하는 것이다. 걸림이 없는 사람은 망설이지 않는다. 그러나 걸림이 있는 자는 이 상태에서 저 상태로 집착하고 있어서 윤회를 벗어날 수 없다. 갖가지 걸림 속에 커다란 공포가 있다. 두려운 사실을 알고 수행승은 걸림이 없고 집착 없이 바른 생각을 가지고 편력해야 한다."

"또 다른 방법으로 두 가지 진리를 바르게 관찰할 수 있습니까?"
"물질의 세계보다 물질 아닌 세계가 한결 더 안정되어 있다. 물질 아닌 세계보다 소멸의 세계가 훨씬 더 안정되어 있다. 이러한 두 가지를 바르게 관찰하여 꾸준히 힘쓰는 수행승에게는 두 결과 중 어느 하나를 기대할 수 있다. 즉 세상에서 도를 깨치거나 번뇌가 남아 있는 혼미한 생존으로 다시 돌아오지 않거나 하는 것이다. 물질의 세계에 태어나는 모든 생존자와 물질 아닌 세계에 있는 모든 생존자는 소멸을 모르기 때문에 다시 이 세상의 생존으로 되돌아온다. 그러나 물질의 세계를 분명히 알고 물질 아닌 세계에 안주하며 소멸로 해탈하는 자는 죽음을 버린 것이다."

"또 다른 방법으로 두 가지 진리를 바르게 관찰할 수 있습니까?"
"수행승들이여! 신들과 악마가 함께 사는 세계 그리고 인간을 포함한 모든 생존자가 이것이 진리라고 생각한 것을 구도자들은 이것은 허망하다고 바른 지혜로 분명히 아는 것이다. 신들과 악마가 함께 사는 세계 그리고 인간을 포함한 이 모든 생존자가 이것은 허망하다고 생각한 것을 성자들은 이것을 진리라고 바른 지혜로 아는 것이다. 이렇게 두 가지를 바르게 관찰하여 꾸준히 힘쓰는 수행승에게는 두 과보(果報) 결과 중에 어느 하나를 기대할 수 있다. 즉 세상에서 지혜를 깨치거나 번뇌가 남아 있는 혼미한 생존으로 다시 돌아오지 않거나 하는 것이다. 보아라! 신들과 세상 사람들은 나 아닌 것을 나라고 생각하고 명칭과 형태에 집착하게 된다. 이것이 바로 진리라고 생각해도 실상과는 다르다. 왜냐하면 어리석은 자의 이런 생각이 끊임없이 지나가 버리는 것은 허망하기 때문이다. 평안은 허망이 아니다. 성자들은 이를 진리로 안다. 그들은 실로 진리를 깨달았기 때문에 쾌락을 탐하지 않고 평안으로 돌아간 것이다."

"또 다른 방법으로 두 가지 진리를 바르게 관찰할 수 있습니까?"
"수행승들이여! 신들과 악마가 함께 사는 세계 그리고 인간들을 포함한 모든 생존자가 안락이라고 생각한 것을 성자들은 고뇌라고 바른 지혜로 안다. 모든 생존자가 고뇌라고 생각한 것을 성자들은 안락이라고 바른 지혜로 분명히 안다. 이렇게 두 가지를 잘 관찰하여 꾸준히 힘쓰는 수행승에게는 두 결과 중에 어느 하나를 기대할 수 있다. 즉 세상에서 도를 깨치거나 번뇌가 남아 있는 혼미한 생존으로 다시 돌아오지 않거나 하는 것이다. 있다고 말할 수 있는 색깔, 음성, 향기, 촉감, 그리고 생각할 수 있는 것으로 한결같이 사랑스럽고 마음에 드는 것이다. 그것들을 실로 신이나 세상 사람들은 안락이라 본다. 그러나 없을 때 고뇌라고 본다. 자기의 육신을 떠난 소멸을 안락이라고 성자들은 본다. 실상을 바르게 보는 자들은 모든 세상 사람들과는 반대다. 다른 사람들이 안락이라 부르는 것을 구도자들은 고뇌라고 말한다. 다른 사람들이 고뇌라고 부르는 것이 성자들은 안락으로 보고 안다. 보아라! 진리를 이해하기가 그토록 어려움을 무지한 사람들은 여기서 방황한다. 덮여 있는 자에게는 어둠이 있다. 바르게 보지 못하는 자들에게는 암흑이 있다. 선량한 자에게는 일어서 보는 것이 있다. 마치 눈을 뜨고 보는 자들에게 광명이 있듯이 이치가 무엇인지 모르는 짐승 같은 어리석은 자는 평안에 가까이 있어도 이를 모른다. 생존을 위한 탐욕에 사로잡히고 생존의 흐름에 휩쓸려 악마의 세계로 들어간 자들은 진리를 깨닫기가 매우 어렵다. 구도자들 외에 대체 누가 이 경지를 깨달을 수 있을 것인가. 이 경지를 바르게 알면 번뇌의 때가 묻지 않는 자가 되어 고요한 평안에 들어가리라."

수행승들은 기뻐하면서 스승의 설법을 환희로 받아들였다. 이같이 밝은 설법으로 수행승들은 집착에서 떠나 때 묻은 마음에서 벗어났다.

"스승이시여! 어떻게 욕망을 벗어날 수 있습니까?"

"욕망을 달성하려고 원하는 자가 만일 뜻대로 되면 그는 실로 인간이 갖고자 하는 것을 얻었기 때문에 마음속으로 기뻐한다. 욕망을 달성하려고 원하는 자가 만일 그 욕망을 이룰 수 없게 되면 그는 화살에 맞는 것처럼 고뇌에 빠진다. 발로 뱀의 머리를 밟지 않으려고 조심하는 것처럼 갖가지 욕망을 피하는 자는 생각을 바르게 하여 이 세상의 애착에서 벗어난다. 세상의 온갖 물질을 탐내는 자가 있다면 아무 힘도 없는 갖가지 번뇌가 그를 굴복시키며 위험과 재난이 그를 짓밟는다. 그러므로 마치 파손된 배에 물이 새어들듯이 괴로움이 그를 따른다. 그러므로 인간은 언제나 바른 생각을 가지고 온갖 욕망으로부터 피하도록 하라. 배에 스며든 물을 퍼내듯이 욕망을 버리고 거센 물결을 건너 피안에 이르는 자가 되어라!"

"구도하는 수행자는 어떻게 살아야 합니까?"

"동굴 속에 머물러 집착하며 갖가지 번뇌에 덮여 미망(迷妄)에 빠진 사람은 염려하여 멀리 떠나지 못한다. 이는 실로 세상의 욕망을 버리기 어렵기 때문이다. 욕구로 해서 쾌락에 사로잡힌 자는 해탈하기 어렵다. 그들은 미래나 과거를 생각하면서 이러한 현재의 욕망이나 과거의 욕망에 탐한다. 그들은 욕망에 탐하고 찾으며 빠져들며 인색하고 부정에 친근하지만 죽을 때에는 이제 죽으면 나는 어떻게 될까 하고 괴로움에 눌려서 탄식하게 된다. 그러므로 사람들은 이 가르침을 숭상하라. 세상에서 옳지 않다고 알려진 것은 어떤 일이라도 해서는 안 된다. 인간의 수명은 짧은 것이라고 현자는 항상 말하지 않던가. 갖가지 생존에 대한 애착 때문에 세상 사람들이 몸부림치는 것을 나는 본다. 못난 자들은 갖가지 생존에 대한 애착에서 벗어나지 못하고 죽음에 직면하면 운다. 무엇이든 자기의 소유라고 집착하여 마음이 흔들리는 자들을 보아라. 그들의 모습은 메말라가는 개울에서 허덕이는 물고기와 같다. 이 꼴을 보고 내 것이라는 생각을 버리고 세상을 걸어가라. 갖가지 생존에 대하여 집착하지 말고 구도자는 극단의 욕망을 억제하여 감각 기관과 그 대상에의 접촉이 무엇임을 분명히 알고 탐내는 일이 없고 자기 스스로 비난받을 악행을 하지 않으며 보고 들은 일로 하여 때 묻지 않는다. 생각을 바르게 하여 흐르는 물을 건너라. 구도자는 소유하려는 집착으로 때 묻지 않으며 번뇌의 화살을 뽑아 수행에 힘써 이 세상도 저세상도 바라지 않는다."

"분노를 어떻게 조절하여야 하며 간사함을 어떻게 버려야 합니까?"

"실로 노하는 마음 때문에 다른 사람을 비방하는 자가 있다. 마음이 진실한 자들도 다른 사람을 비방하는 일이 있다. 비방하려는 생각이 일어나더라도 구도자는 분노를 멀리하며 무슨 일에도 마음이 거칠어지지 않는다. 욕망에 이끌리고 욕심에 사로잡힌 자가 어찌 자기의 견해를 벗어날 수 있겠는가. 그는 자기가 완전하다고 생각하는 것을 그대로 행한다. 그리고 자기가 알고 있는 것을 언제나 입 밖에 내게 된다. 아무도 묻지도 않는데 다른 사람에게 계율과 도덕을 말하는 사람이나 자기 자신에 대해 높이는 자가 있다면 진리에 이른 사람들은 그를 가리켜 성스러움을 갖지 못한 자라고 한다. 평안하고 마음에 안정을 이룬 수행승이 계율에 대하여 나는 이렇게 하고 있다고 자랑하지 말고 세상에서 번뇌하는 일이 없으면 진리에 이른 사람들은 그를 가리켜 성스러운 진리를 가지고 있는 자라 한다. 때 묻은 교리를 미리 조작해 놓고 한편에 치우쳐 자기만이 열매를 보려는 자는 뿌리가 없이 흔들리는 것에 의존하여 평안을 얻으려 한다. 갖가지 사물에 대한 고집이 무엇인지 분명히 알고 자기의 견해에 대한 집착을 초월하는 것은 쉬운 일이 아니다. 그러므로 사람들은 좁은 견해의 울타리에 들어앉아 법을 배척하기도 하고 또 이에 집착하기도 한다. 사악함을 쓸어 없애버린 자는 이 세상 어디를 가든지 모든 생존에 대하여 그릇된 견해를 갖는 일이 없다. 간사한 악을 쓸어 없애버린 자는 거짓과 오만을 버렸기에 어떻게 윤회를 거듭하겠는가. 그에게는 이미 의지하고 가까이할 아무것도 없다. 무엇에 의지하고 이를 가까이하는 자는 온갖 비방을 받겠지만 간사한 악을 버린 자를 어떻게 비방할 수 있겠는가. 그에게는 집착하는 일이 없으며 버릴 일도 없다. 이는 그가 이 세상에서 모든 편견을 쓸어 없앴기 때문이다."

"수행자의 청정한 삶은 어떤 것입니까?"
"나는 병이 없고 가장 깨끗한 것을 본다. 인간이 아주 깨끗하게 되는 것이 견해에 달려 있다고 알고 있는 자는 가장 높은 경지에 도달해서 얻은 지혜로 생각한다. 인간이 견해에 따라 깨끗해질 수 있거나 지혜로서 괴로움을 버릴 수 있다면 번뇌에 사로잡혀 있는 자이다. 바른길이 아닌 다른 방법으로도 깨끗해질 수 있다고 말하는 자는 편견을 가진 자이다. 깨달은 자는 바른길 이외에 본 학문이나 계율과 도덕 그리고 사색을 깨끗하다고 말하지 않는다. 자기를 버리고 세상에서 화와 복의 원인을 만드는 일이 없다. 앞에 있는 것을 버리고 나중 것을 따르고 번뇌가 일어나 흔들리는 대로 좇는 자는 집착을 벗어날 수 없다. 그들은 마치 원숭이가 나뭇가지를 잡았다가 다시 놓아버리듯이 잡았다가는 다시 버린다. 서약이나 계율을 고집하는 자는 그릇된 생각에 잠겨 갖가지 잡다한 일을 하려고 한다. 그러나 참으로 지혜로운 자는 진리를 이해하며 갖가지 잡다한 일을 하려 하지 않는다. 그는 모든 사물에 대하여 보고 배우거나 생각한 것을 자제하고 지배한다. 이렇게 관찰하여 눈이 어두워지는 일이 없이 행동하는 자는 어찌 세상에서 망령된 생각을 할 수 있겠는가! 그들은 망령된 생각에서 사리를 분별하는 일이 없다. 어떤 것을 특별히 소중히 여기지도 않고 깨끗함을 말하지도 않는다. 결박된 집착을 버리고 세상의 어떤 사물에 대해서도 탐내는 일이 없다. 깨달음을 얻은 자는 번뇌의 범위를 초월해 있다. 어떤 사물을 알거나 보고도 이에 집착하는 일이 없다. 그들은 욕심을 내지 않으며 욕심에서 떠나려고 애쓰지도 않는다. 세상에서 이것이 최상의 것이라 헛되이 집착하는 일도 없다."

"깨달은 여래시여! 어떤 것이 우월한 것입니까?"
"세상에서 사람들이 뛰어나다는 것을 최상이라고 생각하거나 여러 가지 견해에 사로잡혀 그 밖에는 하위라 생각하므로 온갖 논쟁에서 벗어날 수 없다. 그는 본 것이나 배운 계율이나 도덕 그리고 사유에 대하여 자기 마음대로 결론을 내리고 그것만을 집착하여 다른 것은 모두 하위라고 생각한다. 어떤 특정한 것에만 치중한 나머지 다른 것은 유치하다고 생각한다면 큰 장애라고 진리에 이른 사람들은 말한다. 그러므로 수행승은 배운 것과 사유한 것과 계율이나 지혜에 대해서나 도덕에 대해서 편견에 사로잡혀서는 안 된다. 자기를 다른 사람과 같다고 생각하지 말고 또 다른 사람보다 못하다거나 잘났다고 생각해서도 안 된다. 깨닫게 되면 이미 가졌던 견해를 버리고 이에 집착하는 일이 없으며 지혜에 대해 특별히 의존하는 일도 없다. 그는 실로 다른 여러 견해로 분열된 사람들 사이에서도 당파에 맹종하지 않고 어떠한 견해도 그대로 믿는 일이 없다. 그는 여기서 극단에 대해서나 온갖 생존에 대하여 이 세상이나 저세상을 막론하고 바라는 것이 없다. 온갖 사물에 대하여 확실히 알았다는 어떤 견해를 고집하는 일이 그에게는 결코 없다. 그는 이 세상에서 배운 것이나 깊이 사색한 것에 대하여 조금도 망령된 생각을 만들지 않는다. 어떤 견해에도 고집하지 않는 깨달은 자가 이 세상에서 망령된 생각으로 어찌 사리를 분별하겠는가! 그는 망령된 생각으로 사리를 분별하는 일이 없으며 어느 하나의 견해를 특히 주요하게 여기지도 않는다. 그리고 자기를 완성하였기에 가르침을 원하지도 않으며 계율이나 도덕에 이끌리는 일도 없다. 이러한 자는 피안에 이르러 다시 돌아오는 일이 없다."

"있는 것을 있는 그대로 보는 눈뜬 이여! 무엇이 늙음이며 죽음입니까?"

"인간의 생명은 짧구나! 백 살에 이르지도 못하고 죽어버리는가! 아무리 오래 산다 해도 결국은 늙어서 죽는 것을 사람들은 내 것이라고 집착하는 물건으로 해서 근심한다. 자기가 소유한 것은 언제나 갖게 되는 것이 아니기 때문이다. 이 세상에 있는 모든 게 변하고 멸하게 되기 마련임을 알고 집에 머물러 있지 말라. 사람들이 자기 것이라고 생각하고 아끼며 집착하는 물건을 가졌던 사람은 죽음으로 없어진다. 나를 따르는 자는 현명하게 이러한 이치를 깨닫고 자기 것이라고 하는 관념에 빠지지 말라. 예를 들어 꿈에서 만난 자를 다시 볼 수 없듯이 눈뜬 자는 사랑하던 사람이 죽어 세상을 떠나면 다시 돌아보지 않는다. 누구라고 하며 보고 듣던 사람도 죽고 나면 잠시 그 이름만이 겨우 전해질 뿐이다. 내 것이라고 집착하여 욕심내는 자는 근심과 슬픔 그리고 인색함을 버리지 못한다. 그러므로 안온함을 깨달은 구도자들은 소유를 버리고 떠난다. 싫어서 물러나 행을 닦는 수행승은 멀리 떨어진 곳을 즐겨 찾는다. 그가 생존의 사바세계에서 자기 자신을 드러내지 않는 게 당연한 일이다. 구도자는 모든 것에 사로잡히지 않고 사랑하거나 미워하지도 않는다. 슬픔도 인색함도 마치 연잎에 얹힌 물방울이 더러워지지 않듯이 그를 더럽히지 못한다. 마치 연잎에 얹힌 물방울이나 연꽃에 맺힌 이슬이 더러워지지 않듯이 이같이 구도자는 보고 배우고 사색한 어떤 것에도 더럽혀지는 일이 없다. 사악을 쓸어 없앤 자는 보고 배우고 사색한 어떤 것에도 집착하거나 생각하는 일이 없다. 그는 다른 어떤 것으로도 깨끗해지려 하지 않는다. 탐하지도 않으며 탐욕에서 떠날 일조차 없다."

"스승이시여! 성교에 탐닉하는 자의 파멸에 대해서 말씀해 주십시오. 가르침을 듣고 저희도 멀리할 것을 배우고자 합니다."

"성교에 탐닉하는 자는 가르침을 잊고 그 행은 사악하다. 따라서 이것은 그들 안에 있는 천한 요소이다. 전에는 독신으로 살고 있었는데 나중에 성의 교접에 빠진 자는 마치 수레가 길에서 벗어나는 것과 같다. 세상 사람들은 그를 천한 사람이라고 부른다. 그리하여 일찍이 그가 가지고 있던 영예와 명성은 다 잃어버리게 된다. 이런 사실로 보더라도 수행자는 성의 교접은 끊어야 한다. 그는 온갖 욕망의 생각 때문에 빈곤한 자처럼 생각만 한다. 이러한 자는 다른 사람에 대한 좋은 평판을 듣고도 스스로 부끄러워한다. 그런데 다른 사람으로부터 비난받으면 칼날을 갈고 거짓을 일삼는 것이 커다란 난점이다. 독신생활을 하고 있을 때 세상 사람으로부터 지혜 있는 사람으로 인정을 받았던 자가 후에 성의 교접에 빠져 어리석은 자처럼 괴로워하게 된다. 구도자는 이 세상 곳곳에 그러한 환난이 있음을 알고 굳게 독신을 지켜서 상에 빠져서는 안 된다. 속된 일로부터 떠나는 것을 배우라. 이것은 수행자들에게 최상의 일이나 이것만으로 자기가 최상인 자라 생각해서는 안 된다. 그는 다만 평안에 가까워졌을 따름이다. 구도자는 온갖 욕망을 거들떠보지 않고 행하며 흐름을 건넜기에 온갖 욕망에 얽매인 자들은 그를 부러워한다."

"논쟁으로 진리에 도달할 수 있겠습니까?"
"파수우라여! 그들은 이것만이 깨끗하다고 주장하며 다른 여러 가지 가르침은 깨끗하지 않다고 말한다. 자기가 따르고 있는 것만이 선이라 말하면서 각각 다른 진리를 고집한다. 그들은 토론을 바라고 모임에 몰려들어 서로 다른 사람을 어리석은 자라고 지적하며 다른 스승을 업고 나와 논쟁을 벌인다. 자신이 찬사를 받고자 자신을 진리에 도달한 자라고 자칭하며 모임에서 논쟁한 자는 찬사를 받고자 애쓴다. 그리고 패배하면 기가 죽어 애써 논쟁의 결점을 찾다가 다른 사람으로부터 논란되면 노하게 된다. 심판자들이 그들의 주장에 대하여 그대는 패배했다. 논파 당했다고 하면 논쟁에 패한 자는 슬퍼 울고 근심에 잠겨 그는 나를 이겼다고 비탄에 잠긴다. 이러한 논쟁이 수행자들 사이에서 일어나면 이들에게는 득의와 실의가 엇갈리기 마련이다. 사람들은 이것을 보고 논쟁을 떠나야 한다. 이는 헛된 찬사를 받는 외에 다른 소득이 없기 때문이다. 어떤 이는 모임에서 논의를 전개하여 찬사를 받음으로써 마음속에 기대했던 덕을 얻어 기쁨에 우쭐해진다. 자기를 해치는 일인데도 그는 교만해지고 더욱 우쭐해진다. 이것으로 미루어보아 논쟁해서는 안 된다. 모든 통달한 자들은 그것으로 청정해진다고 말하지 않는다. 왕의 녹을 먹는 용사가 상대편 용사를 찾아 고함을 지르며 앞으로 나아가는 것과 같다. 토론자가 있는 곳으로 가라. 상대해 싸워야 할 자는 본래부터 있는 것이 아니다. 특수한 철학적 견해를 갖고 논쟁하여 이것만이 진리라고 말하는 자가 있으면 그대들은 논쟁이 일어나도 그대와 논쟁할 자는 여기에는 없다고 그에게 말하라. 또 그들은 갖가지 편견과 모순되게 하는 자들이다. 그들에게서 그대는 무엇을 얻으려고 하는가. 그들에게 오랫동안 최상의 것으로 고정된 것은 여기에는 존재하지 않는다. 그런데 그대는 나야말로 승리할 수 있다고 잘못 생각하며 마음속에는 갖가지 편견을 가지고 사악을 쓸어 없애버린 자에게 보조를 맞추고 있지만 그것만으로 진리에 도달할 수 없다."

"성자시여! 여자를 보면 성욕이 일어날 때 어떻게 마음의 평안을 얻습니까?"
"나는 옛날에 도를 깨치려고 하였을 때 애착과 혐오와 탐욕을 보고도 그들과 성의 교접을 하고 싶다는 욕망이 일어나지 않았다. 수행자는 여자를 얼굴이나 몸매만 보지 말고 여자도 대소변이 가득한 사람이라고 있는 그대로 생각하면 발이 닿는 것조차 바라지 않는다."

"만약 성자께서 왕자들이 구하던 여자나 그런 보물을 바라지 않는다면 어떤 견해와 계율과 도덕 그리고 어떤 생존생태로 태어나는 것을 말씀하시는 것입니까?"
"마아간디야여! 나는 무엇을 좋아한다고 말하거나 싫다고 주장하는 것이 없다. 온갖 사물에 대한 집착을 집착이라고 분명히 알고 온갖 편견을 보고 고집하지 않으며 성찰로써 마음의 평안을 보고 있다."

"성자께서는 깊이 생각해서 세운 정설을 고집하지 않으면 마음의 평안을 말씀하시는데 이에 대하여 현자들은 어떻게 말하고 있습니까?"
"마아간디야여! 견해라던가 학문이라던가 지식으로 또는 계율과 도덕으로 깨끗해질 수 있다고 나는 말하지 않는다. 또한 견해와 학문과 지식이 없고 계율과 도덕을 지키지 않고도 깨끗해질 수 있다고도 말하지 않는다. 그것들을 모두 버리고 고집하지 않으며 걸림이 없고 평안하며 변화하는 생존을 원하지도 않는 것이 마음의 평안이다."

"깨달은 분이시여! 만일 견해라던가 학문이라던가 지식으로 또는 계율과 도덕으로 깨끗해질 수 없다고 말씀하셨습니다. 또한 견해가 학문과 지식이 없고 계율과 도덕을 지키지 않아도 깨끗해질 수 없다고 말씀하십니다. 그러시면 그것은 사람들을 방황케 하는 가르침이라고 저는 생각합니다. 견해로도 깨끗해질 수 있다고 생각하는 사람도 있습니다."

"그대는 자기의 견해에 따라 묻기 때문에 집착으로 미망에 빠졌다. 그대는 마음의 평안에 대해 조금도 생각하지 않고 있다. 그래서 나의 가르침을 사람들을 방황케 한다고 보고 있다. 동등하다거나 훌륭하다거나 또는 열등하다고 생각하는 자는 그런 생각 때문에 다투게 된다. 그러나 이러한 세 가지에 대해 동요되지 않는 자는 동등하다든가 훌륭하다든가 또는 열등하다는 생각이 없다. 그러나 바라문이 어찌 내 말을 진실하다고 논할 수 있겠는가. 또 그는 너의 말은 거짓이라고 해서 누구와 다룰 수 있겠는가. 동등하다거나 동등하지 않다거나 하는 일이 없는 자가 누구와 논쟁하겠는가. 집을 버리고 거처도 없이 헤매며 마을에서 친교를 맺지 않는 성자는 모든 욕망에서 떠나 미래에 희망을 두어서도 안 되며 군중들에게 이론을 내세워 논란해서도 안 된다. 수행완성자는 온갖 편견을 떠나 세상을 두루 돌아다니기 때문에 그것들을 고집해 논쟁해서는 안 된다. 마치 연꽃이 흙물에 물들지 않듯이 성자는 평안을 설법하는 자이며 탐내는 일이 없고 세상의 욕망으로 때 묻지 않는다. 깨달은 자는 견해나 사색에 대하여 교만하지 않다. 그의 본성이 그러하지 않기 때문에 그는 업에도 끌려들지 않고 학문에도 끌려들지 않는다. 그는 집착하는 곳으로 끌리는 일도 없다. 생각을 벗어난 자에게는 결박이 있을 수 없다. 지혜로 해탈한 자는 방황함이 없다. 그러나 생각과 견해를 고집하는 자들은 다른 사람들과 충돌하며 세상을 방황한다."

"어떻게 생각하고 어떤 계율을 지닌 자를 평안하다고 말할 수 있는지 최상의 분에 대하여 말씀해주십시오?"

"죽기 전에 애착을 떠나 과거에 사로잡히지 않고 현재에서도 이것저것 생각하며 근심 걱정하는 일이 없는 사람은 미래에 대해서는 특별히 염려할 것이 없다. 성자는 노여움을 모르고 두려워하지 않으며 자랑하는 일이 없으며 후회하지 않고 주문을 외거나 들뜨는 일이 없이 말을 조심한다. 미래를 원하는 일이 없고 과거를 추억해 수심에 잠기는 일도 없다. 감각과 기관에 닿은 갖가지 사물에서 멀리 떠나 온갖 견해에 유혹됨이 없다. 탐욕에서 멀리 떠나 거짓을 모르며 욕심을 부리는 일이 없고 인색하지 않다. 거만하지 않고 남에게 싫은 인상을 주지 않으며 두 개의 혀를 쓰지 않는다. 쾌락에 빠지지 않고 거짓말하지도 않으며 말이 부드럽고 온화하며 믿는 것도 없고 욕망에서 떠날 일조차 없다. 이익을 바라서 배우는 것이 아니다. 이익이 없다고 해서 노력하지도 않는다. 집착 때문에 다른 사람을 거역하는 일이 없으며 맛있는 음식을 탐닉하는 일도 없다. 그러니 자기를 완성한 자는 오욕을 떠나버린다. 평정을 누리고 언제나 바른 생각을 하며 세상에서 다른 사람을 자기와 동등하다고 생각하지 않는다. 또 자기가 남보다 뛰어났다거나 못났다고 생각하지도 않는다. 그에게는 번뇌가 일어나지 않는 데 걸림이 없는 자는 이치를 알기 때문이다. 이 사람에게는 생존을 위한 애착이나 그 생존을 끊어 없애려는 애착도 없다. 갖가지 욕망을 돌이켜 생각지 않는 자야말로 평안한 자라고 나는 말한다. 그에게는 얽매이는 사슬도 없고 이미 모든 집착에서 떠나버렸다. 그에게는 자식도 가축도 논밭도 주택도 없다. 이미 얻은 것도 없고 또 아직 얻지 못한 것도 그에게는 없다. 일반사람이나 사문 또는 바라문이 그를 비난하여 탐욕의 허물이 있다고 말하겠지만 그는 탐욕을 생각하는 일이 없기에 갖가지 논란에도 동요하지 않는다. 깨달은 자는 탐욕에서 떠나고 인색하지 않으며 세상에서 소유하는 것이 없으며 또 재물이나 지닌 것이 없다고 걱정하지도 않는다. 그는 모든 사물에 관심을 가지는 일도 없으나 실로 그를 평안한 자라 할 수 있다."

"투쟁과 논쟁, 근심과 슬픔, 인색과 오만, 자랑과 욕설은 어디서 비롯되어 일어납니까?"
"모든 것이 애착에서 일어난다. 투쟁과 논쟁은 인색함이 따르며 논쟁이 일어나면 욕설이 나오게 된다."

"세상에서 애호하는 일은 무엇을 인연으로 해서 비롯되며 탐내는 일은 어째서 생깁니까? 또한 사람이 내세에 대하여 희망으로 이루게 되는 것은 어떤 인연에서 비롯됩니까?"
"세상에서 애호하는 일과 탐내는 일은 욕망에서 비롯된다. 사람이 내세에 대하여 희망으로 이루게 되는 것도 욕망에서 비롯된다."

"세상에서 욕망은 무엇 때문에 일어나며 노여움과 거짓말과 의혹 그리고 도를 닦는지가 말하는 갖가지 견해는 어디에서 비롯됩니까?"
"세상에서 유쾌와 불쾌라고 불리는 것으로 해서 욕망이 일어난다. 온갖 물질적 존재의 생성과 소멸을 보고 세상 사람들은 외적 사물에 사로잡혔다고 단정한다. 노여움과 거짓말과 의혹도 유쾌함과 불쾌함 두 가지가 있을 때 일어난다. 의혹이 있는 자는 지혜의 길을 배우라! 도를 닦는 자들은 앎이 많아 설법하게 된다."

"유쾌함과 불쾌함은 무엇 때문에 일어나며 또 무엇이 없으면 나타나지 않습니까? 그리고 생성과 소멸의 뜻은 무엇 때문에 일어나는지 말씀해주십시오?"

"유쾌함과 불쾌함은 접촉으로 일어나고 있으나 접촉이 없을 때는 나타나지 않는다. 또 생성과 소멸의 뜻과 그 까닭이 되는 접촉을 그대에게 말하겠다."

"세상에서 접촉은 무엇 때문에 일어나며 또한 집착은 무엇 때문에 일어납니까? 무엇이 없을 때 아집이 없어지고 무엇이 소멸했을 때 접촉이 없게 됩니까?"

"명칭과 존재하는 형태로 해서 접촉이 일어난다. 갖가지 집착은 욕구에서 비롯된다. 욕구가 없을 때 아집도 없다. 형태가 소멸했을 때 접촉도 없게 된다."

"어떻게 행하는 자에게 형태가 소멸하며 또한 즐거움과 괴로움은 어떻게 하여 소멸합니까?"

"있는 사실을 있는 그대로 보는 자는 자기의 생각을 말하는 자가 아니며 그렇게 행하는 자는 존재하는 행태가 소멸한다. 즐거움과 괴로움은 생각에서 비롯되므로 의식이 깨어나서 실상을 보면 괴로움이 소멸한다."

"현명한 자이시여! 저희가 스승께 물은 것을 설명해주셨습니다. 세상에서 어떤 현자들은 이러한 상태가 인간에 있어서 최상의 청정한 경지라고 말합니다. 그러나 이보다 더 청정한 경지를 말하는 사람도 있습니까?"

"이 세상의 어떤 현자들은 이러한 상태가 최상의 경지라고 말한다. 또 그들 가운데서 어떤 사람은 끊어 없앰을 말한다. 즉 정신이나 육체가 남김없이 소멸하는 속에 최상의 청정한 경지가 있다고 말하기도 한다. 그러나 깨달은 성자는 걸림이 없기에 갖가지 속박을 벗어났음을 알며 생존을 받는 일이 없는 것을 알기에 해탈한 자는 논쟁하지 않는다."

"스승이시여! 어째서 출가한 사문들은 같은 주장을 하지 않아야 합니까?"

"세상의 학자들은 각자의 견해를 가지고 서로 다른 주장을 하며 자기야말로 진리에 밝은 자라고 하며 여러 가지로 논쟁한다. 이를 아는 자는 진리를 알고 있으며 비난하는 자는 아직 완전한 여래(如來)가 아니다. 그들은 이렇게 다른 주장을 갖고 논쟁하며 저 사람은 어리석은 자로서 진리에 도달한 자가 아니라고 말한다. 이런 사람들은 자기야말로 진리를 깨친 자라고 생각하며 또 그렇게 말하고 있지만 이들 중에서 누구의 말이 진실하다고 볼 수 있겠는가? 다른 사람의 가르침을 인정하지 않는 어리석고 저속한 자들의 시각으로 보면 자기의 견해만 고집하고 있기에 모두가 어리석은 자며 또 지혜가 모자라는 자이다. 또 만일에 자기 자신의 견해에 따라 깨끗해지고 청정한 지혜를 가진 자가 되며 진리에 도달한 자가 되고 지혜에 밝은 자가 된다면 그들의 견해에서 똑같이 완전하기에 그들 가운데는 지혜가 모자라는 자가 없어야 할 것이다. 어리석은 자들이 서로 다른 사람에 대하여 말하는 것을 듣고 이것이 진실이라고 나는 말하지 않는다. 그들은 각자 자신의 견해를 진실이라고 생각하므로 다른 사람을 어리석은 자라고 보게 된다. 어떤 사람들이 이것이 진리며 진실이라고 말하는 견해를 다른 사람들은 허위며 허망하다고 말한다. 이처럼 그들은 서로 다른 주장으로 논쟁한다. 출가한 사문들이 같은 주장을 하지 말아야 하는 건 진리는 변하지 않는 하나이다. 진리를 알게 된 자는 이상적인 문제로 논쟁하지 않는다. 저들은 각각 다른 진리를 숭상하고 있으므로 깨달은 사문은 실상이 아닌 것을 말하지 않는다."

"스스로 진리에 도달하였다고 생각하면서 말하는 논자들은 어찌하여 갖가지 다른 진리를 논하게 되며 또 그들은 갖가지 다른 진리를 다른 사람에게서 들었을지 아니면 자기의 사색에 따른 것인지요?"
"세상에는 갖가지 다른 영원한 것은 없으며 다만 영원한 것이라고 상상할 따름이다. 그들은 갖가지 견해에 대하여 사유하고 탐구하여 나의 말은 진리다. 다른 사람의 말은 허망하다고 두 가지로 말한다. 견해나 전해 내려온 학문이나 계율이나 서약이나 사유 등에 따라 다른 사람의 말을 무시하고 자기의 학설을 단정하여 즐기며 반대하는 자는 어리석은 자이며 진리에 도달하지 못했다고 한다. 반대자를 어리석은 자라고 보는 동시에 자기를 진리에 도달한 자라 생각한다. 또 자기는 진리에 도달한 자라 하면서 다른 사람을 무시한다. 그들은 지나치게 그릇된 견해를 가지고 있으며 교만하여 자기를 완전한 자라고 생각하고는 마음속으로 일인자라고 자처한다. 그들의 견해는 자신이 볼 때 그처럼 완성되어 있다고 보기 때문이다. 만일 다른 사람들이 자기를 어리석다고 말하기 때문에 어리석게 된다면 그렇게 말하는 자도 상대방과 함께 어리석은 자가 된다. 그리고 자기 스스로 베다에 통달한 현자라고 칭할 수 있다면 도를 닦는 사람들 가운데 어리석은 자는 한 사람도 없을 것이다. 나의 주장 이외의 가르침을 베푸는 자들은 악에서 벗어난 깨끗한 자가 못되며 완전한 자가 아니라고 일반적으로 갖가지 다른 주장들을 하는 자들은 말한다. 이는 그들이 자기 견해에 빠져 때가 묻어 있기 때문이다. 자기들의 주장만 깨끗하다고 말하며 다른 사람의 가르침에는 깨끗함이 없다고 한다."

"이런 갖가지 이설을 고집하는 자들은 왜 스스로 자기의 길만을 완고하게 내세우는지요?"

"자기의 길만을 완고하게 내세워 이를 주장하겠지만 어찌 다른 사람을 어리석은 자라 할 수 있겠는가. 다른 사람 주장은 어리석고 깨끗하지 못한 것이라고 한다면 그들은 스스로 고집불통이 되고 만다. 주장을 내세워 스스로 결정하며 세상 사람들과 논쟁하게 된다. 모든 철학적 단정을 버리면 세상 사람들은 고집쟁이가 되지 않는다. 이런 견해를 고집하면서 증거를 제시하지 않고 이것만이 진리라고 논쟁하는 그들은 모두 다른 사람의 비난을 받는다. 그들은 다만 그 점에 대하여 일부의 사람들에게 찬사를 받을 따름이다. 비록 찬사받는다 해도 그것은 대수롭지 않아 평안을 얻을 수 없다. 논쟁의 결과는 찬사와 비난의 두 가지라고 나는 말한다. 이러한 사리를 미루어보아도 그대들은 논쟁이 없는 경지가 안온한 것임을 알고 결코 이상적인 논쟁을 하여서는 안 된다. 모든 범속한 무리의 세속적인 견해에 대하여 실상을 보는 지혜로운 자는 이들과 가까이하지 않는다. 그는 보고 듣는 사물에 대하여 이것만이라고 생각하지는 않기에 얽매이는 일이 없이 항상 자유롭다."

"스승이시여! 그렇다면 그들은 무엇 때문에 사로잡히게 되는 것입니까?"

"계율을 가장 뛰어난 것이라고 우러러보는 자들은 계율을 지킴으로써 악에서 벗어나 깨끗해질 수 있다고 계율을 지킬 것을 맹세한다. 그리하여 우리는 이 가르침을 지킬 것이니 그렇게 되면 악에서 벗어나 깨끗하게 될 수 있다고 한다. 진리에 도달하였다고 말하는 자들은 변화하는 삶에 이끌려 있다. 만일 그가 계율이나 도덕을 어기면 그는 계율이나 도덕 때문에 두려움에 떨게 된다. 그는 여기에만 악에서 벗어나 깨끗해지는 길이 있다고 이를 간절히 바라게 된다. 이는 카라반에서 떠난 상인이 대상을 찾아 돌아다니고 집에서 나온 길손이 집을 찾는 것과 같다. 모든 계율이나 서약을 버리고 세상에서 죄가 있기도 하고 또는 없기도 한 행위마저 버리고 깨끗하다거나 부정하다 하여 무엇을 구하는 일도 없이 평안을 고집하지 말라. 이런 일에 얽매이지 말고 행하라! 또는 하기 싫은 고행이나 보고 배우고 깊이 생각한 바에 따라 음성을 높여 깨끗하게 되었음을 찬미하는 자는 갖가지 생존에 대한 애착에서 떠나서 있지 않다. 원하고 바라는 자에게는 욕심이 있다. 또 계략이 있을 때 두려움이 따른다. 그러나 세상에서 죽음도 삶도 없는 자는 무엇이 두려우며 무엇을 원하랴. 어떤 사람이 최상의 것이라 말하는 가르침을 다른 사람은 천박한 것이라 한다. 그들은 모두 자기야말로 진리에 도달한 자라 하겠지만 이 중에서 어느 것이 참된 주장일 수 있겠는가? 그들은 저마다 자기의 가르침이 완전하고 다른 사람의 가르침은 천박하다고 말한다. 그들은 서로 다른 주장을 고집하여 논쟁함으로써 각자 자기의 가설을 진리라고 주장한다. 만일 다른 사람들이 비난하기 때문에 천박한 주장이라 한다면 갖가지 가르침 중에 뛰어난 게 하나도 없을 것이다. 이는 세상 사람들이 모두 자기의 주장만을 끝까지 내세워 다른 사람들의 가르침을 열등한 것이라 주장하기 때문이다. 그들은 자기의 도를 찬양하는 것과 마찬가지로 자기의 가르침을 존중한다. 그렇다면 모든 이론이 그처럼 정당함을 뜻하는 것이다. 이는 그들의 입장으로 볼 때 각자의 이론이 모두 악에서 벗어난 깨끗한 것이기 때문이다. 깨달은 자는 다른 어떤 것에도 이끌리는 일이 없으며 증거를 제시한다. 또한 갖가지 가르침에 대하여 단정을 내리고 이를 고집하는 일도 없다. 그러므로 모든 논쟁을 초월해 있다. 이는 다른 사람의 가르침을 가장 뛰어나다고 생각하는 일이 없기 때문이다."

"스승이시여! 알고 있다거나 본다는 견해로 해서 어떤 사람들은 깨끗한 게 무엇인지 알고 있다고 하는 견해가 자신에게 어떤 소용이 있겠습니까?"

"그들은 바른길에서 떠나 다른 것으로 해서 깨끗하게 된다고 주장한다. 있는 것을 보았다는 사람들은 실상을 보지 못하고 명칭과 형태를 보고서 진실이라고 생각하고 애착한다. 보고 싶은 자가 많든 적든 그렇게 보는 것은 무방하다. 그러나 진리에 통달한 자들은 있는 것을 있는 그대로 봄으로 해서 거짓으로 깨끗해진다고 주장하지 않는다. 집착해서 고집하는 자는 자기가 세운 견해를 존중하고 있기에 이를 바로잡기란 쉽지 않다. 자기가 애착하는 것만을 정당하다고 보며 그것에서만 깨끗해질 수 있다고 보는 자는 한쪽으로 치우쳐 있다. 깨달은 자는 있는 실상을 바로 보고 있기에 망상 분별을 일으키지 않는다. 견해에 휩쓸리지 않고 지식에 의존하지 않는다. 그는 법 속에 집착하는 자들이 말하는 갖가지 견해를 잘 알고 다른 사람들은 거기에 집착해도 마음에 새겨 두지 않는다. 구도자는 세상에서 갖가지 속박을 버리고 살아가기에 논쟁이 일어날 때 어느 한쪽에 가담하는 일이 없다. 그는 불안한 자들 속에서도 마음이 안정되어 태연하며 다른 사람들은 거기에 집착하지만 집착하는 일이 없다. 과거의 때를 벗고 다시 때 묻는 일이 없으며 만사에 욕심을 내지 않고 논쟁을 고집하는 일도 없다. 구도자는 온갖 견해를 떠나 이 세상에서 더럽혀지지 않으며 자기를 탓하는 일도 없다. 보고 배우고 생각하는 어떤 사물에 대해서도 맞서지 않을 뿐만 아니라 모든 부담에서 해방되어 있다. 계략을 세우지 않으며 쾌락에 잠기거나 이를 구하는 일도 없다."

"태양의 후예이신 위대하신 선인께서 속세에서 멀리 떠나는 것과 평안에 이르는 경지를 알고자 합니다. 수행승은 어떻게 관찰해야 세상에서 아무것에도 집착하지 않고 평안에 들 수 있습니까?"

"내가 있다고 생각하여 널리 확대되는 의식을 억누르고 마음속에 있는 어떠한 애착도 억제하기 위해 언제나 명심하라! 안팎으로 참된 이치를 알라! 그러나 그로 말미암아 거만해서는 안 된다. 이것을 진리에 도달한 자는 평안이라 하지 않는다. 이로 말미암아 자기가 뛰어났다고 생각하거나 자기가 열등하다거나 또는 자기는 동등하다고 생각해서도 안 된다. 갖가지 질문을 받더라도 자기가 잘났다는 그릇된 생각을 갖지 않아야 한다. 깊은 바다 안이 파도가 일지 않고 고요한 것같이 조용하게 수행하여 남의 견해에 흔들리지 말라! 수행자는 안으로 평안을 누리고 밖에서 이를 구해서는 안 된다. 안으로 평안을 얻는 자는 고집하는 것이 없으니 어찌 버릴 것이 있겠는가! 수행승은 무엇에 대하여서도 욕심을 일으켜서는 안 된다."

"눈을 뜨신 분께서는 몸소 체험하신 법과 위험과 재난의 극복에 대하여 말씀해주셨습니다. 계율 규정이나 정신을 안정하는 법을 알고자 합니다. 바른길을 가르쳐주십시오?"

"눈에 보이는 것을 탐내지 말라. 야비한 말에 귀를 기울이지 말라! 맛에 탐닉해서도 안 된다. 세상에 있는 어떤 것에도 집착하지 말라. 고통을 당해도 수행자는 결코 비관하거나 한탄해서는 안 된다. 생존을 탐하여 구하지 말라! 무서운 걸 만나도 두려워하지 말라! 음식이나 의복을 얻어도 이를 저장해서는 안 된다. 또 그것을 얻을 수 없다고 걱정도 말라. 마음을 안정시켜라. 방황해서는 안 된다. 후회하지 말라. 게을러서는 안 된다. 그리하여 수행자는 한적한 곳에 기거해야 한다. 잠을 많이 자지 말라. 일에 부지런하며 눈을 바로 뜨고 있어야 한다. 게으름과 거짓, 담소와 유희, 이성과의 교제와 겉치레를 버려라. 내 제자들은 베다 성전의 마법을 신봉하거나 해몽하고 관상을 보고 점성술을 숭상하지 말라. 또 새나 짐승의 소리로 점을 치거나 잉태법이나 의술을 향해서도 안 된다. 수행자는 비난받더라도 불쾌하게 생각하지 말라. 칭찬을 받더라도 거만을 부리지 말라. 그리하여 탐욕과 인색과 분노와 욕설을 멀리해야 한다. 수행자는 장사해서는 안 된다. 남을 절대로 비방하지 말라. 또 마을 사람들과 친하지도 말라. 이익을 위해 다른 사람들과 만나지도 말라. 수행자는 거만해서는 안 된다. 자신의 이익을 얻기 위해 책동하는 말을 하지 말라. 오만하거나 화목을 깨트리는 말을 해서도 안 된다. 거짓말을 피하라. 조심해서 속이지 않도록 하라. 그리고 생활이나 지혜와 계율이나 도덕에 대해서도 자기가 다른 사람보다 뛰어났다고 생각해서는 안 된다. 집을 나온 수행자들이나 말이 많은 속인들에게서 욕을 먹거나 불쾌한 많은 말을 듣더라도 거친 말로 대꾸해서는 안 된다. 선량한 사람들은 적대적인 말을 쓰지 않기 때문이다. 수행자는 이러한 참된 이치는 잘 알고 언제나 조심하여 잘 배우라. 갖가지 번뇌를 소멸한 상태가 평안임을 알고 가르침에 게을리해서는 안 된다. 나는 스스로 이기되 다른 사람을 힘으로 이기는 일이 없다. 다른 사람에게서 전해 들은 것이 아니라 스스로 증명하는 참된 이치를 깨닫는다. 나의 가르침을 게을리하지 말며 언제나 우러러 배례하고 따르며 또 배우라!"

"논쟁하는 자들은 몽둥이를 들고 흔들고 있는 것 같기에 두려움을 느끼고 있습니까?"

"내가 얼마나 그것을 혐오하여 떠났는가에 대하여 말하리라! 물이 적은 웅덩이에서 파닥거리는 물고기처럼 떨고 있는 자들과 서로 반목하고 있는 자들을 보고 나는 두려움이 일어났다. 세상은 어디나 진실하지 않다. 사방이 모두 흔들리고 있다. 나는 의지할 곳을 구했으나 이미 죽음과 고뇌에 싸여 있지 않은 곳이 없다. 살아있는 모든 것이 결국에 가서 재앙을 받게 되는 것을 보고 나는 불쾌했다. 그리고 나는 그 살아있는 것의 마음속에는 번뇌의 화살이 박혀 있음을 보았다. 화살에 맞는 자는 사방을 헤매게 된다. 화살을 빼버리면 헤매는 일이 없고 구렁텅이에 가라앉지도 않는다. 세상 사람들은 갖가지 학문을 배우기 때문에 갖가지 속박의 굴레에 빠져서는 안 된다. 모든 욕망을 잘 살펴 자기 자신의 평안을 배우라. 구도자는 성실해야 한다. 거만하지 말고 속이지 말며 욕설하지 말고 화를 내지 말며 탐욕과 인색을 초월해야 한다. 마음을 평안히 갖는 자는 잠과 게으름과 우울을 극복하라. 게을러서도 안 되며 교만해서도 안 된다. 거짓말을 피하라. 아름다운 겉모양에 애착을 느끼지 말라. 거만한 마음을 잘 헤아려 악에서 떠나라. 낡은 것을 즐기지 말며 새것에 이끌리지도 말라. 멸망해가는 것을 슬퍼하지 말라. 잡아끄는 애착에 끌리지 말라. 나는 이끄는 탐욕을 거센 물결이라 부르고 스며드는 허욕이라 부르며 또한 술책이나 포착이라 부르며 벗어날 수 없는 욕구의 진흙탕이라 부른다. 구도자는 진실에서 떠나는 일이 없으며 평안에서 있다. 그를 가리켜 모든 것을 버리고 평안에 이른 자라 부른다. 그는 아는 자이며 베다에 정통한 자로서 참된 이치를 다 알고 걸림이 없다. 그는 세상에서 바르게 행하고 세상의 아무것도 부러워하는 일이 없다. 세상의 모든 욕망에서 떠나고 또한 극복하기 어려운 집착을 벗어난 자는 사나운 물결에 휩쓸리지 않고 속박받지 않으며 두려움을 모르고 사모하여 애태우는 일이 없다. 과거에 있었던 번뇌를 쓸어버리고 미래에는 그대에게 아무것도 없도록 하라. 현재에도 아무것도 집착하지 않는다면 그대는 편안하게 되리라. 명칭과 형태에 대하여 자기 소유라는 생각이 전혀 없는 자와 또한 무엇인가가 없다고 하여 걱정하지 않는 그는 실로 세상에서 늙지 않는다. 이것은 내 것이다. 또는 이것은 다른 사람 것이라는 생각이 없는 자는 내 것의 관념이 없기에 자기에게 없다고 하여 걱정하는 일이 없다. 질시하는 일이 없고 탐내는 일이 없으며 마음이 흔들려 괴로워하는 일이 없으니 그는 만물에 대하여 평등하다. 두려워하지 않는 사람은 아름답다. 지혜를 가진 자는 마음이 흔들려 괴로워하는 일이 없고 어떠한 명예의 칭호도 있을 수 없다. 그는 칭호에서 벗어나 가는 곳마다 안온을 본다. 구도자는 자기가 동등한 자들 속에 있다거나 열등한 자 또는 우월한 자들 속에 있다고 생각하지 않는다. 그는 평안에 돌아가 인색하지 않으며 취하지도 않고 버리지도 않는다."

"이렇게 언어가 아름답고 대중의 주인이신 스승께서 하늘에서 내려오신 것을 저는 아직 본 일도 없고 들은 일도 없습니다. 눈을 뜬 자께서는 하늘의 신들과 세상 사람들이 보는 것처럼 모든 암흑을 없애고 홀로 법의 즐거움이 있습니다. 걸림이 없고 거짓을 모르는 자로서 이 세상에 태어나신 눈뜬 자이시여! 사슬에 매인 자들을 위해 묻고자 합니다. 수행자는 세상이 싫어 사람이 없는 한적한 곳이나 나무 아래와 산속이나 동굴 안에 거주하며 그 밖의 먼 곳에 거처하고 있습니다. 그곳은 대단히 무섭고 아무 소리도 들리지 않은 한적한 곳이지만 수행자는 이를 두려워하지 않습니다. 또 아무도 가본 일이 없는 곳에 발을 옮길 땐 커다란 위태로움이 따르고 있으나 수행자는 어떤 산간벽지에 거주해도 그 어려움을 극복합니다. 열심히 노력하는 수행자에게는 어떤 말이 입에서 나와야 하며 어디까지 행동할 수 있고 지키는 계율이나 서약은 어떤 것입니까? 마음을 안정시켜 바른 생각을 하는 구도자는 어떤 가르침에도 마치 쇠붙이를 다루는 자가 때를 벗기듯이 자기에게 물든 때를 벗어버릴 수 있습니까?"

"사리푸트라여! 세상이 싫어 사람이 없는 곳에 거처하며 도를 깨치려는 자가 즐기는 경지와 법에 좇아서 행동하는 데 대하여 내가 알고 있는 것을 그대에게 말하리라. 바른 정신으로 분수를 지키는 현명한 수행자는 다섯 가지의 공포에 떨어서는 안 된다. 즉 쇠파리와 파충류와 못된 인간 그리고 네 발 가진 짐승들이다. 이교도들을 받들거나 두려워해서는 안 된다. 비록 갖가지 사나운 점이 보인다 해도 선함을 추구하여 이러한 위험한 재난을 극복하라. 병이나 굶주림과 추위와 더위도 견뎌야 한다. 집 없는 자가 비록 이런 것의 침입을 받는다고 해도 용기를 내어 굳세게 수행해야 한다. 도둑질하지 말라. 거짓말하지 말라. 약하고 강한 모든 살아있는 것에 대하여 자비심을 가지고 대하라. 마음이 엇갈릴 때 악마의 무리라 생각하고 이를 제거하라. 분노와 교만에 지배되지 말고 뿌리를 뽑아버리고 음침한 곳에 눕는 불쾌함도 견디고 극복해야 한다. 지혜를 제일 소중히 여기고 선을 즐기며 이에 따르는 위험과 재난을 이겨라. 다음에 말하는 네 가지 걱정을 감당하라. 무엇을 먹을까? 어디서 먹을까? 어젯밤처럼 잠자리가 불편하지 않을까? 오늘 어디서 잘까? 집을 버리고 도를 숭상하는 자는 이 네 가지의 걱정을 억제하라. 적당한 시기에 음식과 의복을 얻고 적은 양에도 만족하기 위해 식사의 양을 알라. 먹고 입는 것을 스스로 억제하며 겸허한 마음으로 마을을 돌아다닐 것이다. 비록 욕설을 듣는 일이 있더라도 난폭한 대꾸도 해서는 안 된다. 눈을 아래로 돌리고 생물을 밟지 않기 위하여 배회하는 일이 없이 생각을 바로잡아 완전히 깨어있으라. 마음을 가라앉히고 정신을 안정시켜 잡념과 욕망을 끊어야 한다. 다른 사람으로부터 충고를 들었을 때는 반성하고 감사해야 한다. 그리고 수행하는 자들에게는 부당한 마음을 갖지 말고 좋은 말로 대하라. 그때 온당치 못한 말을 해서도 안 되며 사람들을 헐뜯을 생각을 갖지 않아야 한다. 세상에는 다섯 가지 티끌이 있는데 주의 깊은 사람은 그것을 억제할 방도를 배우라. 즉 빛깔, 소리, 맛, 향기, 감촉에 대한 욕망을 극복하라. 수행승은 정신을 가다듬고 완전히 이런 욕심을 억제하라. 항상 그에 합당한 법을 바로 살펴 마음을 통일하여 암흑을 없애라."

"스승이시여! 세상은 무엇으로 덮여 있으며 세상은 무엇 때문에 빛나지 않습니까? 세상을 더럽히는 것은 무엇이며 세상의 큰 공포는 무엇입니까?"

"아지타여! 세상 사람들은 잘못된 편견이나 집착으로 인하여 진리를 깨닫지 못하는 어리석음으로 덮여 있다. 세상은 탐욕과 태만으로 하여 빛나지 않는다. 욕심이 세상을 더럽힌다. 고뇌가 세상의 큰 두려움이라고 나는 말한다."

존귀하신 스승께서 마가다국에 계실 때 16명의 바라문이 말씀을 듣고자 여러 지방에서 모였다. 부처님께서는 질문에 대해 대답하셨다.

"존귀한 분이시여! 번뇌의 흐름은 어느 곳에나 스며듭니다. 그 흐름을 그치게 하는 것은 무엇이며 어떻게 방지하며 무엇으로 막을 수 있습니까?"

"세상에서 모든 번뇌의 흐름을 그치게 하는 것은 정신을 올바로 갖는 데 있다. 정신을 올바로 가지는 것이 번뇌의 흐름을 방지한다.

내가 말하니 흐름은 지혜로 막을 수 있다."

"지혜와 정신을 올바로 가지는 것은 어떤 경우에 소멸하며 명칭과 형태는 어떤 경우에 소멸합니까?"
"그대가 질문한 것에 답하리라. 식별 작용을 없앰으로써 명칭과 형태가 소멸한다."

"세상에는 진리를 탐구하여 밝힌 자들도 있고 또 일을 배우는 자들도 있으며 그밖에 범속한 자들도 있습니다. 그들의 행동에 대하여 말씀해주십시오?"
"수행승은 갖가지 욕망에 탐닉해서는 안 된다. 또 마음이 흐려져서도 안 된다. 모든 사물의 진실에 통달하여 정신을 차리고 편력하라."

"세상에서 만족하고 있는 자는 누구이며 동요되지 않는 자는 누구입니까? 두 극단을 잘 알아 이를 깊이 생각하여 양극단에도 중간에도 때 묻지 않은 자는 누구이며 누구를 위인이라고 부를 수 있고 세상에서 만나는 번뇌를 초월한 자는 누구입니까?"
"멧테이야여! 갖가지 욕망에 대해서 깨끗한 행을 지키고 애착을 떠나 언제나 정신을 바로 가지고 사물을 밝게 보고 평안에 이른 수행자에게는 흔들림이 없다. 그는 두 극단을 잘 알아 이를 깊이 생각하여 극단에도 중간에도 때 묻지 않는다. 나는 그를 위인이라 부르며 세상에서 만나는 번뇌를 초월해 있다."

"스승이시여! 동요되지 않고 근본을 달관하신 당신께 묻고자 여기 왔습니다. 상인이나 왕족이나 바라문은 어찌하여 신들에게 희생의 제물을 바칩니까?"

"푼나카여! 무릇 상인이나 왕족이나 바라문이 널리 신들에게 희생의 제물을 바치는 것은 현재의 이러한 생존상태를 희망한 나머지 노쇠가 염려되어 제물을 바치는 것이다."

"스승이시여! 세상에서 상인이나 왕족이나 바라문들은 널리 신들에게 희생의 제물을 바치고 제사를 게을리하지 않았던 그들은 생과 노쇠를 초월했습니까?"
"푼나카여! 그들은 희망하고 칭찬하며 열망하여 공물을 바치는 것은 이득을 얻어 욕망을 달성하려고 하는 것이다. 희생의 제물을 드리는 일에만 염두에 두고 몰두하는 자는 이 세상의 생존을 탐하기를 그치지 않았으니 그들은 생과 노쇠를 초월하지 못했다."

"만일 희생의 제물을 드리는 일에만 전념하는 그들이 제사로 해서 생과 노쇠를 초월하지 못한다면 신들과 인간의 세상에서 생과 노쇠를 초월한 자는 누구입니까?"
"푼나카여! 세상에서 이런저런 상태의 아무것에도 흔들리는 일이 없고 평안에 돌아가 연기도 고뇌도 욕망도 없는 그는 생과 노쇠를 초월했다고 나는 말한다."

"스승이시여! 당신께서는 베다에 통달하신 분이시며 마음을 깨끗이 닦은 분으로 생각하고 있습니다. 이 세상의 갖가지 괴로움은 대체 어디서 나타나는 것입니까?"
"멧타구우여! 그대는 내게 괴로움이 생기는 원인을 물었다. 나는 그대에게 내가 알고 있는 바를 말하리라. 이 세상의 갖가지 괴로움은 집착에서 생긴다. 실로 알지도 못하면서 집착하는 자는 우둔하여 괴로움을 거듭한다. 그 때문에 아는 바가 있고 괴로움이 일어남을 관찰하는 자는 집착을 가져서는 안 된다."

"성자시여! 저희가 당신께 물은 질문에 대하여 잘 대답의 말씀을 해주셨습니다. 당신께서는 세상에 대한 법칙을 알고 계시기 때문입니다. 그러면 어떻게 구도자들은 세상의 집착에서 벗어나 번뇌의 흐름과 생과 늙음과 근심과 슬픔에서 벗어날 수 있습니까?"

"멧타구우여! 이승에 전해져 있지 않은 법칙을 내가 그대에게 설명하리라. 법칙을 알고 명심해서 행하면 세상의 집착에서 벗어난다. 그러면 번뇌의 흐름과 생과 늙음과 근심과 슬픔에서 벗어날 수 있느니라."

"위대하신 선인이시여! 저는 최상의 법칙에 대한 가르침을 받은 것이 무한히 기쁩니다. 그 법칙을 알고 명심해서 행하여 세상의 집착에서 벗어나겠습니다."

"멧타구우여! 위나 아래나 왼쪽과 오른쪽 그리고 중간을 막론하고 그대가 아는 어떤 것이라도 그것에 대한 기쁨과 집착과 식별을 제거하여 변화하는 생존상태에 머물지 말라. 이렇게 하여 정신을 차려서 꾸준히 노력하는 수행자는 자기 소유라고 고집하던 걸 버려라. 그러면 생과 노쇠와 근심과 슬픔마저 버리고 지혜로운 자가 되어 세상에서 괴로움을 벗어나리라."

"위대하신 선인의 말씀을 들으니 기쁘기 짝이 없습니다. 스승께서는 번뇌의 요소가 없는 경지를 저희에게 말씀하여 주셨으니 분명히 괴로움을 버리셨습니다. 스승께서는 법칙을 확실히 알고 계십니다. 성자께서 간절히 가르치시고 이끌어주신 자들은 괴로움을 버리게 되리라고 믿습니다. 저는 가까이서 경배하려 하니 가르쳐주시고 이끌어주십시오?"

"아무것도 갖지 않고 욕망으로 가득한 생존에 집착하지 않는 그는 분명히 이 번뇌의 흐름을 건너갔다. 베다에 통달했다고 그대가 알고 있는 바라문은 피안에 도달하여 마음이 거칠지 않으며 의혹도 없다. 또한 그는 이 세상에서는 지혜로운 자이며 갖가지 생존에 대한 집착을 버리고 애착을 떠나 고뇌를 모르며 바라는 것도 없다. 그는 생과 노쇠를 초월했다고 나는 말한다."

"저는 깨달은 분께 질문하니 열반에 대하여 배우고자 합니다."
"도오타카여! 세상에서 현명하게 힘써 정진하라. 내 입에서 나오는 말을 듣고 자기의 평안을 배우라."

"저는 신들과 인간의 세계에서 최고를 이루신 당신께 경배하오니 저에게 갖가지 의혹에서 떠나게 해주십시오?"
"세상에서 의혹을 가진 사람은 많지만 아무나 열반에 들게 할 수는 없다. 다만 그대가 최상의 진리를 알면 그것으로 해서 번뇌의 흐름을 건너가게 되리라."

"자비를 베푸셔서 속세를 멀리하는 진리를 가르쳐주십시오. 저는 최상의 평안에 대하여 알고 명심해서 행하여 세상의 집착에서 벗어나겠습니다. 그것을 알면 저는 허공처럼 복잡한 삼라만상을 나타내지 않고 세상에서 고요하게 걸림이 없이 행하겠습니다."
"세상에서 전해져 오지 않은 평안에 대하여 그대에게 설명하리라. 그것을 알고 명심해서 행하여 이 세상의 집착에서 초월하라. 위나 아래나 왼쪽이나 오른쪽 그리고 중간을 막론하고 그대가 알고 있는 무엇이든 그것은 세상의 집착임을 알고 이것저것 생존에 대한 애착을 가져서는 안 된다."

"스승이시여! 저는 아무것도 의존하지 않고 혼자서 번뇌의 큰 강을 건너갈 수 없습니다. 제가 강을 건너갈 수 있는 발판에 대하여 말씀해주십시오?"

"우파시이바여! 힘써 아무것도 갖지 않을 것을 원하며 거기에는 아무것도 없다고 생각함으로써 번뇌의 강을 건너가라. 갖가지 욕망을 버리고 모든 의혹을 떠나 애착의 소멸을 밤낮으로 살피도록 하라."

"모든 욕망의 탐함을 떠나 무소유의 경지에서 모든 걸 버리고 최상의 해탈을 이룬 자는 태만하지 않고 거기 안주할 수 있습니까?"

"욕망에 대하여 탐함에서 떠나 무소유에서 모든 것을 버리고 최상의 해탈을 이룬 자는 물러서는 일 없이 근본의 세계에 안주하게 되리라."

"널리 보시는 분이시여! 만일 그가 물러서지 않고 여러 해 동안 거기에 머문다면 해탈하여 청량하게 되겠습니까? 또 그러한 자의 식별 작용은 존재하는 것입니까?"

"마치 강한 바람에 날려간 불길은 이미 소멸이 되어서 불이라 말할 수 없듯이 성자는 명칭과 육신에서 해탈하여 멸했으니 이미 생존하는 자라거나 생존하지 않는 자라고 볼 수 없다."

"성자시여! 애욕을 멸해버린 사람은 이미 존재하지 않는지 아니면 상주해서 무병한지 성자께서는 법을 잘 알고 계시지 않습니까?"

"우파시이바여! 애욕을 멸해버린 자에게는 이를 헤아릴 기준이 없다. 모든 애욕을 멸하게 되었을 때 해탈한 자를 뭐라고 말할 근거가 없으니 논의의 여지는 없는 것이다."

"세상에는 여러 성자가 있다고 세상 사람들은 말합니다. 지혜를 갖춘 자를 성자라 부르는지 아니면 생활이 갖추어진 자를 성자라 부릅니까?"

"난다여! 세상에서 진리에 통달한 자는 견해나 학설 또는 지식으로 해서 성자라 하지 않는다. 번뇌의 악마를 무찔러 고뇌가 없고 원하는 바가 없이 행동하는 최고의 지혜를 가진 자를 성자라고 나는 말한다."

"스승이시여! 대개 이런 도를 닦는 바라문들은 견해나 학문으로 청정해질 수 있고 갖가지 방법으로도 청정해질 수 있다고 합니다. 그들은 스스로 억제하며 행동하고 있지만 과연 생과 노쇠를 초월할 수 있습니까?"

"난다여! 도를 닦는 바라문들은 견해로 해서 청정해지고 학문의 계승으로도 청정해진다고 말하고 계율이나 서약으로도 청정해질 수 있다고 말한다. 이 밖의 갖가지 방법으로도 청정해질 수 있다고 말한다. 그러나 그들은 그런 생각에서 스스로 억제하며 행동하고 있다 하더라도 생과 노쇠와 죽음을 초월하는 것은 아니라고 나는 말한다."

"만일 스승께서 그들은 아직 번뇌의 강을 건너지 못했다고 말씀하신다면 신들과 인간의 세계에서 생과 늙음을 초월한 자는 누구입니까?"

"나는 도를 닦는 바라문들이 모두 생과 늙음에 싸여 있다고 말하는 것이 아니다. 이 세상에서 견해나 학문이나 애욕을 분명히 버리고 통찰해 마음에 때 묻지 않은 그들은 실로 번뇌의 강을 건너간 자들이라고 말한다."

"일찍이 고타마 이전에 살고 있던 옛사람들은 이전에는 이러했고 미래에는 이러한 것이라고 저에게 설명하셨는데 모두 한낱 전해져 내려오는 이야기에 지나지 않았습니다. 그리고 사색의 혼란을 일으킬 따름이었습니다. 저는 이러한 말을 기쁘게 여기지 않았습니다. 성자이시여! 애욕을 버리는 방법을 말씀해주시면 이를 알고 명심해서 행하여 세상의 집착에서 벗어나려 합니다."

"헤에마카여! 이 세상에서 보고 듣고 생각하고 식별하게 된 사물의 아름다움에 대하여 탐욕을 없애는 것이 영원한 열반의 경지다. 이를 분명히 알고 명심하여 이승에서 번뇌에서 완전히 떠난 자들은 언제나 평안에 돌아가 있으니 세상의 애착을 초월한 것이다."

"해탈한 분이여! 온갖 욕망에 물들지 않고 애착이 없으며 온갖 유혹을 벗어난 자는 어떤 해탈을 구합니까?"

"토오데야여! 온갖 욕망에 물들지 않고 애착이 없으며 온갖 의혹을 벗어난 자에게는 달리 해탈이 없다."

"성자는 바라는 것이 전혀 없는지 그렇지 않으면 무언가를 희망합니까? 지혜가 있는지 아니면 지혜로 무언가를 꾸미는 자인지 제가 알도록 말씀해주십시오?"

"그는 아무런 바램도 없는 자이며 아무것도 희망하지 않는 그는 지혜 있는 자이지만 지혜로 무언가를 꾸미지는 않는다. 구도자는 이러한 자임을 알라. 그는 아무것도 갖지 않고 욕망으로 생존에 집착하지 않는다."

"이치에 통달한 분께서는 무서움이 극에 달하도록 거센 흐름이 밀려왔을 때 호숫가에 노쇠와 죽음에 억눌려 있는 자들을 위한 피난처를 말씀해주십시오. 이러한 괴로움이 다시 일어나지 않을 피난처를 보여주십시오?"

"캅파여! 무서움이 극에 달하도록 무서운 흐름이 밀려왔을 때 호숫가에 노쇠와 죽음에 억눌려 있는 자들을 위해 피난처를 말하리라. 아무런 소유도 없으며 집착하여 얻는 일이 없는 것이 피난처이며 또한 열반이라 부른다. 그것은 노쇠와 죽음의 소멸이다. 이를 똑똑히 알고 명심하여 현세에서 번거로움을 완전히 떠난 자들은 악마에게 정복되지 않는다. 따라서 그들은 악마의 노예가 되지 않는다."

"지혜로운 분이시여! 저는 욕망이 없는 자가 있다는 말을 듣고 거센 물결을 건너신 분에게 욕심이 없는 것에 대하여 알고자 합니다. 평안의 경지에 대하여 말씀해 주십시오. 지혜의 눈을 떠서 있는 것을 있는 그대로 보는 분이시니 그것을 있는 그대로 설명해주십시오. 존귀하신 스승께서는 온갖 욕망을 억제하고 사십니다. 이는 마치 눈부신 태양이 그 빛으로 대지를 정복하는 것 같습니다. 저는 이 세상에서 생과 노쇠를 버리는 일을 알고자 하니 지혜가 부족한 저에게 설법해주십시오?"

"쟈투칸닝이여! 온갖 탐욕을 억제하라. 그대에게는 취할 것도 버릴 것도 있어서는 안 되니 과거에 있었던 번뇌를 말려버려라. 미래에는 그대에게 아무것도 없게 하라. 현세에 있어서 아무것에도 집착하지 않는다면 그대는 평안을 누릴 것이다. 명칭과 형태에 대한 탐욕에서 완전히 떠난 자에게는 온갖 번뇌가 있을 수 없으므로 그는 죽음에 지배될 염려가 없다."

"해탈한 분이시여! 집착의 근원을 버리고 애착을 끊어 동요되는 일이 없으며 기쁨을 버리고 사나운 물결을 건너서 이미 해탈하여 계략이 없는 현명한 당신의 말씀을 듣고 이곳에서 떠날 것입니다. 법을 잘 알고 계시니 이들을 위해 좋은 말씀을 해주십시오?"

"바드라우다여! 집착이나 애착을 모두 버리라. 이 세상에서 조금이라도 집착하는 것이 있다면 악마가 따르게 되기 때문이다. 그러므로 수행자는 바르게 알고 명심해서 세상에 있는 무엇에나 집착해서는 안 된다. 죽음의 영역에 애착을 느끼는 사람들은 집착하는 자라는 것임을 알라!"

"티끌에서 떠나 앉아서 고요함에 잠기며 해야 할 일을 하며 번뇌의 때를 벗고 온갖 사물의 피안에 도달하신 스승께 묻고자 합니다. 무명(無明)을 깨뜨리고 깨달음으로 해탈에 이르는 길을 말씀해주십시오?"

"우다야여! 애욕을 버리는 일이나 우울한 마음을 없애는 일과 회한에 빠지지 않는 일이 마음의 평정을 얻는다. 깨끗한 생각과 진리에 대한 사색을 선행하는 것이 무명을 깨뜨리고 깨달음으로 해탈하는 길이라고 나는 말한다."

"세상 사람들은 무엇 때문에 속박받게 되고 무엇이 세상 사람들을 움직이게 하며 무엇을 끊어버림으로써 열반이 있다고 말할 수 있습니까?"

"세상 사람은 즐거움에 속박되어 있다. 생각이 세상 사람들을 움직이게 한다. 애착을 끊어버림으로 열반이 있다고 말한다."

"정신을 바로 가지고 행하는 자의 식별 작용은 어떻게 없애게 됩니까?"

"안팎으로 감각에서 오는 것을 기뻐하지 않는 자처럼 정신을 바로 가지고 행하는 자의 식별 작용은 없어지는 것이다."

"여래시여! 과거의 일들을 지적하여도 괴로움에 흔들리지 않고 의혹을 끊어버리고 모든 사물의 피안에 도달하신 분에게 묻고자 합니다. 물질에 대한 상념을 떠나서 육신을 송두리째 버리고 안팎으로 아무것도 존재하지 않음을 통찰하는 자의 지혜를 묻고자 하니 그러한 자는 어떻게 다시 이끌어야 합니까?"

"포오사아라여! 여래(如來)는 모든 식별의 근원을 분명히 알고 있는 완전한 자이며 존재하는 모습을 알고 있다. 즉 해탈하여 이를 근거로 삼고 있음을 안다. 무소유가 성립되는 이유 즉 기쁨은 속박임을 알아 그것에 대해 조용히 관찰한다. 안정된 자에게는 이런 분명한 지혜가 있다."

"저는 일찍이 선생님을 두 번 찾아뵈었으나 눈 뜬 자께선 저에게 아무런 가르침도 주지 않으셨습니다. 세 번째에는 가르쳐주신다고 들었습니다. 이 세상이나 저세상 또한 신들과 함께 있는 범천의 세계도 영예로우신 분의 견해를 모르고 있습니다. 이렇듯 선생님께 묻고자 여기까지 왔습니다. 세상을 어떻게 관찰하는 자가 죽음의 왕에게 보이지 않을 수 있습니까?"

"항상 정신을 차려서 고집하려는 잘못된 견해인 편견을 버리고 세상을 있는 그대로 보면 죽음을 초월할 수 있다. 세상을 있는 그대로 보는 자를 죽음의 왕은 볼 수가 없다."

"통찰력으로 이치에 눈을 뜬 자여! 저는 나이를 먹어 힘이 없고 빛도 쇠하였으며 눈도 어두워지고 귀도 잘 들리지 않습니다. 제가 방황하다가 눈도 어두워지고 귀도 잘 들리지 않으니 그대로 죽는 일이 없도록 바른 법을 가르쳐주십시오. 이 세상에서의 생과 노쇠를 버리는 데 대하여 알고자 합니다."

"핑기야여! 물질적인 형태가 있기에 사람들이 해를 입는 것을 볼 수 있고 게으른 자는 병으로 괴로움을 받게 된다. 그러므로 그대는 게으르지 말고 물질적 형태를 버리고 다시는 생존상태로 돌아오는 일이 없도록 하라."

"시방세계에서 선생님에게 보이지 않고 들리지 않으며 생각되지 않고 알려지지 않은 것은 하나도 없습니다. 이 세상에서 생과 노쇠를 버리는 길을 저는 알고자 원하오니 설법해주십시오?"
"핑기야여! 사람들은 애착에 빠지기 때문에 괴로움이 생기고 노쇠의 습격을 받게 된다. 그러므로 그대는 게으르지 말고 애착을 버리고 다시는 생존상태로 돌아오는 일이 없도록 하라."

존귀하신 스승께서 바라문이 질문할 때마다 질문에 대해 대답하셨다. 질문의 하나하나에 뜻을 알고 법을 알고 이치에 따라 실천에 옮긴다면 노쇠와 죽음의 피안에 이를 것이다. 여래의 가르침은 이승(二乘)의 번뇌를 해탈하여 열반의 세계에 도달하는 경지에 이르게 하는 것이므로 이 법문을 피안에 이르는 길이라 부른다. 핑기야는 행이 갖추어진 눈뜬 자에게 미묘한 질문을 하며 최상의 부처님을 가까이했다. 그들의 질문에 응하여 눈뜬 자께서는 있는 그대로 대답하셨다. 성자는 온갖 질문에 대하여 명확한 대답을 해주었기에 여러 바라문은 만족했었다. 그리하여 태양의 후예이신 눈뜬 자에게 만족을 느끼고 뛰어난 지혜를 가지신 자 곁에서 깨끗한 행을 닦았다. 하나하나의 질문에 대하여 눈뜬 자의 말씀을 그대로 실천하고 최상의 길을 닦는 자는 피안으로 갈 수 있을 거라고 나는 확신한다.

■ 최준권 약력

현재 실상연구원 원장인 저자는 1954년 겨울 경남 진주의 작은 마을에서 태어났다.

정규교육을 받지 않고 중학교를 졸업한 후 어려서부터 공장 노동자로 일했다. 삶의 의미를 찾지 못해 방황하다 종교와 철학에 대한 열망이 컸기에 독학으로 수많은 서적을 읽으며 지식을 쌓았다. 1985년 출가하여 강원에서 불교의 심층 심리학을 공부하며 지식을 넓혔다. 강원 졸업 후 부산 불교교양대학에서 일반인들에게 불교를 알리는 일을 했으나 지식으로서의 한계를 느끼고 모든 지식과 책을 버렸다. 마침내 깨달음을 이룬 스승을 만나 가르침을 받고 과거 부처께서 했던 방식대로 탁발수행을 시작하였다. 그리고 묵언수행과 단식수행 등을 여러 가지 방법을 통해서 진정한 깨달음을 구하였다.

책으로 얻은 지식을 지혜인 것처럼 잘못 알았던 편견과 자존심을 던져버렸다. 탁발수행을 하며 부처의 삶을 사유하던 어느 날 작은 깨달음을 이루어 지혜를 보았다. 그후 20년 동안 만행의 길을 걸으며 미국에서 세상을 스승으로 삼고 배운 깨달음을 사람들과 공유하기 위해 세상으로 돌아왔다.

2020년 하와이에서 유튜브 활동을 하다가 2021년 가을 모든 여정을 끝내고 귀국하였다. 2023년 3월 자전적 회고록인 「깨달음의 길을 찾아서 - 타타타」와 장편소설 「우둠바라꽃」을 출판하였다. 보살의 삶을 위해 스승의 가르침의 말씀을 정리해서 출판하고 있다.

엮은 책으로는 「지구의 리셋」「타타가타」「진리란 무엇인가」「깨달음」「윤회와 인과법」이 출판되었고, 「석가모니의 가르침」「자연의 가르침」「운명이란 무엇인가」「영혼의 실체」가 곧 나올 예정이다.